多言語教育に揺れる近代日本

「一外国語主義」浸透の歴史

下 絵津子 著

東信堂

刊行にあたって

西山教行（京都大学教授）

「なぜ英語以外の外国語を学ぶか」

　2019年末からのコロナ禍は地球規模に拡大し、それまで喧伝されてきたグローバル化の運動には小休止が迫られた。地球規模での人口の移動は日本における英語の地位を飛躍的に強化することに役立ち、国際語としての英語の地位は揺るぎないものとなっている。とはいえ国際社会を見ると、EUは多言語主義を旗印に掲げているため、ヨーロッパが英語の一元的支配に屈することはない。2021年に実現したイギリスのEU離脱、いわゆるブレグジットもヨーロッパ大陸から直ちに英語を駆逐するにはいたらない。英語を公用語とするイギリスがEUを離れても、EU首脳ならびに欧州委員会、欧州理事会議長（EU大統領）で構成されるEUの最高意志決定機関である欧州理事会が条約を変更し、英語を作業語から外す決定を下さない限り、英語はEUの公用語であり続ける。そしてこのような決定が下されることは事実上あり得ない。

　日本の言語状況を見ると、1991年に大学の設置基準の大綱化が導入され、それまで必修だった第二外国語が大学によっては選択科目となったことをうけて、英語の地位は飛躍的に高まっていった。その中では、なぜ第二外国語を学ぶのかといった議論もたびたび巻き起こった。外国語の教師は外国語やその言語で書かれた文学などに関心を寄せていたことから外国語を学んでいることが多いため、なぜ外国語を学ぶのかといった問いを自らに課すことはない。しかしながら大学のユニバーサル化のなかで、多くの学生は外国語の学習目標を見いだすことに困難を覚え、そのため外国語学習への意欲に欠けることも珍しくない。書物を媒体とする人文学は以前と比べるならば若者を魅了することが明らかに少なくなっている。

　なぜ英語以外の外国語を学ぶのか。これは現代社会の抱える難題のひとつとなりつつある。しかしながら、この問いは実のところ近代日本の教育が100年以上前から取り組んだ課題でもある。明治から大正にかけて言語教育政策のアクターたちはなぜ英語以外の外国語教育が必要であるかを教育課程や国民教育などの観点より真剣な討議を行い、そのなかには現在でも傾聴すべき意見がある。

　近代日本社会のなかで外国語はなによりも西洋文明の移入の道具であり、かならずしもコミュニケーションのツールではなかった。近代日本社会は高等教育を成立させるために、まず西洋より専門家を招聘し、それぞれの外国語による専門教育を編成した。明治初期の日本は近代世界の学知を日本語で伝達することができず、外国人教師は日本の若者に向かって外国語で講義せざるを得なかったためである。そのため高度な外国語能力が必要となり、教育課程のなかで外国語教育が重要な役割を果たした。明治時代の若きエリートたちは専門知に向けた外国語能力を目指して厳しい訓練に耐え、次第に専門書を日本語に翻訳し、日本語による学知の構築に努めていった。なかでも日本はドイツ医学の移入を進めていたことから、ドイツ語教育が医学部進学の前提条件を構成し、ドイツ語をどの段階から学習することがドイツ語による専門教育を効果的に進めることができるのかといった関心が行政官や学者の間で論争を生んできた。

　歴史は繰り返す。21世紀の日本の大学が英語による大学教育の実施をめぐり右顧左眄している現状を見るにつけ、明治初期にわれわれの先達が高等教育の日本語化に尽力をしていた努力をすっかり忘却しているように思えてならない。歴史を過度に尊重すると、現在は生気を失ないかねないが、歴史の忘却の上に成立する現在は砂上の楼閣である。本書が先達の繰り広げてきた争論を想起させ、改めて議論の所在を明らかにすることを願ってやまない。

2021年10月

はしがき

下　絵津子

「英語に限るべきか」

　学習するべき外国語の数は単一でよいという外国語教育観あるいはその教育観に基づいた教育方針を意味する「一外国語主義」。より明解に、単一外国語主義と呼ばれることもある。日本の外国語教育においては、この「一外国語主義」が徐々に浸透してきた。

　現在、日本の外国語教育は、小学校で始まる。小学 3 年生から「外国語活動」、そして 5 年生では、教科としての「外国語」が配置され、その外国語は原則英語である。中学校でも、必修教科の「外国語」は、原則英語で、高等学校でも英語学習が続く。大学に行けば、必修の英語の授業がさらに継続する。

　小学校・中学校・高等学校と、英語教育の改革が常に議論され、強化が求められるなか、大学においても、英語以外の外国語教育は多くの場合、周辺的な位置づけを強要されることになった。1991 年の大学設置基準の大綱化により、外国語の修得単位数が自由化され、それまでは、2 つの外国語の履修が標準的であった大学でも、英語教育への偏重化が進むことになった。「せめて 1 つは」という教育観が背後にあったと言ってもよかろう。様々な学びとニーズを考慮し多様化への対応として外国語の習得単位数が自由化された結果、外国語教育が画一化の方向へ向かったということは皮肉な現象である。

　現在のグローバル社会において、ビジネスや国際会議において英語が使われている事実は否めない。研究論文にしても、文学作品にしても、英語で出版されない限り、世界に認められることは難しい。英語を利用しなければ、他国との交流や交渉に大幅な制限が出てくる。「外国語を 1 言語学ぶならば、英語を学ぼう」という判断は、極めて妥当なものと考えられる。もし英語を学ぶという選択肢を完全に排除したならば、それによって不利益を被るのは

選択肢を与えられなかった子どもたち自身になってしまう。

　しかし、英語のみ学習していればよいのか。英語のみ学習することによる弊害はないのか。「外国語＝英語」という誤った概念を刷り込まれた末には、世界、そして、日本国内に存在する様々な異なる言語、そしてその言語の使用者の存在を無視する社会構造を生み出すことになるのではないか。

　複数の外国語を学ぶことは、日本では長らく高等教育の一環であった。複数の外国語の運用能力は、エリートに求められることであり、大衆に向けた普通教育においては、「せめて１つは」と一外国語主義が適用される流れであった。単一の外国語ではなく複数の外国語を学ぶべきであるという教育観あるいはその教育観に基づいた教育方針を「複数外国語主義」と呼ぶならば、複数外国語主義はエリート教育と結びつき、一外国語主義は大衆教育、そして普通教育と結びついてきた。外国語を「せめて１つ」学んでいれば、国際化やグローバル化への対応の証と見做された。しかし、そこには英語以外の外国語とその使用者への配慮は全くといってよいほどない。複数外国語主義のもとに多言語教育を実践していかなければ、多様な外国語教育の充実化は難しい。

　なお、「外国語」という用語は、国という政治的枠組みを含むため、使用には注意が必要である。日本国内でも、様々な言語が使用されているが、それらの言語は、日本語も含め、ある人にとっては「外国のことば」（例えば国籍のある国以外の国の公用語あるいは公用語に相当する言語）であり、ほかの人にとっては「自分のことば」あるいは「自分のルーツを表すことば」である。本書では、一般的に使用される「外国語」という用語を便宜上使用するが、「複数外国語主義」を、政治的枠組みを取り払い「複数異言語主義」と言い換えることができる。「異言語」というのは、ここでは、第一言語以外の言語、あるいは、主要な教育言語以外の言語を指す。

　世の中は、多様化している。そして、世の中はもともと多様であった。様々な文化と価値観、そしてそれらと直結することばがある。世界に数千あるといわれる言語が今世紀末には半減するとも言われる状況のなかで、画一化に

対抗する努力を怠れば、世界はどんどん均質化されていく。多様性を失えば生きにくさを感じる人が増え、豊かな文化と価値観が失われる。複雑な社会を生きるには、世の中の多様性に気づくこと、そして、異なるものにも共通性があることに気づくことが必要である。その意味で、「複数異言語主義」に拠る多言語教育は、エリート教育というよりも、普通教育の一環として、未来を生きる子どもたち、若者たちの成長過程で実践されるべきものではないか。

　世の中に存在する様々な言語の存在に気づき、異なる点と共通点を学ぶ機会は、多様な文化が共存できる社会の実現への鍵となる。そしてまた、様々な言語に触れることは、英語も、情報伝達のための単なる道具に過ぎないのではなく、民族のことば、文化を表すことば、そして個人のことばの1つであることに気づくきっかけにもなろう。

2021 年 10 月

目次／多言語教育に揺れる近代日本──「一外国語主義」浸透の歴史

x

凡　例

1) 本書では、直接引用の場合、原文の旧字体漢字・カタカナ表記等の通りの
　 表記を原則とした。ただし、4 画のしんにょうの代わりに 3 画のものを用い
　 る、尓から生じた「に」の異字体を尓で表す、「は」の変体仮名をハで表すなど、
　 一部の場合を除く。また、一部の漢字には読み易さを考慮してルビを振った。
2) 直接引用した部分の一重下線、二重下線、及び〔　　〕で表示した部分は筆者
　 による加筆である。

多言語教育に揺れる近代日本
「一外国語主義」浸透の歴史

序　章
「英語偏重」の外国語教育
研究課題とその背景

　これまでに、多くの研究者・教育者が、現在の日本の外国語教育について英語一辺倒・英語偏重であると批判し、様々な外国語を学ぶ機会の保障が必要であると指摘してきた。

　大谷 (2020) は、世界 46 の国・地域の小学校・中学校の外国語学習状況を比較し、英語以外の外国語に「見向きもしない」(同：108) のは、フィリピンと日本の 2 か国のみだと示している。そして、1 言語のみが必修である国・地域は、日本を含めた 13 か国・地域に過ぎず、「多文化複合的世界の中でいかに異常な姿であるか」(同：109) と、日本における学習外国語の多様性が低いことを非難した。

　また、森住 (2020) は、「子どもたちは学校で複数の言語を学ぶ権利がある」(同：37) として、複数外国語教育の重要性を唱えた。異質なものへの排他性を克服し違いを認め尊重する志向が重要であること、そして、文化的な「米国化」や言語的な「英語化」(同：45) という統一性よりもむしろ共同体の多様性を維持・促進することが必須であり、複数の外国語について教養として少しでも知識を持つことが他者理解につながることを、複数外国語教育の理念として説明している。

　2014 (平成 26) 年には、日本言語政策学会 (JALP) 多言語教育推進研究会が、「グローバル人材育成のための外国語教育に関する提言」において、高校における複数外国語教育の必修化を提案した (提出者名：JALP 会長 (当時) 森住衛・JALP 多言語教育推進研究会代表 (当時) 古石篤子)。その提言のなかで、日本の外国語教育が助長する「外国語＝英語」という貧しい言語観を批判している。

森住 (1996) や大谷 (2007) も同様の批判をしている (第1章参照)。

　また、中村 (1996) は、「英語一極集中状況」(同：14) を強く批判し、複数の言語を外国語教育に導入するための方法を論じた。「外国語＝英語」という錯覚を生み出す「英語第1言語」主義から抜け出し、複数の外国語から選択できる制度「完全選択制」を提言している。大学入試から外国語の試験を除くことも提案に含まれた。中村は、言語帝国主義を批判し、英語帝国主義につながる日本の英語中心の外国語教育に改革を求めてきた (中村・峯村 2020)。言語帝国主義とは、特定の言語が支配言語となることで、社会の少数派あるいは被支配者の言語や文化を継承する機会が保障されず、これらが縮小あるいはやがて消滅に向かう状況を指す。金井 (1978) も、この点を同様に批判し、アイヌ語や朝鮮語など、日本国内で使用される様々な言語やその話者には配慮をせず、英語ばかりを授業で課し国際化を図る日本の教育を痛烈に批判している。

　本書では、このような「英語偏重」の日本の外国語教育を生み出した、近代日本の外国語教育政策の歴史を振り返る。そこには「一外国語主義」浸透の過程が見られるのである。

　「一外国語主義」という用語は、橋口 (1960：85, 390) や東京高等学校史刊行委員会編 (1970：8) などで使用されている。教育調査会 (1917：145) が、高等学校の「第二外国語」を随意科目とすることを提案した際に、従来の「二外国語主義」に替えて「一外国語主義」を採用することにしたと説明し、また、教育史編纂会編 (1939) は、明治期の学制改革問題 (同：1139, 1171) や、1919 (大正8) 年4月1日施行の「高等学校令」や「高等学校規程」に関する件で、同様の説明をしている (同：246, 268)。これらの文脈では、「二外国語主義」とは学習課程において2つの外国語が必修科目とされること、「一外国語主義」とは1外国語が必須であるが、2つ目の外国語は随意科目とされるという意味で使われている。

　つまり、「二外国語主義」とは、2つの外国語を学ぶべきだという外国語教育観およびその教育観に基づいた教育方針である。そして、「一外国語主義」

とは、「学ぶ外国語は1言語でよい、外国語は学ぶべきだがその数は1つで
よい、あるいは1つだけは外国語を学ぶべきであるという外国語教育観およ
びその教育観に基づいた教育方針」(下 2021：3) を指しており、後者の教育観・
教育方針が、現在の日本の外国語教育政策において、英語一辺倒・英語偏重
と批判される外国語教育の根底にある。この現在の外国語教育の問題の発端
を考えるには、少なくとも 150 年前に遡る必要がある。

　それでは、明治・大正期の教育政策決定関連機関において、英語偏重の外
国語教育に対抗する議論にどのようなものがあったのだろうか。また、その
議論は外国語教育政策にどのような影響を与えたのだろうか。本書ではこれ
ら2つの研究課題を探究する。

　広辞苑で「偏重」の意味を調べると、「一方ばかりを重んずること」とあり、
「学歴偏重の社会」が例として挙げられている (新村編 2018：2656)。「偏軽」と
いう言葉は記載されていないが、1903 (明治 36) 年 9 月 7 日 (月)、読売新聞[1]は
朝刊の社説で「外國語教育の偏重偏輕　英、獨、佛及び露語」と題して、外
国語教育において特定の言語が重視あるいは軽視されることを批判している。
少し長いが、本書の研究課題の内容と背景を端的に説明しているので、以下
に紹介したい。

　社説は、「我國の外國語教育にハ偏重偏輕の嫌がある。上、大學より下、
小學に至る迄、一般に英語の課せられて居るのハ、英語ハ世界の通用語なり
との理由に基くのであらうけれども、人數の上より打算して世界に英語を使
用する者が多いからとて、英語を話す國の數を顧みなかつたのハ、確に教育
家の失策」であると述べ、「萬國通用のものハ、大ハ公文書より小ハ萬國聯
合郵便端書の文句に至るまで、皆佛蘭西語で書く世の中に、佛文を讀み得る
日本人ハ、英文を讀み得る者の千分の一にも足らず」と、フランス語を解す

日本人が少ないために国際的な通信や交渉において不便を生じていると指摘
している。

　さらに、「近頃ハ、獨逸語次第に盛になつて、幾分か英語の偏重を破つた
傾ハあるが、獨逸語と佛蘭西語との權衡を考へて見ると、此両者の間にも多
少の偏重偏輕があるやうであつて」と説明し、フランスの数学界への貢献を
例に挙げてフランス語の価値を強調しつつ、「一も獨逸二も獨逸と尊崇し居
るが如きハ、確に語學の偏重偏輕より生ぜし一現象である」と、英語ばかり
を教えている点に加え、フランス語とドイツ語教育観においても不均衡があ
る点を問題視した。

　社説はさらに続き、「中學校で外國語を課して居る國でハ、大概皆其隣國
の語を教えて居るに、我國でハ既に英語を課し獨語を課す亦佛語をも課する
事を得べき制度を設け乍ら、何故、せめて随意科としてなりとも、露語を課
せざるや、我輩の解せざる所であるが、之れが爲めに日本の被るべき損害ハ
中々少々でない」とし、日本の官民がロシアの事情に疎い原因として、単に
地勢上の問題から国民間の交流がなかったことだけでなく、ロシア語を通し
てロシアの事情や思想を学ぼうとしなかった点を挙げている。ロシア国情に
精通した人がいたとしても、それは、英語の文章を通じて学んだ場合が多く、
そのために実際には、ロシア国情を理解していないことが問題であり、日清
戦争後の三国干渉以来失策が多いのは、官民ともにロシアの真相を知らない
ことに起因しており、せめて選択科目として中学校、土地の事情によっては、
高等小学校にもロシア語の授業を開設するべきであると主張した。大学でも
ロシア文学科を新設することが望ましいが、「其ハ少々贅澤であるから、如
何やうにでも宜し、唯英語獨語佛語の偏重偏輕のみハ、一日も早く打ち破り、
随意科としての小中學の露語ハ寸時も早く實施したいものである」と締めく
くっている。

　他国では、中学校で外国語を課す場合には隣国の言語を教えることが多い
という興味深い点が指摘されているが、それに関する議論は他の機会に譲り、
本書では、この社説が指摘する、英語・ドイツ語・フランス語の教育の間の

「偏重偏軽」に着目する。

　英語偏重の外国語教育に対する批判は、当時、ほかにも見られた。読売新聞は 1906（明治 39）年 4 月 9 日朝刊 2 頁の「イロハ便」で、「嘗て二度までも『外國語学の偏重偏軽』と題せる社論を掲げ、英語の外に今少し獨佛語教育に意を用ふべしと説きしもまた此旨趣にほかならず」と伝え、牧野伸顕新文相が英独仏の 3 言語に通じるべきであると述べたことへの支持を表明した。なお、ここで言う社論の 1 つが、先に紹介した社説である。また、同じく読売新聞は、1908（明治 41）年 3 月 20 日朝刊 1 頁の社説「婦人と外國語」で、「外國語即ち英語なるかの勸いかにしても當を得たることゝ云う可からず」と述べている。

　21 世紀の現在と、19 世紀末前後の日本。日本の外国語教育は、何が違って何が変わらないのか。本書ではその謎に迫りたい。

　本書の構成は以下の通りである。

　第 1 章で、現在の外国語教育における学習外国語の多様性の問題を整理し、その問題が過去とどのようにつながっているのかを確認する。第 2 章・第 3 章では、英語偏重の外国語教育を決定づけた時代の背景を確認し、そのうえで、第 4 章、第 5 章、第 6 章にて、教育政策決定関連機関における議論を具体的に検証する。最後に第 7 章で研究課題に対する結論をまとめる。

　まず、第 1 章では、現在の外国語教育において、1980 年代以降に、英語以外の外国語教育を推進する動きが見られるものの、英語中心の外国語教育であることは変わらず、2000 年代以降は英語偏重の傾向がさらに強まったことを確認する。そして、本書が明治期・大正期の外国語教育を研究の対象とした理由を説明する。主な理由は、現在の外国語教育の方針が明治期の学校教育確立の過程で定まったこと、また、明治期から大正期にかけて、英語偏重の外国語教育を批判する動きがあったことである。

　第 2 章では、近代教育制度の基礎を築いた明治期を中心に、明治から大正期の教育に関する法規における外国語の位置づけの変遷を整理する。1870 年代には、学校制度の整備における重点は初等教育の普及にあり、また、同

時に官僚や技術者の育成のための高等教育制度の創設が喫緊の課題であり、中等教育の整備は進まなかった（米田 1992：1-2）。ここでは、整備が進んだ 1880 年代以降の法規において外国語の科目がどのように規定されたのか、その変遷をたどる。本書の中心は中学校であるが、教育制度全体におけるその位置づけを明確化するために、初等教育、中等教育、高等教育、そして産業教育における法規を確認する。

　第 3 章では、第一高等学校の入学試業における外国語の位置づけから、それが中学校の外国語教育に与えた影響を考察する。入学試験の波及効果が大きいことは言うまでもない。英語の入試に 4 技能（聞く・話す・読む・書く）を測る試験を導入するとなれば、教育現場はそれにどう対応すべきかを検討し教育方法を変更しようとする。この章では、1880 年代から 1910 年代の第一高等学校（1894（明治 27）年までは第一高等中学校）を中心に入学試業における外国語の位置づけの変遷を検証する。この時期は、受験競争が熾烈化し社会問題ともなった大正前期（吉野 2001a：20）を含んでいる。高等教育では必要とされていたフランス語やドイツ語がこの時期どのような扱いとなったのか、そしてその位置づけにより、中学校における外国語教育はどのような影響を受けたのかを検討する。

　第 4 章では、1898（明治 31）年に文部省が初めて開催した全国中学校長会議における外国語教育に関する議論に着目する。本校長会議では、当時ドイツ語のみが指定されていた第一高等学校第三部（医科）の入学試業の外国語科目に英語を加えるべきだという建議案が可決された。明治期の、中学校でのドイツ語教育推進派の 1 人に東京府尋常中学校長[2]の勝浦鞆雄（1850 年 1 月 29 日生〜 1926 年 12 月 7 日没）[3]がいるが、彼自身がこの建議案に関する議論に加わっ

2　東京府尋常中学校の名称は 1887（明治 20）年 2 月から 1899（明治 32）年 1 月まで使用され、その後、1899（明治 32）年 2 月から 1900（明治 33）年 1 月は東京府中学校、1900（明治 33）年 2 月から 1901（明治 34）年 6 月は東京府第一中学校、1901（明治 34）年 7 月以降は東京府立第一中学校と改変された（日比谷高校編 1979：81）。

3　日付は大泉（出版年不明）を参照。大泉は手書きの資料である。この資料における誕生の日付の 1 桁目は、資料内での「八」とは表記が異なっており、「二十八」ではなく「二十九」と判

ている。勝浦の教育観を考察し、議論を伝えた朝日新聞[4]、『教育時論』、陸羯南の『日本（新聞）』(以下、『日本』と表記) の記事を検証し、校長会議で実際にどのような議論が起こったのか、そしてその顛末を解明する。

　第 5 章では、文部大臣の諮問機関である高等教育会議での議論が明治期の中学校における外国語の位置づけに与えた影響を明らかにする。1897 (明治 30) 年 7 月から 1910 (明治 43) 年 5 月までの約 13 年の間に 11 回の会議が開催されたが、「中學校ニ於ケル外國語ハ英語ニ限ルヘキカ」について議論された会議がある。そのほか中学校の外国語教育に関する審議がなされており、その議論の展開の背景要因を検証し、中学校に関する法規で規定された外国語の位置づけにどのような影響を与えたのかを考察する。

　第 6 章は高等教育会議の廃止を受けて発足した文部大臣の諮問機関、教育調査会の議論に着目する。奥田義人文相 (在任期間：1913 (大正 2) 年 2 月 20 日～1914 (大正 3) 年 3 月 6 日)[5] が、1910 (明治 43) 年の「高等中学校令」の実施を無期延期とし、1913 (大正 2) 年 6 月に設置したのが教育調査会である (谷口 1975：91)。大学の在り方や学位に関する規程、学校制度改革案が審議されたが、中学校や高等学校の改革案についても複数の委員から案が提出された。これらの学制改革案に、英語以外の外国語教育を推進するべきだとする委員の提案がどのような影響を与えたのか、そして審議の結果まとまった学制改革案に反映された外国語教育の方針はどのような内容だったのか。

　教育調査会の議論は、1917 (大正 6) 年発足の内閣総理大臣諮問機関である臨時教育会議での議論につながっていく。1918 (大正 7) 年の臨時教育会議の

読される。川野 (1926：4) や高鍋町史編纂委員会編 (1987：1168) によると、誕生日が 1 月 28 日と記載されているが、これら 3 点いずれも、出典の明記はない。高鍋町史編纂委員会編 (同：1169) に「麻生本村町円沢寺埋葬」とあり、東京都港区南麻布の円沢寺に問い合わせたところ、ご住職様より、震災や空襲等のためと考えられるが、記録も墓も残っていないとの回答を頂いた (2019 年 7 月 23 日電話通信)。

4　朝日新聞の記事は、朝日新聞データベース「聞蔵Ⅱビジュアル」を利用。

5　在任期間は文科省ホームページを参照。<http://www.mext.go.jp/b_menu/soshiki/rekidai/daijin.htm> (2019 年 10 月 25 日アクセス)。

答申は、中学校におけるドイツ語・フランス語教育の推進の必要性に言及したが、翌年「高等学校令」が新たに制定され、さらに 1919（大正 8）年には、全国の高等学校高等科入学者選抜試験で英語・ドイツ語・フランス語が指定された。これは、外国語教育においても重要な改革と捉えることができる（田中 2005：4）。その重要な改革につながった議論として教育調査会における審議を無視することはできない。

　第 7 章では、本書における 2 つの課題、明治・大正期の教育政策決定関連機関において、英語偏重の外国語教育に対抗する議論にどのようなものがあったのか、そして、その議論は外国語教育政策にどのような影響を与えたのか、という課題を考察する。明治時代には近代国家成立のために西洋の文明・文化を取り入れることが外国語教育の主な目的であった。「長年師と仰ぎ、すべてを見習った『支那』と日本が決別して、新たに西洋に学ぶ」（鈴木 1999：84）ことを基本に明治政府は政策を展開した。そして、大正時代に入ると、大衆教育における外国語教育の必要性が議論されるようになる。このような目的の変遷を背景に、明治・大正期の中学校を中心に英語以外の外国語を推進する議論が経た展開と結果を考察し、結論とする。

　日本を取り巻く国際情勢や社会的な環境は、時代によって大きく異なる。外国語教育の目的も、近代化のための文明移入から、教養そして実用といったキーワードで議論され、変化してきた。しかし、英語偏重の外国語教育という枠組みと英語以外の外国語教育を推進すべきだという主張は、明治・大正期、そして、現在も同様である。その背景と理由、そして結果を解明することにより、現在の英語偏重の外国語教育への打開策が直接導き出されるとは考えていない。しかし、課題への取り組みの出発点と方向性が適切なものであるのかを判断するためには、歴史的な検証が不可欠である。本書では、その歴史的な検証を試み、外国語教育政策決定の過程の一端を明らかにする。

　なお、第 1 章で日本の外国語教育を取り巻く状況を概観した後には、第 2 章と第 3 章はとばし、研究課題に直接つながる第 4 章、第 5 章、第 6 章と読んでいただいても構わない。第 2 章と第 3 章は、第 4 章以降に関連する時期

について具体的な背景を追っているところであるが、法規・制度の変遷を確認していく作業になるため、読者にとってはやや退屈な章となるかもしれない。その段階で本書を読むことを断念されるよりは、私のおすすめの章である第4章から読んでいただくのもよいかと思う。全国の中学校長が初めて公式に集まった会議での「英語以外の外国語教育に関する議論」において、いったい何が起こったのか、というミステリーに迫る章である。

第1章
現在から過去へ

　本章では、現在の日本の外国語教育における学習外国語が、英語という単一言語に限られている状況を確認し、そのうえで、本書が明治期・大正期の外国語教育を研究の対象とした理由を説明する。また、これまでの研究が明らかにしたことを確認し、本書の意義を論じる。

1.1　現在の外国語教育

　「外国語教育が英語偏重である」という批判が出された明治時代の背景にある社会情勢は、現在のものとは異なる。しかし、近代化を進め国家統一を目指すなかで国家主義が強まった当時の社会背景と、自国ファースト・国民優先の政治思想が広まり、排外主義が台頭する現在[1]とは、自国・自国民を中心とした思考が促進されている点で大きく重なっているとも言えよう。一方で、英語以外の外国語を学ぶべきであるというその理由については、明治時代と現在では性質が異なっている。明治期には、他国との交渉や文化移入がその主な理由として挙げられたが、現在では、国際交流・異文化理解の促進や地球市民性の涵養が謳われることが多い。ここでは、明治期と同様に、英語偏重であるとしばしば批判される日本の外国語教育の現状をまず確認する。この批判は、先に序章で紹介した以外にも、複数挙げられる。
　大学英語教育学会 (2014: 223-224) は、国際比較でみる「『英語が使える日本人』

1　河村・宮島・山下・髙谷・志水 (2018) や樽本編著 (2018) を参照。

の育成のための行動計画」の成果に関する調査研究報告書の内容を紹介しているが、そのなかで、英語教育に比重が傾く外国語教育の傾向を指摘し、英語以外の外国語教育の重要性を唱えている。また、大谷（2007：192）は、日本の外国語教育はそのまま英語教育と置き換えることが可能なほどの「英語一辺倒ぶり」について状況を危惧し、次のような指摘をしている。

　　多様な世界に目を見開くはずの外国語教育が、実際には英語に血道を上
　　げるあまり、それ以外の外国語には目もくれない偏狭な姿勢を生んでし
　　まった。他者理解を旗じるしに、そのためのレディネスをもつはずの外
　　国語教育が、皮肉にも、逆にその目的から次第に遠ざかる結果になりつ
　　つある。

　そして、久保田（2015：7-10）は、日本の言語教育政策において英語化が進んだのは1980年代・1990年代だと指摘する（Kubota 2002も参照）。1980年代以降、「国際化」という言説のもとに「多様化」への対応は乏しく「英語化」と「国家主義」が進んだという。国際社会に対応するため、国民に愛国心や日本人としてのアイデンティティを育むことが重要であると強調され、1989（平成元）年の学習指導要領で国旗掲揚と国歌斉唱が義務づけられることとなった。歴史教育においては1996（平成8）年に帝国日本軍のアジア太平洋侵略を正当化する考えを根底に「新しい教科書をつくる会」が結成されたこと、そして、1998（平成10）年告示の学習指導要領により、中学校で教える外国語が原則英語に特定されたことに久保田は言及し、1990年代の教育改革においても「英語化」と「国家主義」の強化が続いたと批判した。
　一方、1980年代に外国語教育の英語偏重化が進むなか、日本経済の国際化を背景に、1988（昭和63）年の臨時教育審議会が英語だけに限らない多様な外国語教育を行うよう要望を挙げ、この経緯を受け、1991（平成3）年に外国

語教育多様化協力校の指定が始まった (岡戸 2002：154；鄭 2015：44)[2]。2002 (平成 14) 年度からは「高等学校における外国語教育多様化推進地域事業」として同様の推進事業を実施している。この事業内容は、英語以外の外国語教育に取り組む都道府県を推進地域に指定し、域内で指定された高等学校が推進校として教育方法等に関する実践的な調査研究を関係機関と連携して実施するというものである[3]。2007 (平成 19) 年度の事業評価によると、この年度までに本事業の目標が達成されたとして、2009 (平成 21) 年度には廃止のため予算申請がなされなかった[4]。そして、この 2007 年を境に、高等学校における英語

2　「平成 9・10 年度　外国語教育多様化研究協力校研究集録」『中等教育資料』(2011 年 10 月臨時増刊号)、5-24. ほか、以下でも本事業に言及している。「平成 12 年度教育白書」第 2 部文教施策の動向と展開　第 9 章国際化への要請にこたえて　第 3 節社会に生きる日本人の育成　2外国語教育の充実 <http://www.mext.go.jp/b_menu/hakusho/html/hpad200001/hpad200001_2_353.html> (2020 年 6 月 5 日アクセス)。

3　「平成 14 年度文部科学白書」<http://www.mext.go.jp/b_menu/hakusho/html/hpab200201/> 第 2 部　文教・科学技術施策の動向と展開　第 10 章国際化・情報化への対応　第 1 節国際交流・協力の充実に向けて 2 国際社会に生きる日本人の育成 <http://www.mext.go.jp/b_menu/hakusho/html/hpab200201/hpab200201_2_255.html> (2020 年 6 月 5 日アクセス)。

4　文科省実績評価書の「平成 19 年度実績」によると政策目標 13 の「豊かな国際社会の構築に資する国際交流・協力の推進」の 13-1 が国際交流の推進であるが、その達成目標の 1 つで高等学校における外国語教育が評価されている。それによると、2007 (平成 19) 度までの 6 年間に、中国語推進地域が 5、韓国・朝鮮語推進地域 2、ロシア語推進地域 2、フランス語推進地域 1、スペイン語推進地域 1 の合計 11 の地域においてそれぞれの言語の教育推進が図られた。なお、ここでの根拠資料では、英語以外の外国語を開設している高等学校の数について、「事業実施前の平成 13 年度に 1,046 校であったものが、平成 19 年度には 2,042 校と約 2 倍の増加となり、本事業を通じて外国語教育の多様化が大きく進んだ結果となった」と伝えている。初等中等教育局国際教育課の調べでは 2006 (平成 18) 年度調査で 2007 (平成 19) 年の本数字 (延べ数) を 2,042 校としているが、2008 (平成 20) 年度調査の報告では 2007 (平成 19) 年の延べ数を 1,437 校、2015 (平成 27) 年度調査報告では 1,443 校と示している。報告書の数に修正が入ったようだが、図らずもこのような評価を受けたこの事業は、目標を達成したということで廃止されることとなった。参照した文献は以下の通り。
文部科学省実績評価書―平成 19年度実績―<http://www.mext.go.jp/a_menu/hyouka/kekka/08100104.htm>
施策目標 13-1国際交流の推進 <http://www.mext.go.jp/a_menu/hyouka/kekka/08100104/063.htm>
文科省初等中等教育局国際教育課「平成 18 年度高等学校等における国際交流等の状況について」<http://warp.da.ndl.go.jp/info:ndljp/pid/286184/www.mext.go.jp/b_menu/houdou/19/11/07103102/001.pdf>
文科省初等中等教育局国際教育課「平成 20 年度高等学校等における国際交流等の状況につ

以外の外国語の開設学校の実数が減少している（**表 1-1**）。

表 1-1. 英語以外の外国語を開設する高等学校数の推移（1999 〜 2018）

報告年	1999	2001	2003	2005	2007	2009	2012	2014	2016	2018
A	551	598	653	750	790	731	713	708	677	677
参考	5,481	5,479	5,450	5,418	5,313	5,183	5,022	4,963	4,925	4809
割合 (%)	10.1	10.9	12.0	13.8	14.9	14.1	14.2	14.3	13.7	14.1

A：英語以外の外国語を実施している高校の実数
参考：全国の高校の数
注) 以下を参照して作成。全て 2020 年 6 月 5 日アクセス。
統計でみる日本：政府統計の総合窓口 e-Stat「学校基本調査年次統計総括表 1 学校数（1948 年〜）」
<https://www.e-stat.go.jp/dbview?sid=0003147020>
ナレッジステーション　学校データ　高校都道府県別学校数（平成 30 年度学校基本調査）
<https://data.gakkou.net/h30koukou002/>
文科省初等中等教育局国際教育課「平成 29 年度高等学校等における国際交流等の状況について」
<https://www.mext.go.jp/b_menu/houdou/31/08/__icsFiles/afieldfile/2019/08/27/1420498_001.pdf>

　高等学校における英語以外の外国語の開設学校数については、文部省・文部科学省（以下、文科省）が 1986（昭和 61）年からほぼ隔年で高等学校及び中等教育学校の後期課程、特別支援学校の高等部を対象に行っている国際交流等に関する調査の報告に記録されている[5]。2020 年 6 月現在で計 16 回の調査が行われた。1999（平成 11）年から 2018（平成 30）年の資料を参照すると、英語以外の外国語科目を開設している高等学校の実数が 2007（平成 19）年まで増加しているが、その後減少に転じている。全国の高等学校数の減少が影響

　いて」<https://www.mext.go.jp/component/a_menu/education/detail/__icsFiles/afieldfile/2019/08/23/1323948_01.pdf>
　文科省初等中等教育局国際教育課「平成 27 年度高等学校等における国際交流等の状況について」<http://www.mext.go.jp/component/a_menu/education/detail/__icsFiles/afieldfile/2017/07/06/1386749_27-2.pdf>（すべて 2020 年 6 月 5 日アクセス）。
5　文科省総合教育政策局教育改革・国際課「高校生の留学生交流・国際交流等に関する調査研究等 <http://www.mext.go.jp/a_menu/koutou/ryugaku/koukousei/1323946.htm>（2020 年 6 月 5 日アクセス）。文部省・文部科学省が報告・参照した数値に修正あるいは訂正が入ったと見られる箇所があるが、英語以外の外国語を開設する高等学校の増減の傾向はこれらの報告が示した通りと考えてよいだろう。

しているとも考えられるが、全国の高校数が減少し始めたのは 1990 年代の
ことだ。1990 年代の英語以外の外国語科目開設高等学校数については、実
数は不明だが、延べ数が、1990（平成 2）年が 345 校、1993（平成 5）年が 453 校、
1997（平成 9）年が 809 校と増加しており[6]、推進事業が功を奏したと考えられ
る。また、大学入試センター試験の外国語科目に、それまであった英語・ド
イツ語・フランス語に加え、1997（平成 9）年に中国語が、2002（平成 14）年に
韓国語が提供されることになったことも、英語以外の外国語教育の推進要因
となったであろう（鄭 2015：44）。とはいえ、1990 年代終わりにおいても、中
学校・高等学校における外国語教育が英語に集中する傾向は強く継続してい
た（川又 2000）。

　英語以外の外国語を開設する高等学校の数が減少へと転じた背景には、
2000 年代の外国語教育の英語偏重化のさらなる加速もあった。1980 年代か
ら関係者の間で検討されてきた小学校での英語教育導入がその 1 つと言え
る。1998（平成 10）年告示で全面的な施行は 2002（平成 14）年 4 月とされた学習
指導要領[7]で新たに設けられた「総合的な学習の時間」で、国際理解教育に関
する学習の一環として外国語会話等を実施することが可能となった（土屋編
著 2011：172-173）[8]。学習指導要領で外国語が英語と指定されたわけではないが、
メディアや学校の現場はこれを実質的な小学校における英語教育の導入と捉

6　1990（平成 2）年と 1993（平成 5）年の数字は「平成 4 年度高等学校における国際交流等の状況」
　文部省初等中等教育局高等学校課（平成 6 年 3 月）内に含まれた数字を参照。1997（平成 9）年
　の数字は「平成 10 年度高等学校における国際交流等の状況（概要）」文部省初等中等教育局高
　等学校課（平成 12 年 2 月）内に含まれた数字を参照。

7　国立教育研究所の学習指導要領データベース <https://www.nier.go.jp/guideline/h19e/chap4.
　htm>。そのほか、2008（平成 20 年）度以前の学習指導要領については、国立教育研究所の学
　習指導要領データベース <https://www.nier.go.jp/guideline/> を利用した。2017（平成 29）年度
　の学習指導要領は文部科学省のホームページより参照した。

8　1998（平成 10）年告示の小学校学習指導要領第 1 章の総則第 3 の総合的な学習の時間の説明
　に、「国際理解に関する学習の一環としての外国語会話等を行うときは、学校の実態等に応じ、
　児童が外国語に触れたり、外国の生活や文化などに慣れ親しんだりするなど小学校段階にふ
　さわしい体験的な学習が行われるようにすること」とある。<https://www.nier.go.jp/guideline/
　h10e/chap1.htm>（2020 年 6 月 5 日アクセス）。

えた(例:読売新聞 1999 年 10 月 19 日付「小学校で英語"先取り"導入は各校の判断で」)。そして 2008(平成 20)年に告示の学習指導要領に基づき、2011(平成 23)年度より小学校 5、6 年生で「外国語活動」が新設され、「英語を取り扱うことを原則とする」こととなった[9]。2017(平成 29)年には新しい小学校指導要領が告示され、2020 年度からは外国語活動を 3 年生から開始、そして、5 年生から外国語が教科として設置された。その外国語は原則として英語と示された。

2000(平成 12)年以降の英語偏重の強化は、文科省が示した外国語教育に関する施策にもその傾向が顕著に見られる。「英語が使える日本人育成のための行動計画」(2003)、「国際共通語としての英語力向上のための 5 つの提言と具体的施策」(2011)、「グローバル化に対応した英語教育改革実施計画」(2013)と英語に関するものばかりである。そして、政府のとる「グローバル人材」育成に関する施策を見ても、育成のためには英語教育のみが強調されがちだ。政策の 1 つにスーパーグローバル大学創生支援があるが、申請が認められた大学の多くは語学教育の充実として英語力養成に重点を置いており、それ以外の外国語が強調されることは少ない(施 2015:23-26;鳥飼 2018:52-54;日本学術振興会 2010)。

このようななかで、中学校や高等学校において英語以外の外国語の開設が進まないのは当然と言ってもよかろう。長谷川(2013)は、日本の中等教育機関(中学校・高等学校・中高一貫校)における外国語科目の提供の実態や担当者が抱える課題に関する調査分析を行ったが、5,400 以上の教員から回答があった英語に比べて、英語以外の外国語担当者からの回収はわずか 178 件であった。先に紹介した文科省実施の高校生の国際交流等に関する調査によると、2016(平成 28)年度 5 月 1 日現在[10]の英語以外の外国語の科目を開設している

---

9 2008(平成 20)年告示の小学校学習指導要領第 4 章より引用。<https://www.nier.go.jp/guideline/h19e/chap4.htm>(2020 年 6 月 5 日アクセス)。

10 2020(令和 2)年 6 月の時点では 2017(平成 29)年度の報告が最新のものであるが、そこにはそれまで参考資料として含められていた英語以外の外国語を開設している中学校の数は提示されていない。

中学校は、公立が 2 校、私立が 20 校で[11]、全国にある中学校 (10,404 校:本校 10,324 校、分校 80 校)[12] の 0.2% に過ぎない。高等学校においては、公立が 478 校、私立が 196 校、国立大学が 3 校で、合計実数が 677 校である。その割合は 2016 (平成 28) 年には 13.7% (全国の高等学校数は 4,925 校:本校 4,839 校、分校 86 校)[13] だが、先述の通りその数は 2007 (平成 19) 年以降減少している[14]。さらには、大学においても、1991 (平成 3) 年の大学設置基準大綱化以来、第二外国語の提供が全体的に減少し、英語偏重化はますます加速しており (田中 1994;中鉢 2004)、英語以外の外国語教育が推進されていく兆しはない。

　一方で、2010 年代以降になると、外国語教育の多様化を求める動きが活発化する。日本言語政策学会は 2012 (平成 24) 年に多言語教育推進研究会を立ち上げ、2014 (平成 26) 年には高校における複数外国語教育の必修化に向けて外国語教育政策への提言を文科省大臣ら宛に提出した (日本言語政策学会・多言語教育推進研究会 2014)。2012 年 12 月には、多様な外国語教育の実現のために関係者が連携・協力することを目的に、一般社団法人日本外国語教育推進機構 (JACTFL: Japan Council on the Teaching of Foreign Languages) が設立された (山崎 2017:58-59)。そして、大谷 (2010) や細川・西山 (2010) は、学習者が様々な言語を学ぶなかで、固有の価値を理解し、その価値が互いに等しいことを学ぶという複言語主義の理念が、日本の外国語 (異言語) 教育に必要な視点だと

11　「平成 27 年度高等学校等における国際交流等の状況について」の資料では、公立の延べ数が 2 校、実数が 4 校となっており、誤りが見られる。<http://www.mext.go.jp/component/a_menu/education/detail/__icsFiles/afieldfile/2017/ 07/06/1386749_27-2.pdf> (2020 年 6 月 5 日アクセス)。

12　学校基本調査―平成 28 年度結果の概要― (文科省生涯学習政策局政策課:出版年不明) 調査結果の概要 (初等中等教育機関、専修学校・各種学校) <http://www.mext.go.jp/component/b_menu/other/__icsFiles/afieldfile/2016/12/22/1375035_2.pdf> (2020 年 6 月 5 日アクセス)。

13　学校基本調査―平成 28 年度結果の概要― (文科省生涯学習政策局政策課:出版年不明) 調査結果の概要 (初等中等教育機関、専修学校・各種学校) <http://www.mext.go.jp/component/b_menu/other/__icsFiles/afieldfile/2016/12/22/1375035_2.pdf> (2018 年 10 月 23 日アクセス)。

14　「平成 29 年度高等学校等における国際交流等の状況についての報告」によると、2018 年 5 月 1 日現在、英語以外の外国語を開設する高校の実数は、平成 27 年度の報告と同数である。高等学校の数が減少したため、ここの割合は増加した (表 1-1 を参照のこと)。

主張している。

　また、吉田 (Yoshida, November 2013; 2014a, 2014b) も、これからの英語教育を考えるにあたって、複言語主義の考え方が重要であることを強調した。日本の若者が内向き志向であること、他国に比べて英語のスキル・能力が低いことを懸念しつつも、英語圏からの帰国子女のように英語を使いこなすことができない、あるいは英語の母語話者のような英語力を身につけることは日本での学習環境では困難であることを認めたうえで、複言語主義が日本の英語教育を変えていく鍵になる可能性を指摘した。複言語主義における母語話者を最終目標とする必要がないという主張は、母語話者の英語が標準ではないという国際英語や世界の英語 (例：Baumgardner 2009; Honna and Takeshita 2013) の概念に通じるものである。このように、言語教育における言語の多様性の促進を支持する動きは 2010 年代以降強まっている。

1.2　なぜ明治期・大正期の外国語教育なのか

　以上、確認してきたのは現在の外国語教育であるが、現在の学校制度は明治期に整備された近代学校制度が礎となっている。そして、この時期に、現在の日本の外国語教育で指摘される「英語偏重」あるいは「英語一辺倒」という枠組みが確立された。ここでは、本書が、なぜ明治期・大正期の外国語教育に焦点を当てることにしたのかを説明する。主な理由としては、現在の英語偏重の外国語教育は明治期の学校教育確立の過程で定まったものであること、そして、明治期から大正期にかけて、英語偏重の外国語教育を批判する動きがあったことが挙げられる。

　日本教職員組合編 (1971：12-14) が、過去から引き継がれた外国語教育の問題点として英語の「圧倒的重視」(同：12) を挙げ、その背景を説明している。それによると、旧制の高等学校や専門学校では、ドイツ語やフランス語などが教えられていたが、中等学校では「外国語」といえば「英語」を意味し、他の外国語が教授されていたのはごく少数のミッション系の私立学校に留まっ

た。その傾向は幕末からの流れであり、1868(明治1)年11月に洋学教育を始
めた静岡藩の学問所の生徒数が、英語が100、ドイツ語が80、フランス語が
50、オランダ語が20であり、その比率が、これらの言語の使用国の国際的
な地位、あるいは、これらの国に対する日本の評価を反映していたと指摘し
ている。

　また、明治政府が行った人材養成の制度に貢進生の制度[15]があるが、1871
(明治4)年1月の名簿によると、諸藩から送られた300人余りの貢進生のうち、
英語を学ぶ者が219人、フランス語74人、ドイツ語17人[16]と、英語学習者
が大半を占めた(文部省1972a：94-95)。1880(明治13)年頃には、ドイツ語を教
えていた進文学社という洋学塾が、生徒が集まらないので代わって英語を教
え始めると150から160もの生徒が集まったという(神辺2015：5)[17]。

　さて、日本教職員組合編(1971：12-16)は、英語化が進んだ要因として、一
番に日本に対する英米の軍事的・政治的・経済的影響力の強さを挙げている。
つまり、アメリカの地理的好条件、イギリスの強大な海軍力、薩長と米英と
の親密な関係、フランスが幕府を支援したこと、普仏戦争でのフランスの敗
北などによる、米英の帝国主義進出における勝利が背景にある。さらに、近
代化を進めるにあたり英米の学問や技術(理財学・工学)がドイツ(医学・哲学)
やフランス(法学・政治思想)からの輸入文化と比べて、国の資本主義化・工
業化により直結するものであったことや、キリスト教の布教に携わった英米
のプロテスタントの宣教師たちの役割、帝国議会開設前のフランス流自由民
権思想への弾圧、1902(明治35)年の日英同盟締結、そしてなにより英語を絶
対的に重視する文部省の方針を挙げ、それが、画一的・中央集権的教育制度
の確立と結びついていたことを指摘している。

15　1870(明治3)年に明治政府が導入した制度で、諸藩から優秀な人材を選出し大学南校に
　　入学させて、欧米の学問文化を学ばせた(文部省1972b：94-95)。
16　明治初期の文部省の資料では、英語、フランス語、ドイツ語の並びで表されているが、
　　後に英語、ドイツ語、フランス語の並びに変わっている(第2章2.2も参照のこと)。
17　神辺(2015)は木村毅『早稲田外史』を引用している。

　また、明治初期には、学校制度の確立の過程でアメリカとの接近が大いに見られた。1872（明治5）年頒布の学制の骨子については、フランスの制度を採用したが、特に初等教育については、社会階級によって進路が別れるヨーロッパの制度ではなく、大衆に開かれたアメリカの制度を参考にし、また、多くのアメリカ人を招いて指導の任に就かせた（櫻井1975：27-29）。日本からの留学生の渡航先もアメリカ・イギリスが多く、特に1875（明治8）年に、のちに師範学校教育に貢献した伊澤修二、高嶺秀夫らをアメリカに派遣したことが、教育におけるアメリカの影響を強める要因となったという（同：29）。

　さらに、1872（明治5）年に頒布された「学制」が、画一的・強制的であったために実施が困難となり、それに代わり1879（明治12）年に「教育令」が制定されたが、この「学制」の改定に貢献したのが、教育政策に対する顧問役としてアメリカから招聘されたデイヴィット・マレー（David Murray, 1830年生〜1905年没）であった（佐藤1999：170-171）。岩倉使節団に文部省理事官として随行した田中不二麿が、マレーの着任に貢献し、さらに、マレーの日本滞在期間中には文部省の業務を実質的に統括しており、2人の協力により教育改革が図られた（土屋1962：116；吉家1998：136-139）。

　そして、明治初期の高等教育の「英学本位制」の確立により、英語が最重要外国語に位置づけられたが、このことが、日本の外国語教育の英語偏重化を決定づける主な要因となった。英学本位制とは、1873（明治6）年に文部省が、開成学校[18]に対して、専門学科の教育を英語に一本化するよう達を出したことを指している（川澄編1998：857, 861）[19]。

　18　開成学校の前身である大学南校は、1855（安政2）年、江戸幕府第14代将軍の徳川家茂が、オランダ語の講習を目的に設けた「洋学所」を起源としている。大学南校から、単に南校、そして、1972（明治5）年の「学制」のもと第一大学区第一中学校となったのちに、1873（明治6）年に開成学校と改称された。大学南校は、各藩から選抜された貢進生が学び、当初は英学、仏学が中心であった。南校に名称が変更されたのは、1871（明治4）年に文部省が創設され政府所轄だった大学南校が文部省の所管となったときである。（参考：櫻井1942/1975：40-43；東京大学1984：155-164）。

　19　近藤（2004：48）は、「英学本位制」について、「1873（明治6）年頒布の「学制2編追加」およびその前後の文部省通達における、開成学校の教育を英語一本にしぼることにした方針を指

　4月18日に文部省が開成学校に出した達では、「其校専門学科之儀爾来英語ニ拠リ修業セシメ　候　様可致事、但法学之儀ハ当分英仏トモ相用　候　儀不　苦　事」とあり、さらに4月29日には後半の但し書きが削除され、専門学科の教育の言語が英語に一本化された（東京大学1984：286；『文部省往復』明治6年を引用）。英独仏の3言語で専門学科を教える外国人教師を雇用することが困難であったというが（川澄編1978：9；近藤（2004：49）も引用）、この英学本位制の背景には、財政上の理由に加え、語学別の派閥が生まれる危険性を避ける意図があったという（江利川2018：67-68）。財政の圧迫については、東京大学（1984：286-287）が、専門学教育を3言語で行った場合、単一言語の場合に比べて2・3倍の教師数と学科目数などが必要になった点を指摘している。加太（1924：83）（川澄編1998：954-957が引用[20]）は、次のように説明している。

　　「日本は貧國であるから英佛獨教師を傭入れ外國語を以て凡てをやる事は困難である。エジプトは人口四百萬程にして日本より小さい。凡て佛國から學者を傭ひ佛國に倣つてゐるのである。他の國からは一切學者を傭入れない。貧國なる日本もエジプトのやうに一國より學者を招傭することに定める必要がある」という言うことを欧州から歸つて來た誰かゞ文部省内で言出しそれが遂に文部省の方針となり英學をとり他を廢することに決定したのであった。

　また、同じ年1873（明治6）年、「学制2編」が追加頒布された。4月28日の「学制2編」では、「外国教師ニテ教授スル高尚ナル学校 法学校理学校諸芸学校等ノ類之

　す」と説明している。しかし、近藤が参照した、川澄編（1998）を確認すると、後者が英学本位制であると考え、その影響を「学制2編追加」により設立された外国語学校が影響を受けたと解釈して問題ないであろうと判断した。

20　川澄編（1998：954-957）は、大日本文明協会編『明治文化の記念と其批判』を引用と記載しているが、加太（1924）は同協会編『明治文化発祥記念誌』内に収められている。

ヲ汎称シテ専門学校ト云フ但此学校ハ師範学校同様ノモノニシテ其学術ヲ得
シモノハ後来我邦語ヲ以テ我邦人ニ教授スル目的ノモノトス」(文部省 1972b：
24) として、外国人教師が教える専門学校を認め、また、外国語学校に関す
る規則も定められた。これにより、開成学校に入るための予備教育を施す外
国語学校が開設されたが、英学本位制が開成学校において採用されたため、
1874 (明治 7) 年には、東京外国語学校から英語科のみが独立して東京英語学
校となり、また、全国の 6 つの外国語学校がすべて英語学校となった (川澄
編 1998：861)。

　1875 (明治 8) 年には、開成学校において、フランス学・ドイツ学の生徒が
処分され、専門学科を日本に導入するための媒体は英語にすることとなった
(櫻井 1942/1975：42)。これにより英学本位制が堅固になるが[21]、しかしまもな
く、1880 年代には、教授用言語が日本語に移行し、英語が教育用言語とい
うよりも 1 学科になっていくことで、それは崩壊してしまう (近藤 2004：53-
56)[22]。

　高等教育における英学本位制はそのような形で終焉するものの、外国語教
育の英語偏重化はこの時点で確立したと言ってもよいだろう。1881 (明治 14)
年に制定の「中学校教則大綱」で「英語」が学科の 1 つとして示されたことで、
中学校における外国語教育の英語化を名実ともに決定づけ、英語に偏重した
外国語教育が確立したのである。

　しかし、一方で、明治の指導者たちは、近代文明の移入において、英語に
頼るだけでは不十分であることを認識していた。大学南校が、名称の変遷を
経て 1873 (明治 6) 年 3 月に開成学校と称された当初、西洋学術文明を導入す

21　近藤 (2004：53, 48) は、英学本位制の導入が 1873 (明治 6) 年、確立を 1875 (明治 8) 年とし
ている。

22　近藤 (2004：65) は、明治政府が、後に「日本主義」思想運動家として知られる杉浦重剛が
初の専任予備門長として就任した 1882 (明治 15) 年を、英学本位制の終焉の年と位置づけて
いる。そのころ、明治政府は、西洋の近代文明の移入により文明開化を図る開明主義から、
日本社会の伝統的価値観の礎となった儒教主義へと、また、知育中心の教育から徳育を重視
する教育へと教育方針を転換していった (東京大学 1984：566-577；近藤が引用)。

るにあたり、諸芸学はフランス学、鉱山学はドイツ学、法学・理学・工学は英学によるという方針を採用していた（櫻井 1942/1975：42）。医学に関しては、東京大学でドイツ医学が採用されて以来、長期にわたり強い影響力を与えてきた（東京大学 1984：233-243, 515-540）。高等教育の英学本位制の確立・終焉の時期を経てもなお、フランス語・ドイツ語について、高等教育において不必要と判断されていたわけではない。鈴木（1997：85-87）が指摘したように、明治政府は「英独仏トロイカ方式」（同：84）を採用し、医学や光学機器などの科学技術、染料や化学肥料などの技術が優れたドイツや陸軍を中心とする軍事・数学・物理学・生物学そして法律といった分野で高い水準を持ったフランスに学んだのである。そのため、高等教育機関では、英語のほかにドイツ語とフランス語が必要とされた。

　さらに、留学生の派遣を確認すると、明治初期にはアメリカ・イギリスが主な派遣先であったが、明治期を通してはドイツへの留学が多くなっていることが分かる。明治政府は、1875（明治8）年には、海外留学生 11 名のうち、アメリカへ9名、ドイツへ1名、フランス1名を派遣し、その翌年には、10名中、8名をイギリス、2名をフランスへ派遣した（文部省 1875/1964：10）。ところが、1880 年代にはドイツへの派遣人数が増加した。1880（明治 13 年）から 1883（明治 16）年までに派遣した留学生については、ドイツに 14 名、イギリスに 1 名、アメリカに 1 名、また、1884（明治 17）年には、東京大学を卒業した学生や大学教員のうち私費で 3 名、官費で 6 名が哲学・公法学・法学・裁判医学・物理学・政治学を学ぶために全員ドイツへ留学したと報告されている（文部省 1884/1966：42）。

　そして、当時の世界の情勢に鑑みると、ドイツ学を重視した理由がより明らかになる。東京大学でドイツ医学が採用されたことはすでに述べたが[23]（東京大学 1984：233-243）、ドイツはほかの分野においてもその威力を発揮してい

---

[23]　東京大学（1984：233-243）は、ドイツ医学採用にあたり、イギリス医学の支持派との対立があったことを説明している。

た。18世紀に綿織物を中心に産業革命を起こしたイギリスに対し、19世紀に入ってドイツでは工業化が進み、化学工業と電気工業を中心とした第二次産業革命により国力を増した（玉木 2018：76, 179）。「全ドイツとフランスとの戦い」（谷川・北原・鈴木・村岡 2009：174）と言われる普仏戦争で、プロイセン軍が勝利しドイツ統一に至った要因には、武器弾薬の輸送に不可欠な鉄道が発達していたことが挙げられる（玉木 2018:200）。まさに、19世紀のドイツでは、工業の発展が目覚ましく、それはイギリスの産業発展を追い越すものであった。普仏戦争においてプロイセンが勝利し、ドイツ帝国を成立させたことも、日本におけるドイツ学の振興に拍車をかけたであろう。

　英語に偏重した外国語教育でありながらドイツ語教育の重要性も説かれた明治時代―その流れは、冒頭で紹介した1903（明治36）年の新聞の社説でも言及されている。近代化に向けた西洋文化・文明の移入のために、明治初期には英語とフランス語が、そして明治10年代以降にはドイツ語が、特に専門教育において重要であるとされた。その過程で、明治期に、中学校そして高等学校においても英語が第一の外国語とされ、高等教育に進学するとドイツ語あるいはフランス語が英語に加えて必要とされるというパタンが確立したのである。

　このような状況で、紹介した新聞社説のように、英語偏重の外国語教育に対する批判が起こった。社説での批判は教育政策の決定に直接携わる者からの声ではなかった。しかし、高等教育でドイツ語とフランス語が必要とされたために、言語習得という視点から、高等学校、そして中学校、さらに時には小学校における外国語教育で英語以外の外国語教育を充実させるべきだという議論が、外国語教育に関する政策決定の過程で繰り返し起こっていたのである。

　現在の「英語一辺倒」の外国語教育に対する批判と外国語教育の多様化、つまり外国語教育において英語以外の外国語の教育をより充実させるべきだという主張は、世界の言語の多様性とすべての言語の価値を認識する必要性に対応し、複数の異言語・異文化に接触することで異質なものへの寛容性を育み（森住 2016：5-8）、また、複数の外国語を比較することで言語によっ

ては様々な類似点があることを学ぶ（日本言語政策学会・多言語教育推進研究会 2014：3）といった、持続可能な社会に必要な協調的市民性を観点としている。一方、明治・大正期の同様の主張の文脈は必ずしも同じものではない。しかし、結果的には英語中心の外国語教育という同様の状況を引き起こしたその政策決定の過程を明らかにすることは、現在の外国語教育につながる同様の問題を考察するうえで貴重な資料を提供することになると考える。

1.3　過去の研究が明らかにしたこと

　本書は、明治期・大正期の英語偏重の外国語教育に抵抗する動きに着目するが、その動きは主にはドイツ語、そしてフランス語の教育を推進する意向からくるものであった。1903（明治 36）年の読売新聞の社説のように、隣国の言語としてロシア語を小中学校で教えるべきだと主張する声が一般社会から挙げられることもあったが、政府が採った外国語教育の中心は英語・ドイツ語・フランス語であった。そこで、これら 3 言語の教育に関する研究を概観し、また、明治政府のドイツ学奨励という教育政策が言語教育の実態に与えた影響が考察に含まれた 2 つの文献、上村（2006）と野口（1999）を確認する。

1.3.1　英語・ドイツ語・フランス語教育に関する研究

　ここではまず、明治期・大正期のドイツ語、フランス語の教育に関する研究を概観する。これらの研究は、特定の学校における言語教育の実態や特定の人物の役割や貢献内容を対象としており、外国語教育政策を研究対象としたものではない。

　ドイツ語教育に関しては、上村（1988a）が 1878（明治 11）年 2 月に開業願いが出され、1887（明治 20）年 4 月に廃校届が出された東京・本郷台町の独逸学校[24]

---

[24]　1879（明治 12）年に廃業届、そして再び開業届が出され、番地は変更している（上村 1988a：155）。

の実態を明らかにしている。この学校では、本務校を東京大学医学部とする教員がいわば副業でドイツ語を教えており、このことは、医学部の予備校的役割があった独逸学校に大きな宣伝効果をもたらしたようだ（同：154, 165）。

　また、上村（1988b）は、プロシャ参謀少佐ヤーコプ・メッケルが1885（明治18）年に陸軍大学校の雇教師として来日し、参謀本部顧問となり、続けて3名のドイツ参謀将校の指導によって陸軍の軍制がフランス式からドイツ式へと転換し、近代的整備が行われたという明治陸軍論者の共通認識に言及し（同：167）、これらドイツ人将校の活躍を支えた日本人通訳官の役割と経歴を明らかにした。さらに、上村（2005）は、ドイツ語教育に貢献したドイツ人教師エルンスト・エミール・ユンケル（1864年生〜1927年没）について、それまで明らかにされていなかった功績の詳細をまとめている。上村（2006）は熊本のドイツ語教育の実態を検証しているが、これは、次節で扱いたい。

　明治時代のフランス語教育については、西堀（例：1969；1974；2008）が幕末から明治期の関連学校や雇外国人教師に関する資料と考察を提示している。西堀（1981）は、1887（明治20）年前後に開設したフランス語学校や塾の設立に関する資料を活字化した。そして、西堀（1988）は、上記の研究（1974；1981）に加え、法律・軍事・技術・医学・教育の関係で日本の近代化に貢献した雇フランス人の功績の多くを明らかにした。

　次に、英語教育史という観点で明治期以降を対象とした研究を振り返ると、教科書や教授法、教材・学習書や入試問題の内容、そして明治期あるいはそれ以降も含めた小学校英語教育の是非や変遷など、幅広く様々な研究がある。江利川（2018）は古代から現代までという長期にわたる日本の外国語教育政策をまとめたが、幕末に英語学習熱が高まった背景の1つに、アメリカ・イギリスという英語圏との貿易の比重が一気に増えたことを挙げた（同：53）[25]。薩摩藩が軍制整備をイギリス式に、長州藩が軍事訓練をフランス式に切り替え、1868（慶応4）年の鳥羽・伏見の戦いに始まる戊辰戦争で新政府軍の薩長が勝

25　江利川（2018）は山口和雄（1947）『幕末貿易史』（pp. 25-28）を参照している。

利して明治時代へと突入したことも背景にあった (同：53)。

　また、江利川 (2011) は明治から平成の時代の英語学習史を網羅しているが、受験英語が誕生し受験用の英語参考書が出版され、それが進化・発展していくその変遷を具体的に伝えている。江利川 (2006) は「近代日本の職業系諸学校における英語科教育の歴史的な展開過程を実証的に解明し、英語教育の国民各層への多様な浸透過程を跡づける」(同：3) ことを目的とし、実業学校や師範学校等の英語科教育を学校沿革史や地方教育史の資料の精査、使用教材や授業報告、そして関係者からの証言や同窓会誌の記録などをもとにその実態を分析している。また、高等小学校の英語科教育についても、明治期から敗戦占領下までの変遷を考察している。江利川 (2006) の数多くの参考文献の1つである江利川 (1993) は、明治期後半の小学校での英語科教育の実態を文部省法令、教授法、教科書等を基に考察したものである。

　そのほか、松村 (1982；1987a；1987b；1988) など、中学校の英語教育、小学校教育での英語科存廃論や、英語と中学校入試との関連を考察した研究もある。伊村 (2003) は 1808 (文化 5) 年フェートン号事件以降の 200 年の英語教育を教授法や教科書、試験問題、雇外国人教師等の観点からまとめた。

　しかし、以上の研究は、明治期・大正期の外国語教育の英語偏重化に対する議論を分析の対象としたものではない。

　英語以外の外国語を含めた外国語教育政策の変遷を分析の対象とした数少ない研究の1つには川又 (2014) が挙げられる。川又は、日本における外国語教育政策の明治から平成までの歴史的変遷を振り返り、「英語一辺倒」の日本の外国語教育に苦言を呈し、小学校で様々な言語に触れ、ことばへの気づきを促す機会を設けることなどを含む具体的な改革案を提示した。

　そして、時代は遡るが、英語以外の外国語教育推進という観点から無視することができないのが、大阪外国語学校 (1924) そして杉山 (1934) である。

　大阪外国語学校 (1924) には、「中學校ニ於ル獨逸語及佛蘭西語ノ學級増設ノ建議」として大阪外国語学校校長の中目 覺と、教師のルイ・マルシャンとヘルマン・ボーネル、教授の上田駿一郎と高橋周而が文部大臣岡野敬次郎

宛にその理由と実施方法の説明文書を添えて出した建議文書が収められている。さらに「語學教授制度及語學教授法に關する意見」と題し、ヘルマン・ボーネルが多岐多様に亘る西洋の物質文明と精神的文明の本質を学ぶためには英語のみならずフランス語、ドイツ語、そしてロシア語の習得が必要であること、最初に学ぶ外国語は重要であり、独仏語を学んでから英語を学んだほうがその逆よりも容易であると主張、また、「何故外國語を學ばなければならぬか　分解精神と綜合精神」と題し、ルイ・マルシャンが現代語学習の価値について「國際關係を無視する譯には行かぬといふこと」(同：15)、そしてそれが「有力なる教育の一方法になるといふこと」(同：16)であると述べている。特に最後の点について、自国語のみにとらわれず各言語が持つ特性を生かした学びが必要であるとし、特性の異なる言語を学ぶ必要性から日本人にとって英語のみの学習では不十分であると主張した[26]。

　杉山(1934)は、高等学校の外国語教育を中心に批判し、それが中学教育や大学教育などへ与える「派生的弊害」(同：17)を論じている。日本の外国語教育においては「英佛獨三語の併置鼎立」が明治初めに大学南校が創設されたときに認められたにも拘わらず、その後、フランス語教育が縮小していったことを遺憾とし、改革が急務であると主張した。フランス語を教えないということは、1931(昭和 6)年の「外国語教授要目」で示された教授方針に反すると述べた(同：30)。

　教授方針は、1919(大正 8)年制定の「高等学校規程」第 7 条の趣旨に基づき、「外國語ヲ正確ニ了解シ且之ニ依リテ思想感情ヲ表現スルノ能力ヲ養成シ以

26　マルシャンは、言語を分解的・総合的という 2 つの性質で描写している。英語は分解的で総合的であるが、ドイツ語ほどには総合的ではなく、フランス語ほどには分解的でないという(大阪外国語学校 1924：19)。「一國民の學ぶ外國語が唯一つに限られると云ふことは、其外國語が國民自身の特質に最も反對して居つて、爾余の外國語を研究せずとも其外國語のみの研究が國民に對し精神力の發達を最高度に達せしめる機會を與へることが出來る場合にのみ有利であるが、然らざる場合には結局他の知的鑄型内に其國民を無理に押込めて仕舞ふことになるだらう」(同：18)と述べており、総合的な日本語を自国語とする者は分解的なフランス語を学ぶべきだと説明している。

テ學術ノ研究ニ資スルト共ニ海外諸國ノ文化、國情、國民性等ヲ正シク理解セシメ併セテ健全ナル思想、趣味、情操ヲ涵養スルコトニ努ムヘキモノトス」（「官報」第1231号：137）とされていた。つまり、杉山は、英語に偏重した外国語教育は、海外諸国について理解を深めるといった教育方針に沿ったものではないと指摘した。

　杉山は大阪外国語学校（1924）にも言及し、「大正九年及び十一年に發表した私の意見が…〔先の〕如き權威ある外國語教育専門家に依て裏書せられたるは欣快とする所である」（同：39-40）と述べている。1920（大正9）年と1922（大正11）年に発表した杉山の意見がどれを意味するのかは不明であるが、同様の意見を発していたに違いない。

　以上のように、大阪外国語学校（1924）や杉山（1934）は、明治期・大正期の日本を対象に、英語以外の外国語を含めた外国語教育政策という観点から中学校や高等学校の外国語教育を分析・検討している。しかし、これらは、ドイツ語やフランス語教育の推進という立場から意見を主張する内容である。教育政策決定関連機関において英語偏重化に対抗する議論にどのようなものがあったのかを具体的に明らかにし、その議論が外国語教育政策に与えた影響を検証した研究はこれまでになされていない。

1.3.2　言語教育の実態と教育政策

　ここで、外国語教育における各言語の位置づけに関連して、上村（2006）と野口（1999）の考察に見られる、佐々友房[27]（1854年生〜1906年没）と井上毅（1843年生〜1895年没）[28]の外国語教育観を確認しておきたい。上村はドイツ語、野口は中国語の教育の実態を研究の対象にしているが、そこに大きく影響したのは、国の教育方針であった。

　上村（2006）は明治期の熊本の中学校におけるドイツ語教育の実態を追った。

27　野口（1999：135）は、佐々友房を「大陸進出の原動力となった熊本国権党の創始者」と紹介している。生没年は野口（同）を参照。

28　生没年は国立国会図書館（2013）を参照。

明治初期の熊本では、ドイツ語教育は公的にも私的にも行われておらず、ド
イツ語教育が入ってきたのは明治 10 年代の後半であるとしている。済々黌
（現在熊本の県立高校）でドイツ語が最も盛んだったのが 1885（明治 18）年から
1887（明治 20）年ごろまでであったこと、1889 〜 1890（明治 22 〜 23）年頃には
熊本のドイツ語教育の中心が第五高等中学校に移ったのであろうことを指摘
している。済々黌の校長となった佐々が、ドイツの国体や立憲君主制に日本
の状況が通じると考え、ドイツ語教育を推進しており、その考えを基に済々
黌でドイツ語を設置したが、1887（明治 20）年に設置された第五高等中学校で
ドイツ語が教えられることになったのは文部省からの要請であったとしてい
る。

　野口（1999）は、野口（2002, 2004）と継続して、明治期の熊本における中国語
教育を詳細にわたって調査し考察した。中国語は、平和時には貿易商業のた
め、戦争が起こると日本国家権力強化に必要な通訳養成を目的として学ぶ実
学語学であり、英語やドイツ語のように文学・文化を学ぶ外国語、あるいは
社会科学・自然科学を学ぶ外国語としての位置づけはなく、「人間形成に関
わる文化語学」（野口 1999：145）ではなかったと説明している。

　そして、野口（1999）は、1882（明治 15）年に始まった済々黌での中国語教育
が 1886（明治 19）年には廃止されてしまった背景要因の 1 つに、「中学校令」
とその改正に見られる政府の英語重視、それに続いてはドイツ語・フランス
語を重視する姿勢があったと指摘している。西南戦争で敗北した佐々は反政
府的立場にあったものの、国家主義的・天皇主義的な政治思想から明治政
府の採る政治・教育方針に同調するようになり、1887（明治 20）年に文部大臣
森有礼（1847 年 8 月 23 日生〜 1889 年 2 月 12 日没[29]）が済々黌を視察した際には、
その教育を高く評価したという（同：146）。1881（明治 14）年から同心学校[30]、
1882（明治 15）年から済々黌で中国語教育を始めた佐々が、1885（明治 18）年に

29　森有礼の生年月日は国立国会図書館（2013）を参照。

30　1879（明治 12）年に佐々友房が、開設した私立同心学舎が、1881（明治 14）年に同心学校と
　　改称、1882（明治 15）年に済々黌として発足した（野口 1999：133, 136）

学生に対して中国語を勧める談話をしているが、その「舌の根も乾かぬ」(同:146) 翌年の 1886 (明治 19) 年には、それまであった皇漢、独、英、支の 4 科及び予科門を廃止し、統合して普通科 5 か年 (従来は 3 年) の課程とし、外国語は英語とドイツ語のみとなったのである。

　後に文部大臣となる井上毅の外国語観が現れた内容は、上村 (2006) の記述に見られる。1870 (明治 3) 年に明治政府が行った大学南校で外国語を学ぶ貢進生の募集に対する熊本藩からの入学者について、上村は、次のように説明している。

　熊本藩は、安東清人、神足勝記(こうたりかつき)、木下小吉郎 (のち広次) の 3 名を選び、大学南校に入学するよう命じた。そのうち安藤と神足はドイツ語を、木下はフランス語をそれぞれ選択したが、英語を選ばないことは全国的には珍しかった。安藤と神足がドイツ語を選択した理由は、『神足勝記回顧録』によると、同郷の井上毅の勧めがあったからだという[31]。井上自身は、フランス語を学び、ドイツ語は理解しなかったが、ドイツの国権的君主制を信奉し、熱心にドイツ化を推進していた。

　この説明には、ドイツの国体に傾倒する明治政府と選択された外国語の関連が色濃く反映している。この点は、一時は中国語を勧めていたが佐々が、国家主義を支持して 1886 (明治 19) 年にはドイツ語を推奨したという、先に紹介した野口 (1999) の考察に通じるところである。

　一方で、井上毅にとって、ドイツ語はあくまでエリート養成のための道具であって、一般の普通教育の一環としてはドイツ語の重要性は認めなかった。1870 年代にはドイツ語教育を推奨した井上は、1893 (明治 26) 年 3 月 7 日から 1894 (明治 27) 年 8 月 29 日に文部大臣を務めるが[32]、その間、中学校の教育課程からは第二外国語が削除されており、複数の外国語を学ぶ重要性は指摘さ

31　上村 (2006) は、上條武 (1983)『孤高の道しるべ　穂高を初縦走した男と日本アルプス測量登山』(銀河書房) の p. 437 からの引用としている。

32　在任期間は文科省ホームページを参照。〈http://www.mext.go.jp/b_menu/soshiki/rekidai/daijin.htm〉(2020 年 6 月 23 日アクセス)。

れず、国家主義・国語尊重の立場から教育改革が行われたのである。この点については、第 2 章 2.2 を参照されたい。

1.4　本章のまとめ

　ここでは、まず、現在の外国語教育が英語に偏重していることを文部省・文科省の調査データなどをもとに論じた。英語化は、1980 年代に国際化と国家主義化とともに強まり、2000 年以降も、その勢いは初等教育・中等教育・高等教育のすべてにおいて加速している。グローバル化という名のもと、小学校における英語の教育が強化され、大学でも 1990 年代に設置基準が大綱化されて以降、第二外国語の教育が弱体化し、英語教育の強化はますます進んでいる。このような英語に偏重した外国語教育の方向性は明治初期にすでに定まっていた。

　明治初期に、外国語教育の英語化が進んだ要因には、イギリスやアメリカの軍事・政治・経済における国力の強さや明治政府のアメリカへの接近などが指摘される。さらに、明治政府が、財政上の問題などから、高等教育の専門学科の教育の教育言語を英語に一本化した英学本位制の影響力が大きい。中学校教育に関しては、1881 (明治 14) 年に制定の「中学校教則大綱」で「英語」が学科の 1 つと示されたことが、中学校における外国語教育の英語科を名実ともに決定づけたことを指摘した。この点を含む教育関連法規における外国語の位置づけについては、次章でその詳細を確認する。

　このような外国語教育に対して、「外国語＝英語」という貧弱な構図を助長しているといった、現在も聞かれる批判と同様の批判が、明治・大正期にもなされたのである。そして明治・大正期と、政策決定関連機関で英語偏重の外国語教育に対する批判が出た場合、それは、ドイツ語・フランス語教育を推進する立場から出されていた。これらの言語の教育に関するこれまでの研究は数多くあるものの、外国語教育政策をその対象とはしていない。英語教育については、政策に関連した研究があるものの、英語偏重化に対する議

論とその影響を考察の対象とはしてこなかった。

　一方、中国語教育の実態に迫った野口(1999)やドイツ語教育の実態を検証した上村(2006)の研究は、次章で扱う明治政府のドイツ学振興の政策や動向が、外国語教育の方向性を定めた重要な1要因であったことを示唆するものである。当然のことながら、国の政策とは、それが唯一の要因ではないにしても、実際の外国語教育の実態を変えていくものである。

　それでは、国の外国語教育政策はどのような文脈でいかなる議論を経て決定されたのか。その議論はどのような影響をもたらしたのか。これらを明らかにすることは、過去と現在の問題をつなげることであり、これからの外国語教育のあり方を考えるうえで、新たな視点を提供することになると考える。

第 2 章
教育関連法規にみる外国語の位置づけ

　本章では、明治期から大正期にかけての小学校・中学校・高等学校に関す
る教育関連法規において、外国語がどのように規定されたかを確認する[1]。ま
た、背景についての理解を深めるために、近代教育制度の基礎を築いた明治
期の高等教育や産業教育に関する法規上の外国語の位置づけも確認する。

　近代教育制度の始まりと言われる「学制」が頒布されたのは 1872 年 (明治 5)
年だが、その後しばらくは、政府は小学校の設立に注力しており、学校制度
全体の組織化に至るには長い年月がかかり、教育内容の統一が進むのは、森
有礼が初代文部大臣に就任した翌年の 1886 (明治 19) 年に「帝国大学令」、「小
学校令」、「中学校令」、そして、教員養成機関である師範学校に関して「師
範学校令」を公布して以降になる (文部省 1972a：13-15)。そこで、特に、1880
年代以降の法規において外国語の科目がどのように規定されたのか、その変
遷を初等教育、中等教育、高等教育、そして産業教育に分けて見ていく。

2.1　初等教育

　初等教育に関しては、1881 (明治 14) 年に「小学校教則綱領」が制定される (文
部省 1972b：81-88)。綱領では小学校を「初等中等高等ノ三等トス」(同：81) とし、

1　この時代の小学校・中学校・高等学校は戦後の教育体制における初等教育・中等教育に一
　致せず、初等教育・中等教育・高等教育の学校に相当する。戦後の教育体制で考えると、例えば、
　1907 (明治 40) 年「小学校令」改正による高等小学校は、学齢的には中等教育に相当し、明治・
　大正期の高等学校は高等教育の課程を含む学校であった。

それぞれの段階で設けるべき学科の説明がなされた。そこに外国語の科目は
ないが、1884（明治 17）年 11 月 29 日に、第 14 号達により「小學校敎則綱領第
廿六條ニ英語ノ初歩ヲ加フルトキハ讀方會話習字作文等ヲ授クヘキ一項追加
ノ旨ヲ達ス是レ開港場ニアル小學校ノ敎則ニハ英語ヲ要スルノ場合アルヘキ
ヲ以テナリ」として、土地の情況によっては英語を教えることが認められた
（文部省 1884/1966：2）。「小学校教則綱領」の第 26 条は土地の事情により農業
を加える場合の考慮事項であるが、同様に英語の初歩を加える場合について
の説明がこの達により加えられた。1870（明治 3）年制定の「小学規則」の学科
の中に、英・独・仏・蘭の 4 言語が挙げられ（江利川 1993：76）、また、1872
年の「学制」では、状況によっては「外国語ノ一、二」（文部省 1972b：14）を小
学校の教科に加えることができるとされたが、1884（明治 17）年の達で加えら
れたのは「外国語」ではなく「英語」であった。

　1886（明治 19）年 4 月 10 日には「小学校令」が公布され、尋常小学校 4 年、
高等小学校 4 年の 2 段階、尋常小学校の課程を義務教育とすることが定めら
れた（文部省 1972b）。続いて 5 月 25 日、「小学校ノ学科及其程度」が制定され
るが、そこでは、高等小学校での学科を以下のように定めた。

　　第三条　修身読書作文習字算術地理歴史理科図画唱歌体操裁縫^{女児}トス
　　　土地ノ情況ニ因テハ英語農業手工商業の一科若クハ二科ヲ加フルコト
　　　ヲ得唱歌ハ之ヲ欠クモ妨ケナシ

（文部省 1972b：89）

　1885（明治 18）年 8 月 15 日発行の『教育時論』第 12 号の記事には「英語ヲ小
學科中ニ加ヘントセバ高等科ヨリスベシ」（12 号：1-6）と題するものがある。
それによると、茨城県教育会で「小學敎科ニ英語ヲ加ヘントセバ高等科ヨリ
スルト中等科ヨリスルト孰レカ可ナルヤ」（同号：2）という議題があがったが、
その前提に小学校で英語を教えなくてもよいという考えはなかったという。
つまり、明治 10 年代終わりには小学校で英語を教えるところは相当数あっ

たと考えられる。

　また、江利川 (2006：165) によると、1886 (明治 19) 年から 1899 (明治 32) 年ごろにはすでに大半の高等小学校で英語が課されていた。その頃高等小学校で英語を学ぶ主な動機の 1 つは上級学校への進学準備であり、1894 (明治 27) 年 9 月の「尋常中学校入学規程」の改正で入試科目から英語が削除されるまでの明治 20 年代は尋常中学校の入試に英語が加えることができた時期であった。1890 (明治 23) 年 9 月 25 日発行の『教育時論』「尋常中學校一覧表」(196 号：27-28) によると、第三高等中学校区域内の尋常中学校 15 校のうち、英語の試験を課していないは広島 (福山) と奈良 (吉野) の 2 校に過ぎず、13 校が入学試験で英語を課している。うち 1 校和歌山の尋常中学校は高等小学校にて英語の試験を実施した[2]。

　その後、1890 (明治 23) 年に公布の「小学校令」では、下記のように「英語」に代わり「外国語」の表記が使われた。

　　第四条　高等小学校ノ教科目ハ修身読書作文習字算術日本地理日本歴史
　　　　外国地理理科図画唱歌体操トス…
　　　　土地ノ情況ニヨリ外国地理…欠クコトヲ得又幾何ノ初歩外国語農業商
　　　　業手工ノ一科目若クハ数科目ヲ加フルコト得

　　　　　　　　　　　　　　　　　　　　　　　　　　　　（文部省 1972b: 90)

　「外国語」と表記された背景には、中等学校への進学準備に英語以外の外国語が必要となる場合があったからだという (倉沢 1963 を田中 1988：73 が引用[3])。実際、英語以外の外国語を学んだ者に別途の試験を課すとした場合が

2　江利川 (2011：28) が『教育時論』(196 号：28) を引用している。なお、松村 (1987b：110) は第三高等中学区域内の尋常中学校で入学試験に英語を課するものが 11 校、課さない学校は 4 校と報告している。松村は、高知県教育史編纂委員会編 (1964：505-509) を参照、1890 (明治 23) 年 5 月 15 日付の『土陽新聞』の記事によるとしている。

3　田中 (1988) は倉沢剛 (1963：654)『小学校の歴史 I』ジャパンライブラリー・ビューローを参考文献に挙げているが、倉沢 (1965：853) で確認した。

あった。例えば、1887（明治 20）年 2 月の三重県尋常中学校規則第 5 条で入学試業科目に英語初歩が追加されたが、但し書きで「第二外国語ヲ修メタルモノハ本人ノ請ヒニ依リ別ニ試験ヲ課ス」と示された（松村 1987b：110）。

　なお、1890（明治 23）年 8 月 30 日には私立暁星小学校が設立許可を受けている（暁星学園 1989：476）。その前身は正科と語学専修科の 2 科を設置した私立暁星学校であり、フランス語、英語、ドイツ語の教科書を用いた授業を実施していた。私立暁星学校は、「小学校令」、「中学校令」に基づく学校ではなく、1872（明治 5）年 9 月 5 日頒布の「学制」における「外国教師ニテ教授スル中学教則」や、1873（明治 6）年 3 月 18 日「学制」の「中学教師ノ免許ヲ持ツモノデ、私宅ニオイテ中学校ノ教科ヲ授ケルモノヲ中学塾トシテ許シ、外国人ヲ教師トスルガ、大学予科デナイモノヲスベテ中学ト称スルコトガデキル」に該当する学校であった（暁星学園 1989：25）。フランスのマリア会を母体とする暁星学校が「小学校令」に基づいた小学校として発足するために、「小学校令」における教科名が「英語」ではなく「外国語」と示されたことは学校運営上重要な点であったと考えられる。

　1900（明治 33）年の「小学校令」改正では、「外国語」ではなく「英語」の加設についての説明となる。高等小学校に関する条項（第 20 条）で「修業年限四箇年ノ高等小学校ニ於テハ英語ヲ加フルコトヲ得…〔この項を含む〕前三項ニ依リ加フル教科ハ之ヲ随意科目ト為スコトヲ得」（文部省 1972b：102）と定められた。1902（明治 35）年 12 月 25 日発刊の『教育時論』（637 号：31）に、「現時市郡の高等小學校に在て、英語を課するもの少なからず、其最たるものは、之を必須科中に入る、盛なりと云ふべし。」としつつ、教師の力量を批判し英語教授を停止すべきだと意見する記事「小學校の英語課に就て」が、東京在住の「頑爺」というペンネームで掲載されている。

　明治 10 年代、20 年代と、地域によっては高等小学校の多くで英語の授業が実施されていたようだが、それは 30 年代に入っても続いていた。その傾向は田中（1988）が示している。田中は文部省年報をもとに 1901（明治 34）年度から 1912（明治 45）年度の小学校での英語の加設状況をまとめた。それによ

ると、埼玉、群馬、茨木、栃木、長野、山形、宮崎の 7 県はほとんど加設さ
れないなど、地域による差はあったものの、1901（明治 34）年度から 1910（明
治 43）年度までは全体として加設は増加傾向にあった（同：74）。

　その間、1907（明治 40）年には「小学校令」が改正され、尋常小学校の修業
年限そして義務教育年限が 4 年から 6 年に延長された。高等小学校はその後
の 2 年、ただし 3 年まで延長可で 12 歳〜 14 歳を対象としたが（文部省 1972b：
110-111；山住 1987：年表 30）、それまでと同様に高等小学校の科目については、
英語を加えることが認められた。

　しかし、1911（明治 44）年、第 20 条は下記のように改正され、英語は廃止
され商業に組み込まれた。

　　第二十條　高等小学校ノ教科目ハ修身、國語、算術、日本歴史、地理、理科、
　　圖畫、唱歌、體操トシ女児ノ爲ニハ裁縫ヲ加フ
　　前項教科目ノ外手工、農業、商業ノ一科目又ハ數科目ヲ加フ其ノ數科
　　目ヲ加ヘタル場合ニ於テハ兒童ニハ其ノ一科目ヲ課スルモノトス

　　　　　　　　　　　　　　　　　　　　　　　　　　　　　澁谷編（1911：35）

　「商業地方の外は、自ら英語を授くる能はさる結果を來たすへきものなり」
（澁谷編 1911：36）と、商業地方以外の地域では、小学校が英語を教授するこ
とはできないという結果になるだろうとの判断から廃止に至った。その英語
を含む商業は、手工、農業との 3 科目のうちいずれか 1 科目を必ず履修する
科目として指定された。

　このように、明治期には、小学校教育のレベルで英語科存廃論が起こって
いた。大正期以降には、明治期の欧化主義への批判、1924（大正 13）年にアメ
リカで施行された移民法（通称「排日移民法」）への報復、英語無用論や役に立
たないとする説などを要因に英語科存廃論が起こり、それは中等教育レベル
での議論となっていくが、明治期には初等教育レベルの議論がなされていた。

国民教育の基礎を施す [4] 初等教育における英語教育の意義が問われていたのである。そして、議論の内容は、実用英語を目的としていたにも拘わらずその社会的要請に応えられない現場への批判であり、また、実用英語が国民にとって緊急に必要ではないことから不用論を主張するというものであった（松村 1988：186-187）。

　その後、1911（明治 44）年に科目から除外された英語については、学校現場からの復活を要求する声が強く（江利川 2006：209-212）、1919（大正 8）年の「小学校令」改正で商業から分離されて独立の加設教科目となった（江利川 2006：210；「官報」第 1953 号：89）。この際には教科目名は「外国語」とされ、高等小学校の教科目として「土地ノ情況ニ依リ」加えてもよいとされた（「官報」第 1953 号：89）。「外国語」という名称になり、英語以外の外国語が加設可能となったのだが [5]、一方、1919（大正 8）年 3 月 29 日に改正された「小学校令施行規則」で、「外國語ハ日常簡易ノ英語ヲ習得セシムルヲ以テ要旨トス」（第 16 条）（「官報」第 1994 号：525）となっており、結局「英語」に縛られる側面があった。

2.2　中等教育

　次に、中等教育を確認する。1881（明治 14）年 7 月 29 日に制定された「中学校教則大綱」では、英語が科目の 1 つとして示された。明治に入るとアメリカ人宣教師やイギリスの外交官の文化的活動による貢献、そして雇外国人として専門家の多くをイギリスから招き [6]、アメリカ人デイビッド・マレーが近代教育制度の漸進的な改革に寄与するという文脈のなかで、英学が発達する

4　1890（明治 23）年の「小学校令」第 1 章第 1 条により、小学校は、「…道徳教育及国民教育ノ基礎並其生活ニ必須ナル普通ノ知識技能ヲ授クル」ことを本旨とするとされている（文部省 1972b：90）。

5　「英語」ではなく「外国語」となった背景には、臨時教育会議、そしてその前の教育調査会での議論があったと考えられる（詳細は第 6 章を参照）。

6　高梨（1979：12）によると、1872（明治 5）年の調査では、イギリス人 119 名、フランス人 50 名、アメリカ人 16 名を招いた。

(高梨 1979：7-13)。高等教育における英学本位制が確立したのも明治の初期である (近藤 2004；第 1 章 1.2 参照)。

　1872 (明治 5) 年の「学制」で制定された中学校における教科目内に示された外国語に種類の指定はなく、また、日本語の教科書が未発達であったため、外国語を用いて教科を教えるほうが便宜上都合がよく、「外国教師ニテ教授スル中学教則」により、英語・フランス語・ドイツ語のいずれかにより中学の課程を教えることが許可されていた (櫻井 1936：86-89)。一方、江戸幕府の洋学研究機関であった開成所を改めた開成学校に諸藩から集まった貢進生の間では、オランダ語は必要とされず、英語を修める者が約 200 名、フランス語を学ぶものがその半分、そしてドイツ語の学生がさらにその半分であり (櫻井 1936：44-45)、外国語教育で最重要視されたのは英語であった。中学校教育においては、1881 (明治 14) 年の「中学校教則大綱」により、名実ともに外国語教育の英語化が成立した。大綱では、中学校の学科が以下のように示された。

　　第三条　初等中学科ハ修身、和漢文、<u>英語</u>、算術、代数、幾何、地理、
　　　　　　歴史、生物、動物、植物、物理、化学、経済、記簿、習字、図画及
　　　　　　唱歌、体操トス
　　第四条　高等中学科ハ初等中学科ノ修身、和漢文、<u>英語</u>、記簿、図画及
　　　　　　唱歌、体操ノ続ニ三角法、金石、本邦法令ヲ加ヘ又更ニ物理、化学
　　　　　　ヲ授クルモノトス

(文部省 1972b：126)

　「学制」に基づいて頒布された「中学教則」や「外国教師ニテ教授スル中学教則」が 1878 (明治 11) 年 5 月に廃止されたのちは学科目の規定はなく、1881 (明治 14) 年の「中学校教則大綱」にて初めて学科目が確立し明文化され、この大綱に準拠して各府県が教則を編成した (詳細は四方 (2004) を参照)。四方 (2004：153) は官立大阪中学校の「教授要旨」がそののちに制定公布された各府県の

「教授要旨」に大きな影響を与えたと指摘する。大阪中学校は 1882 (明治 15) 年 4 月 15 日に「大阪中学校規則第九条 教授要旨」として文部省に伺案を提出したが、文部省はその内容に訂正を加えて「大阪中学校教授要旨文部省指令」として 7 月 11 日にその施行を命じた (同：157)。

英語に関する記述 (第 3 款) を比較すると、大阪中学校が提出したものは「英語ハ中人以上ノ業務ヲ執リ又高等ノ学科ヲ修ムルニハ之カ知識ヲ要スル者多シトス」との説明に始まるが、修正された指令はこの部分が「英語ハ<u>其用殊ニ広キ外国語ニシテ</u>中人以上ノ業務ヲ執リ又高等学校ノ学科ヲ修ムルニハ其知識ヲ要スルモノ多シトス故ニ各級ニ通シテ之ヲ課ス」となっている (同 2004：159)。ここに示されたように、文部省は英語の重要性を強調しており、英語を 1 番目の外国語として重視する姿勢が法規上にも示された。なお、四方 (同：170) は各府県が制定した「教授要旨」の学科別の「教授要旨」項目を確認しているが、そこに挙げられた 38 府県すべてのもので外国語は「英語」だけが挙げられている。

一方、第 13 条まである「中学校教則大綱」では英語以外の言語名は出ていないが、第 9 条に次のような規定があり、高等教育を受けるためには外国語が必須であったことを示している。ただし、「当分ノ内」の表現に日本語による教科書等の出版を進め初等教育から高等教育まで日本語で行うことを目指す文部省の意図が汲み取れる。

第九条 高等中学科卒業ノ者ハ大学科、高等専門学科等ヲ修ムルヲ得ヘシ

但大学科ヲ修メントスル者ハ当分ノ内尚必須ノ<u>外国語学</u>ヲ修メンコトヲ要ス

(文部省 1972b：126)

大綱が制定された翌年の 1882 (明治 15) 年には、文部省達の第 2 号として府県に次の達が出された。

　　文部省明治十四年（七月）第二十八號達中學校敎則大綱第三條但書左ノ通
　　改正候…

　　　　但英語ハ之ヲ缺キ又ハ佛語若クハ獨語ヲ以テ之ニ換フルコトヲ得…

（文部省 1882/1966：1）

　「中学校教則大綱」では中学校の学科として英語が含まれたが、1882（明治
15）年の達により、初等中学科、高等中学科で、英語を欠く場合、あるいは、
英語に代わってフランス語またはドイツ語の設置が許可された。なお、この
達における言語の配列はドイツ語・フランス語の順序ではなく、フランス語
が先でドイツ語がそれに続いて示されていた。明治期の文部省年報に、文部
省直轄各部雇い外国人が国別に表記されているが、その表においても、ドイ
ツとフランスではフランスが先に示されている。幕末の留学先としては、幕
府の関係ではフランス・オランダ・イギリスの順に、藩と私費の場合には
圧倒的に多いアメリカに続くのがイギリス・フランスであったが（石附 1998：
23）、フランス語・ドイツ語の並びはその流れを受けたものだと考えられる[7]。
しかし、1880 年代後半以降は、法規で示されるドイツ語とフランス語の順
序はドイツ語が先となっており、本章後半で議論する政治と高等教育におけ
るドイツ学振興と無関係ではなかろう。

　1886（明治 19）年には「尋常中学校ノ学科及其程度」が制定される。そこでは、
尋常中学校の学科が次のように定められ、第一外国語は通常は英語であると
指定された。尋常中学校は第 1 年から第 5 年まであったが、第 1 年から第 3

7　明治政府は、当初、陸軍にフランス式教育をしていた。1870 年代には、普仏戦争（1870 ～
1871）のころにドイツに留学していた桂太郎（1848 年 1 月 4 日生～ 1913 年 10 月 10 日没；国
立国会図書館 2013）の影響もあり、陸軍の軍制はドイツ式に転換されたが（江利川 2016：58-
68）、国名の並びにはその影響もあると考えられる。なお、江利川（同：69-70）は、イギリス
式教育を採用し英語教育に熱心だった海軍と陸軍との間には軋轢が生じ、また、陸軍内では
フランス語・ドイツ語・のちにはロシア語といった語学による派閥を生み出したと指摘して
いる。

年までは第二外国語の授業時間は配当されていなかった（**表 2-1**）。

　　第一条　　尋常中学校ノ学科ハ倫理国語漢文<u>第一外国語第二外国語</u>農業地
　　理歴史数学博物物理化学習字図画唱歌及体操トス<u>第一外国語ハ通常英
　　語トシ第二外国語ハ通常独語若クハ仏語トス但第二外国語ト農業トハ
　　其一ヲ欠クコトヲ得</u>又唱歌ハ当分之ヲ欠クモ妨ケナシ

（文部省 1972b：128）

　以上のように、1880 年代は法規上の英語化が進んだ。「外国語」ではなく「英
語」が教科目名として使われた背景について、江利川（1993：77）は、「いかに
も英語好きの森有礼らしい改革である。英語熱はいやがおうでも高まった。」
と説明している。

表 2-1.「尋常中学校ノ学科及其程度」に示された外国語の授業時間（毎週当たり）：
　　　1886（明治 19）年と 1894（明治 27）年の比較

		第 5 級 第 1 年	第 4 級 第 2 年	第 3 級 第 3 年	第 2 級 第 4 年	第 1 級 第 5 年	合計
1886 年制定	第一外国語	6	6	7	5	5	29
	第二外国語 若しくは農業				4	3	7
1894 年改正	外国語	6	7	7	7	7	34

注）文部省（1972b：128）及び内閣官報局（1912：52）をもとに作成。

　一方、1890 年代に入ると、それまで外国語、特に英語教育奨励の方針を
出していた森有礼に代わり、国家主義・国語尊重の立場から教育改革が行
われるようになった（櫻井 1936：161）。1893（明治 26）年に文部大臣に就任した
井上毅のもとで、専門教育や実業教育の振興に向けた政策が採られ、中学
校 4 学年以上に本科のほかに実科を設けることを可能にするなど、中学教育
が高等教育の予備的性格に傾倒していく流れに歯止めをかける動きがみられ
た。実際には中学校における実科は機能しなかったが、その背景には、高等

予備教育ではなく普通教育を目的とした中学校制度が整備されていくなかで「実業的性格」が中学校に盛り込まれていったことがある（教科書研究センター 1984：8-9）。

1894（明治27）年の「尋常中学校ノ学科及其程度」の改正では、中学校での外国語の位置づけに変化があった。第1条が次のように改正されたのである。

> 第一條　尋常中學校ノ學科ハ倫理、國語及漢文、外國語、歴史、地理、數學、博物、物理及化學、習字、圖畫、體操トス
>
> （内閣官報局 1912：51）

つまり、それまで「第一外国語第二外国語」と規定された内容が、「外国語」となり、外国語が1言語となった。「一外国語主義」が採用されたのである。その理由は以下のように説明された。

> 普通教育ニ於テ二ツノ外國語ヲ授クルノ必要アラサルノミナラス實際ノ成績ニ據ルニ邦人ニシテ洋語ヲ學フハ其ノ語脈語源ノ異ナルニ因リ殊ニ困難ヲ覺エ一ノ外國語スラ仍數年ノ學習ヲ以テ習熟スルコト能ハサル者多シ故ニ今第一外國語ノ時數ヲ增シ同時ニ第二外國語ヲ除ケリ
>
> （内閣官報局 1912：53；一部は文部省（1894/1967：5）にも記載あり）

普通教育においては2言語を教える必要はなく、特に西洋言語を日本人が学ぶことは困難であり1言語であっても習得が難しいのが実態であるので第二外国語は除き、第一外国語の授業時間を増加したということだ。授業時間数については、確かに第一外国語が5年間で週当たり合計29時間のところが34時間に増加した（表2-1）。

第二外国語の位置づけが弱まった1890年代であるが、第一外国語の学習時間はむしろ増加しており、そしてその1つの外国語というのが英語であった場合がほとんどであったことから英語教育が強化されたという点では、英

語を奨励した森の教育方針を取り込んだと解釈することも可能である。久保田 (2015) が、1980 年代・1990 年代の日本の外国語教育を「国家主義」「英語化」「多様性」をキーワードに説明するなかで、国家主義と英語化が進んだが多様化への対応がなされず、3 つのキーワードは二等辺三角形を示したと指摘したが、この指摘と同様のことが 1890 年代に起こっており、それまでにも進んできた英語化が加速したと考えられる時期とも言える。

　しかし、1901 (明治 34) 年制定の「中学校令施行規則」では中学校で学ぶ学科目が次のように示された。

> 第一条　中学校ノ学科目ハ修身、国語及漢文、<u>外国語</u>、歴史、地理、巣學、博物、物理及化学、法政及経済、図画、唱歌、体操トス　<u>外国語ハ英語、独語又ハ仏語トス</u>

（文部省 1972b：136）

　ここでは、学科として外国語が挙げられ、そこに第一外国語、第二外国語の指定はなく、英語、ドイツ語、フランス語の 3 言語が並んで示された。その背景には高等教育会議において、大学教育・専門教育で必要とされたドイツ語教育を推進する動きがあった（第 5 章を参照）。また、1901 (明治 34) 年の「中学校令施行規則」は、1899 (明治 32) 年に改正された「中学校令」に基づいて制定されたが、その改正において、中学校の目的が「男子ニ須要ナル高等普通教育ヲ為ス」（第 1 条）ことと定められており（文部省 1972b：131）、この点と外国語教育は深く関連してくる（第 5 章を参照）。

　なお、1901 (明治 34) 年には「高等女学校令施行規則」も制定された。科目の説明に「外国語ハ英語又ハ仏語」（第 1 条）と示された。高等女学校の外国語は随意科目であり、提供しなくてもよしとされていた（文部省 1972b：138）。高等女学校においてドイツ語が採用されなかった理由としては、帝国大学へ進学し高等教育を受ける道は当時女子には閉ざされていたことと関係してい

る[8]。女子教育において専門的・学術的な知識輸入は重視されておらず、その
ための手段としてフランス語以上に重要視されていたドイツ語については、
高等女学校の学科に含める必要性がないと判断されたのであろう。

　その後、1919（大正 8）年には、前年に出された臨時教育会議（1917 ～ 1919）
の答申（1918 年 1 月 17 日および 5 月 2 日）に基づいて「中学校令」が改正され、
中学校の目的が、高等普通教育に加え「特ニ国民道徳ノ養成ニ力ムヘキモ
ノトス」と説明された（文部省 1972b：475）。臨時教育会議の答申では、「中学
校ノ外国語トシテ英語ノ外ニ独語又ハ仏語ノ採用ヲ奨励スルノ必要アリト
認ム」と記され（同：244）、1919（大正 8）年に制定の「中学校令施行規則」で
は、学科目は「外国語」と示された（「官報」第 1994 号：527）。なお、この施行
規則では優秀な人材を育成するために予科の設置が認められ、修業年限を 2
年、入学資格を年齢 10 歳以上、尋常小学校第 4 学年修了者とし、英語、ド
イツ語またはフランス語を学科に加えることが認められた（「官報」第 1994 号：
527；文部省 1972b：475-476）[9]。中学校の外国語教育でドイツ語とフランス語の
採用を奨励するという答申内容に至った背景については、臨時教育会議の発
足前に設置されていた教育調査会（1896 ～ 1913）の審議をもとに第 6 章で考察
する。

　さて、ここで、2.3 高等教育の節に移る前に、1894（明治 27）年に「尋常中学
校ノ学科及其程度」が改正された際に文部大臣であった井上毅が携わったド
イツ学奨励と中等教育に関係する項目として、独逸学協会学校の設立につい
ても触れておきたい。次節 2.3 高等教育の 2.3.3 帝国大学の項で、明治 10 年
代に、東京大学の学科課程改革において、ドイツ語教育が強化されたことを
述べるが、同時期に、独逸学協会（1881（明治 14）年 9 月）、そして独逸学協会
学校（1883（明治 16）年 10 月）が設立された。井上（1969：763-808）が、「明治十四

8　帝国大学への女子の入学は 1913（大正 2）年に東北帝国大学が独自の判断で行ったことが最
　初である（影山 2000：1；山本 2014：253）。

9　文部省はその後、官公立中学校には予科の設置を認めない方針を採用した（教育史編纂会
　編（1939：247）；橋口（1960：406）が参照）。

年の政変」とドイツ学の振興の関連の考察においてその説明をしている。

「明治十四年の政変」とは、1881（明治14）年に、イギリス議会主義の導入を主張する大隈重信らを政権から追放した事件のことである。大隈は、急進的な憲法意見書を政府に提出し、イギリス議会主義を導入した国会の早期開設を主張していたが、北海道開拓使官有物払い下げ問題に関与したとして福沢諭吉とともに糾弾され、下野させられた（真辺2018：168, 172）。これにより、薩長派の伊藤博文らが政権の中核となり、1890（明治23）年の国会開設が約束され、行政権が強いドイツの憲法に倣うという方向性が確立した（同：176-177）[10]。

当時、世論の支持は、大隈派が主唱したイギリス議会主義にあり、明治政府には、この自由民権的世論をドイツ的国権主義に転向させたいという意向があった（井上1969：789-790）。そこで利用されたのがドイツ学の振興である。1つには、東京大学における学科課程の改革におけるドイツ学の振興であるが、それは次節で説明する。ここでは、ドイツ学の振興を担った、独逸学協会学校の設立と、その前段階の独逸学協会の設立について説明する。

独逸学協会の設立主旨には「英米仏の自由主義をおさへ、堅実なる君主国日本の将来を築く為に、独逸の法律政治の学問を取り入れようとする」ところがあったという（井上1969：774）[11]。ドイツ学協会が発行した雑誌の内容は

政治法律関係の訳文が主流であり、ドイツ学振興は政治と深く関わっていた。また、東京大学初代綜理であった加藤弘之が独逸学協会の設立当初本会員であり、栄誉会員には伊藤博文、井上馨、井上毅らがおり、桂太郎が庶務委員を務めるなど、「当代のドイツ学者と政府要路の高官がきら星のようにならび、その会員の過半はすべて官吏、あたか

加藤弘之　第3代校長
出典：独逸学協会学校同窓会（1933）

10　「明治十四年の政変」に関しては、久保田（2021）も参照されたい。

11　井上は独逸学協会学校同窓会（1933）の8頁から引用。

も政府の外廓団体さながら」(同：774) であったという。

　井上 (1969：794) は、政府を追われた大隈重信が 1882 (明治 15) 年 10 月に東京専門学校を設立したことが政府を刺激したであろうことを指摘し、井上毅が山県有朋とともにドイツ学校設立を画策したことに言及し、井上が独逸学協会学校の設立に貢献したばかりか、「ドイツ的国権主義受容の基盤をいつそうかため、自由民権的世論の転向に大きな役割をはたした」(同：802) と述べている。政府の重要人物がドイツ語を推奨する中学校の設立に貢献した背景には、自由民権運動を支持する世論とつながる思想の影響を抑え、ドイツの国権主義を受容する基盤を堅固にする動きと深い関連があった (同：790；東京大学 1984：484-485)。この点は、帝国大学での教育の項目 (2.3.3) でも論じる。

2.3　高等教育

　戦後の教育体制では、旧制高等学校が新制大学の教育課程に吸収された。そこで、本節では、明治・大正期に高等学校と呼ばれた学校、そしてその前身である高等中学校における外国語の取り扱いを確認していく。

2.3.1　高等中学校

　まず、高等中学校における外国語の取り扱いを確認する。明治前期に中等教育が確立・整備されていく。1886 (明治 19) 年の「中学校令」では、高等中学校・尋常中学校の 2 等に区分されたが (**図 2-1**)、高等中学校では社会の上流に入るべきものを育成、尋常中学校が社会中流に入るものを育てる教育とされた (教科書研究センター 1984：7-8)[12]。高等中学校は、実質的には大学予科として機能しており教育水準が高くて尋常中学校卒業者が直接入学することは難しく (米田 1992：21)、1894 (明治 27) 年に制定の「高等学校令」において、第一高

　12　教科書研究センターは日下部三之介『森子爵之教育意見』1888 (明治 21) 年を参考文献に挙げている。日下部 (1888) は国立国会図書館デジタルコレクションから入手できる。<http://dl.ndl.go.jp/info:ndljp/pid/809324> (2018 年 11 月 9 日アクセス)。

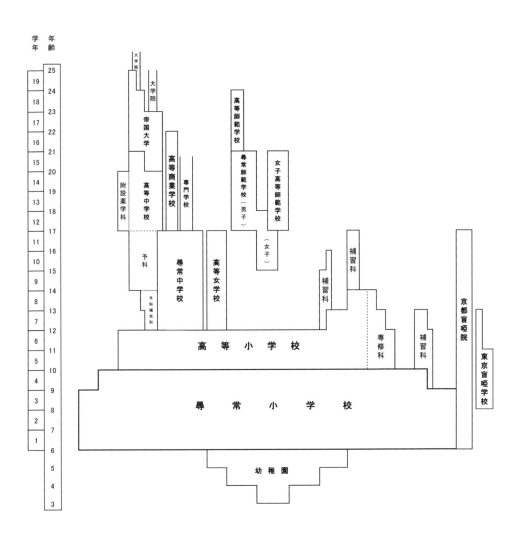

図 2-1. 明治 25 年学校系統図
出典：文部省（1972b：341）

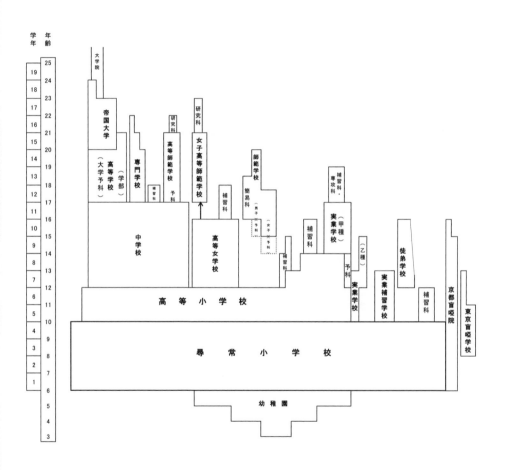

図 2-2. 明治 33 年学校系統図
出典：文部省 (1972b：340)

等中学校、第二高等中学校、第三高等中学校、第四高等中学校、第五高等中学校を高等学校と改称し、専門学科を教授する教育機関である高等学校として「中学校令」から分離した（**図 2-2**）。そこで、これら高等中学校での外国語の扱いを高等教育の一環としてまず確認する。

表 2-2. 1886（明治 19）年の「高等中学校ノ学科及其程度」に示された外国語の週当たりの授業時間数

	第 1 学年	第 2 学年	
第一外国語	4	4	
第二外国語	5	5	工学志望生ニハ第二年ヲ欠ク

注）「官報」第 899 号をもとに作成。文部省（1972b：153）にも同様の表がある。

　1886（明治 19）年 7 月 1 日に、勅令第 15 号「中学校令」第 7 条に基づいて、「高等中学校ノ学科及其程度」（文部省令第 16 号；「官報」第 899 号：2）が定められ、学科は以下のように規定された。

　　第一條　高等中學校ノ學科ハ國語漢文第一外國語第二外國語羅甸語地理
　　　　　　歴史數學動物植物地質鑛物物理化學天文理財學哲學圖畫力學測
　　　　　　量及體操トス
　　　　　　第一外國語ハ通常英語トシ第二外國語ハ通常獨語若クハ佛語ト
　　　　　　ス

　第 4 条で各学科の授業数が示されており、そこには第一外国語が第 1 学年・第 2 学年ともに毎週 4 時間、第二外国語が第 1 学年・第 2 学年ともに毎週 5 時間の授業時間と規定された（**表 2-2**）。ただし、工学部志望生は第二外国語の履修は 1 年次のみであった。なお、ラテン語の授業も各学年で週に 2 時間ずつの授業が配置されていたが、「工学志望生ニハ此科ヲ課セス　医学志望生ニハ第二年ヲ欠キ文学理学志望生ニハ第二年ニ於テ第一年ノ程度ヲ課ス　但理

学志望生ニハ図画 [13] ヲ欠クモノノミニ課ス」(文部省 1972b：153) と規定された。

　ここで、「高等中学校ノ学科及其程度」に基づいて定められた第一高等中学校の規則を確認する(「官報」第 1093 号：232-233)。第一高等学校の本科は、進学先志望により第一号から第五号までに分けられ、学科課程が規定された。本科が 2 年制で、1 年に第 1 期から第 3 期まであった。第一号が法学志望生、第二号が医学志望生、第三号が工学志望生、第四号が文学志望生、第五号が理学志望生であった。「高等中学校ノ学科及其程度」の規定の通り、工学部志望生以外の第一号、第二号、第四号、第五号では、第 1 年・第 2 年で第一外国語を 4 時間と第二外国語を 5 時間の授業時間が配置された。第三号では、第 1 年で第一外国語が 4 時間と第二外国語が 5 時間配置されたが、第 2 年では第一外国語のみ 4 時間配置された。授業の内容は、第一外国語・第二外国語ともに全て講読・翻訳・会話・作文であった。

　また、中等教育に相当するが、高等中学校予科における外国語の授業についてもここで確認しておく。予科は、「尋常中學校第三年級以上ノ學科及其程度」(「官報」第 1092 号：219) によるもの、つまり、5 年制の尋常中学校の 3 年目から 5 年目(第 3 学年〜第 5 学年)に相当し(図 2-1；本章 52 頁に掲載)、1 年目が第 3 級、2 年目が第 2 級、3 年目が第 1 級とされ、それぞれに第 1 期から第 3 期まであった。

　予科での第一外国語の週当たりの授業時間は、第 3 級で 9 時間、第 2 級で 7 時間、第 1 級で 6 時間となっていた(**表 2-3**)。尋常中学校で定められた時間はそれぞれ相当する学年において 7 時間、5 時間、5 時間であるので、大学進学を目的とした高等中学校では第一外国語の教育がより重要視されていたと言える。第二外国語については、高等中学校では第 2 級(2 年目)からの開始で 4 時間、第 1 級では 3 時間で、尋常中学校で定められた時間と同じ時間数となっている(表 2-3)。

13　文部省 (1972b) では「図書」と記載されているが、「官報」第 899 号 (1886 (明治 19) 年 7 月 1 日) の記載を見る限り、「図画」が正しいと考えられる。

表 2-3.「第一高等中学校予科学科課程」で示された外国語の週当たりの授業時間数

	第3級	第2級	第1級
第一外国語	9	7	6
(参考) 尋常中学校相当学年の時間数	7	5	5
第二外国語		4	3
(参考) 尋常中学校相当学年の時間数		4	3

注)「官報」第1092号をもとに作成。尋常中学校の時間数は表2-1を参照 (文部省 1972b：128)。

　予科の外国語の授業内容は、第一外国語については、1年目の内容が講読・会話・作文及び文法、2年目が講読・会話・作文及び文法・翻訳、3年目が講読・会話・作文・翻訳となっていた。第二外国語については、学習の最初の2期間 (第2級の第1期と第2期) に読み方及び訳解・書き取り及び綴り文、次の期間 (第2級の第3期) に読み方及び訳解・書き取り・会話、最後の1年 (第1級の第1期・第2期・第3期) に読み方及び訳解・書き取り・会話・作文及び文法を学習すると示されており、第二外国語については、短期間で習得を目指す内容になっていた。(「官報」第1092号：219)

　また、1886 (明治19) 年制定の「高等中学校ノ学科及其程度」において、第一外国語は通常英語、第二外国語は通常ドイツ語またはフランス語と定めたことと連動してのことであろう、第一高等中学校では第一外国語を英語と定めることとした (第一高等学校 1939：137-138；1886 (明治19) 年12月28日付読売新聞1頁「第一高等中学校が英語を第一外国語に定める／文部省報告」)。これにより、1891 (明治24) 年7月入学試業から外国語は英語のみをもって生徒を募集することとなった。1887 (明治20) 年から1890 (明治23) 年はそれまで通り英語、フランス語、ドイツ語により生徒を募集するが、1891 (明治24) 年以降の入学生については医学部を志望するものや法律学科に入学を希望する者を対象に、他の時間を減らして第二外国語 (ドイツ語もしくはフランス語) の時間を増加することで対応する。つまり、医学部や法律学科を希望する者も入試では英語を受験するが、大学進学において必要とされる第二外国語については、入学後の授業で、ほかの科目の時間を割いて第二外国語の時間に充当するという

対策が採られた¹⁴。同様に、1887(明治20)年3月には、第三高等中学校で、そ
れまで第一外国語に英語とドイツ語を指定していたが、ドイツ語は第二外国
語と定められた(「官報」第1108号:137)。

1888(明治21)年には、「兼テ其豫備ノ學科ヲ教授スル學校即チ府縣尋常中
學校及諸私立學校等トノ聯絡ヲ親密ニセンカタメ」という目的のもとに「第
一高等中学校生徒入學ニ關スル方法及試業細則」が定められた(「官報」第1502
号:16-17;第2章2.3.1も参照)。その細則は、入学学力試業の学科を定めてい
るが、第1期、第2期、第3期とある試験期のうち、第1期、第2期で第一
外国語が含まれた。第二外国語は含まれず、第1期の第一外国語は「作文(和
文歐譯)と筆頭譯解(歐文和譯)」、第2期の第一外国語は「讀方、會話、口頭譯
解(歐文和譯)」となっている。1886(明治19)年に制定の「尋常中学校ノ学科及
其程度」では、第一外国語は通常英語とされ、第一高等学校では第一外国語
を英語と定めていたので、この第一外国語は英語であった。

また、1888(明治21)年には「高等中学校ノ学科及其程度」が改正された。
高等中学校が第一部、第二部、第三部に分けられ、第一部および第二部の第
2年においては、下記の通り第二外国語を欠くことが認められた(「官報」第
1505号:53-54)。

　　一部ニ於テハ<u>第二外國語羅甸語</u>ノ一科若クハ二科ヲ<u>缺キ</u>二部第二年ニ於
　　テハ<u>第二外國語羅甸語</u>哲學ノ三科ヲ<u>缺キ</u>若クハ圖畫測量ノ二科ヲ缺キ若
　　クハ圖畫ノ時數ヲ減シテ<u>羅甸語</u>測量ノ二科ヲ缺クコトヲ得

医学志望者には1年次、文学を志望する者・および図画を選択しない理学
志望者には2年次に2時間配置されていたラテン語も、この改正により提供
しないことが認められることとなった。なお、第一部は法科・文科の志望生、

---

¹⁴　第一高等(中)学校の入学試業の変遷については第3章を参照。

第二部は工科・理科・農科志望生、第三部は医科志望生を対象とした[15]。

1888（明治21）年の改正における授業時間数を確認すると、第一外国語については1886（明治19）年に制定の内容から変化はなかったが、第二外国語については変更があり、この改正により、複数の外国語教育という体制が弱まった（**表2-4**）。具体的には、1886（明治19）年には工学志望の第2学年を除いては、全ての志望分野の第1学年・第2学年で第二外国語が5時間の授業の配当となっていたが、医学志望者以外に対しては授業時間が週に4時間へと減少し、法学・文学・理学を志望する者に対しても授業を提供しないという選択肢が認められた。一方、医学志望者については、第二外国語の時間は5時間から6時間に増加した。

表2-4.「高等中学校ノ学科及其程度」における外国語の週当たりの授業時間数：1886（明治19）年と1888（明治21）年の比較

	第一外国語		第二外国語	
志望分野	1886年 第1年/第2年	1888年 第1年/第2年	1886年 第1年/第2年	1888年 第1年/第2年
法学	4/4	4/4	5/5	(4)/(4)
文学	4/4	4/4	5/5	(4)/(4)
理学	4/4	4/4	5/5	4/(4)
工学	4/4	4/4	5/-	4/(4)
医学	4/4	4/4	5/5	6/6

注）括弧は欠く場合が認められた。「官報」第1505号（53-54）及び松山（1886：58-68）を基に作成。

さらに、1888（明治21）年には、第一高等中学校の第一外国語の授業時間が不足している点について、体操の時間を減らして対応、あるいは本科一部1年生については第二外国語や数学物理を減らして対応することが許可された。文部省（1888/1967：3）は、1888（明治21）年12月10日に、「第一高等中學校ノ

15　例えば1888〜1889（明治21〜23）年の「第一高等中学校一覧」では、本科一部は法科と文科の志望生、本科二部は工科・理科・農科の志望生、本科三部は医学部志望生に課する学科として示されている。

第一外國語併ニ和漢文ノ授業時間不足ナルヲ以テ本學年中試ニ各部本科生ニ
課スル体操毎週三時間ノ内一時間併ニ本科一部第一年生ニ課スル第二外國語
四時間ノ内一時間及ヒ數學物理ノ各二時間ヲ以テ適宜其ノ不足ノ科目ニ増加
スル<ruby>「<rt>こと</rt></ruby>ヲ得シム」と報告している。以上のように、1880 年代の高等中学校に
おいて、第二外国語の重要性は弱まり、1 つの外国語、つまり英語を習得さ
せることにより重点が置かれるようになった。一方で、第二外国語の指定は
ないが、医学志望者に対する第二外国語の充実が図られた背景には、医学に
おけるドイツ語を重視する姿勢があったのであろう。また、法学・文学を志
望する者対象に第二外国語を必修としない「一外国語主義」が採られたもの
の、次項で確認するように、高等学校へと名称を変えた後、2 つの外国語を
学ぶ体制が続く。

2.3.2 高等学校

1894（明治 27）年 6 月 25 日制定の「高等学校令」において、第一高等中学校、
第二高等中学校、第三高等中学校、第四高等中学校、第五高等中学校の高等
中学校はそれぞれ高等学校と改称された。本項では 1894（明治 27）年以降の
高等学校における外国語の規程を確認する。

「高等學校大学豫科學科規程」（文部省教育調査部編 1940：45-49）によると、大
学予科は 3 部に分かれ、第一部が法科及び文科志望者、第二部が工科理科及
び農科（獣医科を含む）志望者、第三部が医科志望者に課する部とされ、第一部・
第二部においては第一外国語と第二外国語が必須の科目、第三部では第一外
国語が必須の科目であったが、第二外国語は随意科とされた。ただし、必須
の第一外国語はドイツ語であり、中学校で英語を学んだ学生―ほとんどの学
生であるが―については 2 つ目の外国語の履修であった。各部の外国語の指
定言語と時間数は**表 2-5** の通りである。

表2-5. 1894（明治27）年の「高等学校大学予科学科規程」による外国語：言語と授業時間数

部		第一外国語				第二外国語			
		言語	授業時間数			言語	授業時間数		
			学年				学年		
			第1	第2	第3		第1	第2	第3
第一部	法科	独または仏語	9	8	8	英語	5	4	6
	文科 英文学科 志望者	英語	9	8	8	独または仏語	5	4	4
	文科 仏文学科 志望者	仏語	9	8	8	英または独語	5	4	4
	文科 その他の 学科志望者	独語	9	8	8	英または仏語*	5	4	4
第二部	工科	英語	8	8	-	独語	5	4	-
	理科・農科	英語	8	8	6	独語	5	4	4
第三部	医科	独語	12	12	10	なし	-	-	-

＊ただし、漢文学科志望者には第二外国語は課さずに代わりに漢文を課す。
注）文部省教育調査部編（1940：45-49）を基に作成。

　1895（明治28）年6月26日には上記の規程に改正が加えられた。この改正により、第三部について「第二外國語ハ生徒ノ随意科トシテ課スルコトヲ得」の「第二外國語」が「英語若クハ佛語」と改められるなど、「第一外国語」「第二外国語」という名称の代わりに言語名が学科名となり、また、第一部の学科授業時数も変更された（同：49-50）。全体的にドイツ語教育が強化され英語とフランス語についてはそれらが専門に直結する場合を除いては時間数が削られた（**表2-6**）。例えば、英文学科志望者は、1894（明治27）年の規程では第二外国語にドイツ語またはフランス語が選択できたが、1895（明治28）年の規

程によると、第3学年で週に3時間のドイツ語の授業が課されることになっ
た。なお、法科においては、フランス語を以て法科を志望する者にはフラン
ス語を第1年で週12時間、第2年で10時間、第3年で12時間、英語を各
学年2時間課し、ドイツ語を以て法科を志望する者にはドイツ語を第1年で
9時間、第2年で8時間、第3年で8時間、英語を第1年で5時間、第2年
で4時間、第3年で6時間課すとされた[16]。

表 2-6. 第一部の外国語授業時数：1894（明治 27）年と 1895（明治 28）年の比較

| | | 法科 | 文科 | | | | |
			漢学科	博言学科・独文学科	英文学科	仏文学科	その他の学科
1894 年	第一外国語	9, 8, 8	9, 8, 8	9, 8, 8	9, 8, 8	9, 8, 8	9, 8, 8
	第二外国語	5, 4, 6	—	5, 4, 4	5, 4, 4	5, 4, 4	5, 4, 4
1895 年	英語	7, 6, 7	7, 6, -	7, 6, 3	7, 6, 9	7, 6, 3	7, 6, 6
	ドイツ語	[7, 6, 7]	—	7, 6, 9	7, 6, 3	—	7, 6, 6
	フランス語	[7, 6, 7]	—	—	—	7, 6, 9	—

注) 数字は左から第 1 学年、第 2 学年、第 3 学年の週当たりの授業時間数を示す。表中の [ ] は、どちら
か 1 つを選択と定められた。文部省教育調査部編 (1940:45-51) 及び第一高等学校 (1939:257-259)、「官
報」(第 3596 号：285-286) を基に作成。

　その後、高等学校の在り方を含めた学制改革については関係機関での議
論が続く。そして 1918（大正 7）年 12 月に、臨時教育会議の答申に基づいて、
新しい「高等学校令」が制定される。この第 1 条で、「高等学校ハ男子ノ高等
普通教育ヲ完成スルヲ以テ目的トシ特ニ国民道徳ノ充実ニカムヘキモノト
ス」(文部省 1972b：156) と定められた。高等学校は、中学校の第 4 学年までに
相当する尋常科 4 年と高等科 3 年の、合せて 7 年制となり、それまで大学予

16　1895（明治 28）年の改正に関連して、文部省教育調査部編 (1940：51) では、「獨語ヲ以テ
法科ヲ志望スル者」に対して「獨語」を第 1 年、第 2 年、第 3 年、それぞれ 9, 8, 8 時間、「佛語」
を第 1 年、第 2 年、第 3 年、それぞれ 5, 4, 6 時間課すとなっているが、第一高等学校 (1939：
259) では後者の「佛語」が「英語」となっている。「官報」第 3596 号でも、後者の言語は「英語」
と記載されている。ドイツ学強化とフランス語教育の弱化という時代背景から、ここでは第
一高等学校の表記が正しいと判断した。

科として 3 部制に分かれていた学科を、文科・理科として 2 科に分けた。

1919（大正 8）年に制定された「高等学校規程」では、尋常科については、「外国語」がその学科に指定され、「外国語ハ英語、独語又ハ仏語トス」（第 1 条）（同：158）、高等科では、「第一外国語」「第二外国語」が学科に指定され（第 4 条、第20 条）（同：158, 160）、第二外国語は随意科目とされた。また、「第一外国語ハ尋常科又ハ中学校ニ於テ生徒ノ履修シタル外国語トス但シ生徒ノ志望ニ依リ第一外国語ノ種類ヲ転換スルコトヲ得シム」（第 19 条、第 20 条）（同：160）と定められた。これに至った背景については、臨時教育会議の発足前に設置されていた教育調査会の審議をもとに第 6 章で考察する。

2.3.3 帝国大学

1886（明治 19）年に「帝国大学令」が公布され、東京大学が改称され帝国大学が発足した。その後、1897（明治 30）年に至るまで日本の大学はこの帝国大学のみであった。明治初期には初等教育の普及、そして明治 30 年代前半頃までは中等教育の整備・確立が急務であった。しかし学校教育が発展してくると、大学を増設する必要が出、1897（明治 30）年に帝国大学は東京帝国大学と改称され、京都帝国大学が創設された。その後、1907（明治 40）年に東北帝国大学が創設、1911（明治 44）年に九州帝国大学が開設された（文部省 1972a：363-366）。

本項では、大学課程の礎を築いた帝国大学（東京帝国大学）の学科課程における外国語の位置づけを確認する。また、本章の焦点は 1880 年代以降であるが、外国語の問題について重要な改変がなされたのは東京大学の前身の 1 つである開成学校（1874（明治 7）年に東京開成学校と改称）においてであり、その重要な転機は 1873（明治 6）年に遡る。これは、第 1 章 1.2 で議論した英学本位制が確立した年である。近代学校制度における外国語の科目の位置づけに関する原点ともいえる問題であるので、1870 年代からの歴史を振り返る。

1870 年代の状況は東京大学（1984：286-289）に詳しい（第 1 章 1.2 でも参照）。

それによると、1873（明治 6）年 4 月 18 日に文部省は開成学校に対して、「其
校専門学科之儀爾来英語ニ拠リ修業セシメ候様可致事、但法学之儀ハ当分
英仏トモ相用候儀不苦事」（『文部省往復』明治 6 年を引用）と達を出した。さら
に 4 月 29 日には後半の但し書きを削除し、専門学科の教育は英語に一本化
され、大学南校以来採用されてきた英独仏 3 言語による教育に重要な変更が
なされた。この 4 月 18 日に、文部省は開成学校に対して、独仏の生徒は語
学以外の専門学科についてはできるだけ英語に転学すること、そして、独仏
の生徒で英語に転学が出来ない者が不都合を受けることはないよう配慮する
こと、外国人教師雇い入れ等の処分をすることを達した。開成学校はこの達
への対応として、英語で行う専門学科を法学・理学・工業学の 3 学科、そし
て、フランス語で行うものとして諸芸学、ドイツ語で行うものとして鉱山学
を設置した。1875（明治 8）年には、東京開成学校はそれまでの諸芸学と鉱山
学の 2 科の名称を廃止し、新たに物理学と化学の 2 科を設けた。この改変に
伴い、フランス学生とドイツ学生は処分を受けた。具体的には、フランス学
生は新設の物理学科への進学、英語への転換、外国語学校で語学を修める[17]、
司法省法学校あるいは横須賀造船所等への転入、退校といった措置、ドイツ
学生は新設の化学科への進学、英語への転換、東京医学校・外国語学校への
転入、退校といった措置となり、英語 1 言語による専門教育の体制が強化さ
れた（東京大学 1984：303-306）。このようにして、1873（明治 6）年に出現した英
学本位制—高等教育における専門学科の教育を英語に一本化するという方針
—が、1875（明治 8）年に確立したのである（近藤 2004：49-53）。

　しかし、その後、明治 10 年代に入ると、ドイツ学の奨励とともに、日本
語による教育が強化される。1886（明治 19）年に「帝国大学令」が発布される
頃には、教育言語に日本語が採用されると英語が 1 科目となり、英学本位制
は終焉する（近藤 2004：117）。その流れのなかで、フランス語や英語の教育体

17　この時期文部省による外国語学校の設置が進んでいた。本章 2.3.4 の外国語学校の項も参
　　照のこと。

制は弱体化した。

　この間の、「明治十四年の政変」とドイツ学の振興の関連を、井上 (1969：
763-808) が考察している。「明治十四年の政変」については、前節の 2.2 中等
教育で説明した。明治政府は、自由民権運動につながるイギリス的立憲主
義・議会主義やフランス的共和主義への世論の流れを止め、ドイツ的国権主
義を受容する基盤を固めるためにも、ドイツ学を振興した (同：789-790)。前
節では独逸学協会と独逸学協会学校の設立に触れたが、もう 1 つの対策とし
て、東京大学における学科課程の改革があった。

　1877 (明治 10) 年、東京開成学校と東京医学校が合併し東京大学が設立され
た。東京大学 (1984：477-487) によると、当初、法理文 3 学部の専門教育はイ
ギリス人、アメリカ人教師の主導下にあり、外国語の主体は英語であった。
しかし、1881 (明治 14) 年あたりから、政治当局者がドイツの学術文化と高等
教育に着目し、「『独逸学の振興』と呼ばれる学術政策、高等教育改革の動向」
(同：478) が現れたという。

　法理文 3 学部で行われた改革の 1 つが、外国人教師のうちドイツ人教師の
比率の増加である (井上 1969；東京大学 1984)。1877 (明治 10) 年から 1885 (明治
18) 年の間に、東京大学雇外国人教師の全体の数は減っていったが、そのな
かで、ドイツ人教師が占める割合は増えていった。1877 (明治 10) 年には英米
人が 18 人、ドイツ人が 13 人だったのに対し、1885 (明治 18) 年には英米人が
4 人、ドイツ人は 9 人となっていた (井上 1969：768)。特に 1877 (明治 10) 年以
降、医学部においてイギリス、アメリカ、フランス人教師は勤務していなかっ
たが、ドイツ人教師は 1877 (明治 10) 年から 1879 (明治 12) 年に 11 人、1880 (明
治 13) 年と 1881 (明治 14) 年に 10 人が勤務、1882 (明治 15) 年以降その数は減る
が、全学部において外国人教師の数が削減されており、そのなかでドイツ
人教師の割合は増加、さらに、日本人教師の割合が増加した (東京大学 1984：
485-486)。

　加えて、理学部と文学部において外国語科目の選択制が改革された。1881
(明治 14) 年に学科課程が変更され、両学部でドイツ語が必修化された (**表**

2-7)。この頃の東京大学での外国語履修単位を、井上 (1969) が『東京帝国大学五十年史』をもとにまとめた (**表 2-8**)。

表 2-7. 東京大学文・理学部における外国語の提供：1878（明治 11）年 9 月以降と 1881（明治 14）年の比較

	1878（明治 11）年 9 月以降の学科課程	1881（明治 14）年 9 月の変更
理学部	● 英語が必修、フランス語とドイツ語が 1 科目選択必修	● 英語とドイツ語を必修、フランス語は随意科目
文学部	● 第一科 (史学・哲学・政治学) で英語が必修、フランス語とドイツ語のうち 1 科目選択必修 ● 第二科 (和漢文学) で英語必修	● 第一科 (哲学)、第二科 (政治学及理財学)、第三科 (和漢文学) で英語とドイツ語を必修、フランス語は随意科目
法学部	● 英語とフランス語が必修	

注) 理学部・文学部は東京大学 (1984：479)、法学部は東京大学 (1984：479) と東京帝国大学 (1932a：566-579) をもとに作成。東京帝国大学 (1932a：566-747) によると、英語の科目には「英吉利語（英文學）」や「英文學及作文」(法学部)、「英吉利語（作文）」や「英吉利語」(理学部)、そして「英文學及作文」や「英文學（文學史作文及批評）」(文学部) などの名称が使われている。

表 2-8. 東京大学外国語履修単位の変遷

学部	1879 ～ 1880 （明治 12 ～ 13）年		1881 ～ 1882 （明治 14 ～ 15）年		1883 ～ 1884 （明治 16 ～ 17）年	
法学部	英	4	英	4	英	0*
	仏	6	仏	6	仏	6
理学部 **	英	6	英	4	英	4
	独・仏	4	独	4	独	4
文学部哲学科	英	13	英	10	英	8
	独・仏	6	独	9	独	9
文学部政治学理財学科	英	13	英	4	英	4
	独・仏	6	独	9	独	9

* この時点で、それまで 1 年次に配置されていた「英文學及作文」という科目がなくなり、2 年次以降に配置されていた「英吉利法律」が 1 年次から開始となった (東京帝国大学 1932a：566-584)。
** 1883（明治 16）年の理学部生物学科はドイツ語 2、ラテン語 2。
注) 井上 (1969：767) の表を一部改変して作成。

　井上(1969)によると、1881(明治14)年に文理両学部でドイツ語を必修化した
のは「ドイツ学振興の根幹をつちかうため」(同：766)と考えられ、その改
正は東京大学綜理加藤弘之が文部省に出した伺いが基になった。加藤はその
伺いで、ドイツ語学を重視する理由として、文・理学ともにドイツの学問が
最も旺盛であると指摘した。履修単位という点では、1883(明治16)年には理
学部においてドイツ語が英語と対等になり、文学部においては、両言語の位
置づけが逆転した。

　井上(1969)は、ドイツ語の進出は英語の後退を伴っており、ドイツ学振興
のねらいは加藤が指摘した学術的理由に留まらず、政治的な理由があったと
分析した。東京大学の外国語履修単位の変遷については、「ドイツ語の必須
はフランス語よりも英語との関連において、その意味をとらえねばならない」
(同：767)と述べ、ドイツ語の必修単位数が増加し、その一方、英語が減少
した点を指摘している。同時に、フランス語が選択肢から除外された学部が
あり、フランス語教育は弱化した。

　井上の分析の根拠の1つは、1883(明治16)年4月、文部卿福岡孝弟が太政
大臣三条実美宛に出した文部省上申である(井上1969：769-771；東京大学1984：
482-485)。上申では、ドイツ学が世界に卓越していることに加えて、ドイツ
の行政学・政治学・法理学から日本が参酌すべき点が多いと提案した。「医
学部ノ如キハ現ニ独逸語ヲ以テ教授ス」としつつ、東京大学にドイツ学を導
入する方法として次の点が挙げられた。

　　一　従来教授上用フル所ノ英語ヲ廃スルコト
　　一　邦語ヲ用ヒテ教授スルコト
　　一　所要書類ハ、国書訳書ノ外、主トシテ独逸書ヲ講究セシムルコト
　　一　主トシテ独逸学術ヲ採ルコト

東京大学(1984：478)は、さらに、法学教育の改革をドイツ学振興に向けた

政策動向の1つに挙げている。東京帝国大学（1932a：566-579）に記載の法学部の学科課程で外国語に関する学科を確認すると、1876（明治9）年の課程に「英吉利語（英文學）」、「法蘭西語」、1879（明治12）年に「英文學及作文」、「法蘭西語」、1881（明治14）年に「英文學及作文」、「佛蘭西語」が記載されている。これらにドイツ語の記載はない。

ドイツの名前が具体的に入ったのは1883（明治16）年以降の過程である。1876（明治9）年の学科課程は「本部ハ本邦ノ法律ヲ敎フルヲ主トシ旁ラ支那、英吉利、法蘭西等ノ法律ノ大綱ヲ授クル事トス但シ本邦ノ法律未タ完備セサルヲ以テ現今專ラ英吉利法律及法蘭西法律ノ要領ヲ學修セシム」（東京帝国大学1932a：568）、1879（明治12）年が「本部ハ本邦ノ法律ヲ敎フルヲ本旨トシ旁ラ支那、英吉利、法蘭西等ノ法律ノ大綱ヲ授クルコトトス」（同：571）、とあったが、1880（明治13）年度から1882（明治15）年度の学科課程は「本部ハ本邦ノ法律ヲ敎フルヲ主旨トシ傍ラ英吉利佛蘭西等ノ法律ノ大綱ヲ授クルモノトス」（1881（明治14）年度の説明；同：576）などとして支那が削除された。この時期にドイツの記載はない。しかし、1883（明治16）年の課程には「…傍ラ英吉利佛蘭西獨乙等ノ大綱ヲ…」（同：582）と記載され、ドイツが含まれた。井上（1969：765-766）はこの点について、課程表の中にはドイツ法の要領が示されていないが、「国法学」「法学通論」「法理学」の学科においてドイツ法学を講ずるしくみであったものと推察している。

東京帝国大学法科大学となって以降の1885（明治18）年の学科課程では法律学第一科は「佛語」が、法律学第二科では「英語」が、政治学科では「外国語」が学科名として挙げられている（東京帝国大学1932a：1117-1120）。法律学科（第一科）はフランス語を、法律学科（第二科）は英語を主とすることとし、1887（明治20）年9月にはドイツ法が加えられ、法律学科を「英吉利部、佛蘭西部及獨逸部」（同：1120）とし、翌1888（明治21）年には第一部、第二部、第三部として、それぞれに、イギリス法、フランス法、ドイツ法を主とすることとした。

1887（明治20）年の法律学科の学科課程改正で、イギリス部では英語に加えてフランス語、フランス部ではフランス語に加えて英語、ドイツ部ではドイ

ツ語に加えて英語が外国語として必修とされた。1888（明治21）年には、第一部（イギリス法）でフランス語は随意科目に、第二部（フランス法）で英語が随意科目に、第三部（ドイツ法）では英語が必修、政治学科においては、ドイツ語が必修だがフランス語は随意となった（東京帝国大学 1932a：1124-1129）。その後、法科大学の目的は主に日本の法律を学ぶことで外国法は参考として学ぶという位置づけで学科課程の改変がなされていく。1893（明治26）年に帝国大学に講座が設置されるが（勅令第93号；同：974-1002）、法科大学ではイギリス法、フランス法、ドイツ法などの講座を外国人教師が担当した（同：1150-1155）。

　1870年代には、専門教育体制が英語に一本化され、入試もすべて英語で行われていたが（東京大学 1984：313-314）、1880年代に入ると、日本人教師の割合が増加し、日本語での教育が拡充していく。先述の1883（明治16）年に福岡孝弟が提出した上申書には、ドイツ学重視に加え、教授用語の日本語化の要請が盛り込まれた。日本語化を東京大学の法文両学部と予備門からまずは始めるという提言内容であり、東京大学側は経費に関する懸念を示しつつその内容を受け止めた。

　その後、1884（明治17）年2月21日に文部卿大木喬任が東京大学に宛て、教授言語として英語を用いるのをやめ日本語を採用すること、ただしドイツ語の書を読むことは並行して行える、加えて、日本語の学術書等の編纂を文部省で行っていくという内容の文書を出した。ドイツ学重視の傾向と教授用言語の日本語化は結合していた（東京大学 1984：482）。さらには、同時期に、英語に関しては「文明開化のための実学としての英学の時代」が終わり、「英学」は「英語」となり、その地位は単に「学校の一教科目」に過ぎないものとなった（江利川 2011：27）。英語の役割が、専門教育を受けるために不可欠な手段から外国語の1科目へと変容し、英学本位制が終焉する一方で、ドイツ語は「英学」の時代の英語と同様の役割、つまり、日本の近代化・国権強化に不可欠な言語としての役割が強調されるようになった。

　東京大学（1984：484-485）は、「当時の東京大学に対して、イギリス的立憲思

想、フランス的共和主義思想の媒体としての英語、フランス語（及び英学、仏学）の影響に対抗し、さらにそれを払拭するものとして、ドイツ語、ドイツ学の振興方策が着々と及んでいたことは否定することはできない」と述べている。1883（明治16）年から1884（明治17）年ごろに行われた法学教育の改革のなかでも、フランス語教育はその範疇を狭められ、政府がドイツ学術を振興したことが、高等教育におけるドイツ語教育を推進する原動力となった。

2.3.4　外国語学校

　外国語学校は、1903（明治36）年の「専門学校令」で専門学校となる（文部省1972b：648）。東京外国語学校（旧外語）の時代（1873（明治6）〜1885（明治18）年）には、現在の中等教育と重なる部分があったものの、「専門学校令」で高等教育の一部となったので、本項で確認する。外国語学校の開設が進んだのは1870年代であるので、その時期の関連する事項も瞥見する。明治期の外国語学校に関する事項として下記が挙げられる（**表2-9**）。

表2-9. 明治期の外国語学校に関する事項年表

年月日		事項
1871年 （明治4）	1月 —	大学南校にドイツ学仮教場を設置。次にドイツ学教場、そして洋学第一校と改称。
	3月22日	外務省に外国語学所（漢語学所・洋語学所）を設置。
	6月14日	京都に英学校開設。
	12月2日	京都府に仏学校開設。
1873年 （明治6）	4月23日	第三大学区第一番中学（大阪）を、開成学校と改称。開成学校の下等学級を外国語学校（語学教場）とする。
	5月3日	「外国語学校教則」を制定（外国語学校は専門学校の予備階梯とする）。
	5月5日	外務省所管の独・魯・清語学所を文部省に移管、開成学校の外国語学校に合併。
	11月4日	東京外国語学校（旧外語）開設（開成外国語学校が開成学校から分離独立して改称。設立時の学科は英、仏、独、魯、清の5学科（東京外国語大学1999：50））。

1874 年 (明治 7)	3 月 29 日	愛知・広島・新潟・宮城各県下に官立外国語学校設置。大阪・長崎は前年に第一番中学から開明学校、廣運学校と改名され、それが大阪外国語学校、長崎外国語学校と改称。(大阪・長崎は英語以外にフランス語科を置いていたが生徒数減少によりすでに廃止、この段階で英語以外の外国語を教えていたのは東京のみ (東京外国語大学 1999：48))
	12 月 27 日	東京外国語学校の英語科を分離し、東京英語学校を設置。
	12 月 27 日	愛知・大阪・広島・長崎・新潟・宮城の各外国語学校を各英語学校と改称。
1877 年 (明治 10)	2 月 19 日	愛知・広島・長崎・新潟・宮城の各英語学校を廃止 (経費削減のため)。
1879 年 (明治 12)	4 月 4 日	大阪英語学校を大阪専門学校と改称 (理学・医学の 2 科を置く)。
1880 年	3 月 23 日	東京外国語学校に朝鮮語学科を設置。
1884 年	3 月 26 日	東京外国語学校に高等商業学校を附設。
1885 年 (明治 18)	8 月 14 日	東京大学予備門を独立して文部省直轄に。東京外国語学校の仏・独語学科と東京法学校予備科を大学予備門に附属させ、東京大学とそのほかの専門学校への予備教育も行うこととなる。
	9 月―	残りの 3 言語学科 (ロシア・支那・朝鮮語学科) は高等商業学校に吸収。(東京外国語大学史編纂委員会 1999：73-74)
	9 月 22 日	東京外国語学校・同校附属高等商業学校および東京商業学校を合併し、東京商業学校を設置。
1886 年 (明治 19)	2 月―	東京外国語学校が完全に廃止される。 また、同年、唯一残っていた公立の外国語学校である長崎外国語学校が商業学校に改組される。 (東京外国語大学史編纂委員会編 1999：74)
1896 年 (明治 29)	1 月 13 日	発議者を近衛篤麿・加藤弘之・山脇玄、賛成者を長谷信篤ほか 39 名とする「外国語学校設立に関する建議案」を第 9 回帝国議会貴族院議長宛に提出 (六角 1989：167-169)。外国語学校を設立して「英佛独露を始め伊太利西班牙支那朝鮮等の語学生を育成せむこと」(同：168) の必要性を主張。
	1 月 16 日	第 9 回帝国議会衆議院で柏田盛文が外国語学校設立の建議案を提出。(六角 1989：167-169 および「官報」1896 年号外：129, 137-140)
1897 年 (明治 30)	7 月 22 日	「高等商業学校附属外国語学校規則」を制定 (英・仏・独・魯・西・清・韓の 7 語学科を置く)。
1899 年 (明治 32)	4 月 5 日	高等商業学校附属外国語学校から独立して東京外国語学校 (新外語) と改称。
1903 年 (明治 36)	3 月 27 日	東京外国語学校は「専門学校令」により専門学校となる。

注) 出典の明記がない箇所は文部省 (1972b：634-705) による。

　1871 (明治 4) 年に外務省の管轄として漢語学所と洋語学所 (または魯語学所) が設立され、1873 年 (明治 6) にはそれらが外国語学所として文部省管轄となり、東京外国語学校に合併される。1885 (明治 18) 年に東京外国語学校が廃校され、英・独・仏語の学生は帝国大学の予科にあたる大学予備門に吸収されたが、魯・清・韓語の 3 科は東京商業学校の第三部に吸収されたということは、英・独・仏の 3 言語とロシア・中国・朝鮮語の位置づけの差異を示している (安藤 1988：11-13；東京外国語大学 1999：69-78)。

　1896 (明治 29) 年の帝国議会に外国語学校設立の建議が出されているが (表 2-9)、外交上、工・商業上、学術上において外国語が必要であり、それを専門として教授する学校の設立が必要であると強調された。建議案では、「英獨佛ノ如キ頗ル流行ノ勸アルモ要スルニ科學ヲ研究スルノ階梯ニ過キス」と述べ、また、柏田は議会弁論で、英独仏語については、帝国大学で分科[18]が設置されているが「語學の専修」ではなく「高尚ナル文學」(「官報」1896 年号外：138) が目的であり、また、卒業生数は限られ、外国語を必要とする場面が増えていく現状に必要とされる教員供給に応じることができないと指摘した。朝鮮語・中国語・ロシア語、さらにはスペイン語やイタリア語の必要性を外交上・商業上の理由から説明し、建議案には外国語学校の要領及び学科表が添付された。この案は議長が指名する 9 名の委員に付託され (同：140)、翌年の「高等商業学校附属外国語学校規則」の制定へとつながった (表 2-9)。

2.4　産業教育

　最後に、商業・工業・農業といった産業教育に関する明治期の実業学校の法規において、外国語がどのように位置づけられていたかを確認する。実業学校が制度化されたのは明治 30 年代である。1899 (明治 32) 年 2 月 7 日に「実

18　「官報」(1896 年号外：138) では、「分科」と記載されているが、「文科」の誤記である可能性がある。

業学校令」(勅令第29号)が公布され、それに基づき同2月25日に「工業学校
規程」(文部省令第8号)、「農業学校規程」(文部省令第9号)、「商業学校規程」(文
部省令第10号)、「商船学校規程」(文部省令第11号)、そして、1901 (明治34)年
12月28日に「水産学校規程」(文部省令第16号)が公布された(文部省 1972b：
191-197)。これにより、中等程度の実業教育を施す諸学校が中学校制度と並
んで確立されることとなった(文部省 1972a：398-399)(図2-2；本章53頁に掲載)。

　「実業学校令」以前の産業教育関連の法規には、1884 (明治17)年の文部省達
第1号「商業学校通則ノ事」、1893 (明治26)年の文部省令第16号「実業補習学
校規程」、1894 (明治27)年の文部省令第19号「簡易農学校規程」、そして同年
の文部省令第20号「徒弟学校規程」がある。この時期には、以下で説明する
ように、商業の分野で外国語が学科目として位置づけられる場合があった。

　「商業学校通則ノ事」では、商業学校が第一と第二の2種に分けられた。「第
一種ハ主トシテ躬ヲ善ク商業ヲ營ムヘキ者ヲ養成スル爲メ……第二種は主ト
シテ善ク商業ヲ處理スヘキ者ヲ養成スル爲メ……」(第2条)(文部省 1884：1-2)
に設置され、第一種商業学校は修業年限2年で(ただし3年まで延長可能)(第5
条)、入学資格は「品行善良體質強健ニシテ年齢十三年以上」(第8条)で小学
中等科卒業の学力を有するか少なくとも読書・習字・算術の科目について小
学中等科の学力を有すること(第9条)、第二種商業学校は修業年限3年で(た
だし4年まで延長可能)(第12条)、入学資格は「品行善良體質強健ニシテ年齢
十六年以上」(第14条)で初等中学科卒業の学力を有するか少なくとも和漢文・
算術、代数・地理・物理の科目について初等中学科の学力を有すること(第
15条)とされた(同：3-6)。

　第一種商業学校の学科に含まれたのは、「修身・讀書・習字・算術・簿記・
商業書信・商業地理・商品・商業經濟・商業實習」(第4条)であったが、さらに、
土地の情況によって追加してもよい科目が示されており、「英、佛、獨、支那、
朝鮮等ノ某語ヲ置クコトヲ得」と、そのなかには外国語も含まれた(文部省
1884：2-3)。第二種商業学校の学科は「修身・和漢文・習字・算術、代數・簿記・
商業書信・商業地理・圖畫・商品・商業經濟・商業史・商事法規・商業實習・

英語」とされ、やはり土地の情況による対応が但し書きに示され、外国語については「英語ノ外若クハ英語ニ代ヘテ佛、獨、支那、朝鮮等の某語ヲ置クコトヲ得」と規定された（同：4-5）。商業の初級では何かしらの外国語を学習しておくことを可能とした規程だが、商業の上級段階では英語がほかの言語よりも重視されている。この「商業学校通則ノ事」は、1899（明治32）年の「実業学校令」に基づいて制定された「商業学校規程」の施行に伴い廃止された（文部省1972b：195）。

　1893（明治26）年に制定された「実業補習学校規程」では、外国語はどのように位置づけられただろうか。実業補習学校は、「諸般ノ実業ニ従事セントスル児童ニ小学校教育ノ補習ト同時ニ簡易ナル方法ヲ以テ其ノ職業ニ要スル知識技能ヲ授クル所」（第1条）（文部省1972b：190）で尋常小学校卒業以上の者を対象としたが、卒業していなくても学齢を過ぎた者に限り学ぶことが許可される場合があった。本規程では、実業に関する教科目が工業地方・商業地方・農業地方と分けて規定され、そのうち商業地方のみに外国語が教科目として含められた（第5条）（同：190）。教科目名は言語名ではなく「外国語」である。また、1894（明治27）年には「簡易農学校規程」、そして「徒弟学校規程」が制定されるが、そこに外国語の教科目はない（同：190-191）。その後、1899（明治32）年の「実業学校令」の施行により、実業補習学校・簡易農学校・徒弟学校は廃止され、実業学校機関のなかに位置づけられるようになった（文部省1972a：402；文部省1972b：192, 194）。

　そして、1899（明治32）年の「実業学校令」に基づいて設置された学校の学科目には、工業・農業・商業の学校それぞれで、外国語が学科目として挙げられた（**表2-10**）。日清戦争を経て、国権拡大を図るために、あらゆる分野で外国との接触が意識された結果であろう。

　具体的には、1899（明治32）年制定の「工業学校規程」では、本科の学科目に外国語が入り（第3条）、予科においては、「外国語ヲ加フルコトヲ得」とされた（第8条）（文部省1972b：192）。同様に1899（明治32）年制定の「農業学校規程」では、農業学校は甲乙の2種類に分けられ、乙種農業学校の学科目に外国語

表 2-10. 1899（明治 32）年の「実業学校令」に基づく諸学校における外国語の位置づけ

学校	種類	本科での外国語	予科での外国語
工業学校	―	必修 入学試験に課することが可能	加設が可能
農業学校	甲	必修 入学試験に課することが可能	加設が可能
	乙	なし	〈予科はなし〉
農業学校のうち蚕業・山林・獣医学・水産学校＊	甲	加設が可能	〈予科はなし〉
	乙	なし	〈予科はなし〉
商業学校	甲	必修 入学試験に課することが可能	必修
	乙	なし	〈予科はなし〉
商船学校	甲	必修 入学試験に課することが可能	必修
	乙	なし	〈予科はなし〉
水産学校＊	―	加設が可能	加設が可能

＊ 水産学校は、1899（明治 32）年の「農業学校規程」に含まれていたが、1901（明治 34）年の「水産学校規程」施行により「農業学校規程」から削除された。

　はないが、甲種のそれに外国語が設定された（同：193）。なお、甲種学校の入学資格は、14 歳以上、学力修業年限 4 年の高等小学校卒業又はそれと同等で（第 5 条）、工業学校・水産学校の入学資格もこれに同じく、また、乙種学校の入学資格は 12 歳以上、学力修業年限 4 年の尋常小学校卒業以上で定めることとなっていた（第 9 条）（同：193）。また、甲種農業学校の入学資格を示した第 5 条では、「外国語ヲ試験科目ニ加フルコトヲ得」（同：193）とも規定している。甲種農業学校の予科の科目についても「外国語を加フルコトヲ得」（第 13 条）（同：193）とある。さらに、蚕業学校、山林学校、獣医学校、水産学校の学科目を規定しているが、これらの甲種の学校において外国語を便宜加設することが許可された（第 26 条）（同：194）。

　さらに 1899（明治 32）年制定の「商業学校規程」および「商船学校規程」では、農業学校と同様に学校が甲乙の 2 種類に分けられ、甲種の学校で外国語が含められ（それぞれ第 4 条）（文部省 1972b：194, 195）、入学試験に加えられること

も可能とされた (それぞれ第 5 条) (同：194, 195)。甲種学校に附設することができる予科においては、甲種農業学校予科では随意であった外国語が学科目に含められた (それぞれ第 13 条) (同：194, 195)。

　1901 (明治 34) 年には「水産学校規程」が定められ、水産学校が「農業学校規程」から削除された (文部省 1972b：197)。これにより、そこでは、本科において外国語を「便宜加設スルコトヲ得」(第 3 条) (同：196) とされ、予科の設置が認められ (第 5 条) (同：196)、予科で外国語を加えることも認められた (第 8 条) (同：196)。

　以上、産業教育に関連する教育法規において外国語科目がどのように規定されていたかを確認した。産業教育に関しては、多くの場合において、具体的な言語名が示されることなく、「外国語」という学科目名が使われていた。1884 (明治 17) 年の「商業学校通則ノ事」でのみ、具体的な言語名が挙げられている。第一種商業学校の学科として、英語・ドイツ語・フランス語・中国 (支那) 語・朝鮮語などの言語を配置することができるとされ、第二種の学科としては、学科名に英語が挙げられ、それに代わってほかの言語を教授してもよいという内容であった。しかし、1899 (明治 32) 年の「実業学校令」に基づいて設置された学校の学科目に外国語が含められた場合、その言語の指定は特になかった。一方、小学校・(尋常) 中学校・高等中学校 (高等学校) に関する明治期および大正期の学校令・学校規程・学科及其程度で登場した具体的な言語名は、英語・ドイツ語・フランス語のみで、それ以外の言語は登場しなかった。つまり、裏を返せば、これら 3 言語は、実業教育ではなく普通教育あるいはそこから続く高等専門教育に位置づけられていたと言える。

　中国語に関しては、安藤 (1988) が、商務と軍事の二面性があった特殊言語であり、「『戦争語学』ともいわれ、日清戦争、日露戦争と、戦争のたびごとにブームがおこった」(同：46) 言語であり、中国語教育は「文化や学問を学ぶためのドイツ語やフランス語とちがって、貿易や軍事に必要なたんなる実務知識をさずけるためのもの」(同：17) と位置づけられ、エリート養成の正規の学校では教えられずに民間の私塾に支えられたと指摘している。日清戦争

から日露戦争までの間に新設された高等商業学校のほとんどで第二外国語と
して設定され、学校教育制度のなかに位置づけられるようになっており（邵
2005：158）、英語・ドイツ語・フランス語とそのほかの言語の位置づけには
差が見られた。

2.5　本章のまとめ

　本章では、大学教育・専門教育・産業教育については明治期を中心に、小
学校・中学校・高等学校については明治・大正期の教育に関する法規において、
外国語がどのように位置づけられたかを確認した。その変遷を**表 2-11** にま
とめた。主要な点は以下の通りである。

1) 小学校で加設が認められた外国語が「英語」と示された場合や尋常中学
　校等で「第一外国語」を「通常英語とする」と示された場合など、法規上
　英語が唯一の、あるいは、第一の外国語として示された場合と、英語以
　外の言語の教授が含まれるべく「外国語」という表記が用いられた場合
　（例：1901（明治 34）年制定の「尋常中学校ノ学科及其程度」）が見られる。

2) 明治初期に、英語・ドイツ語・フランス語が大学教育のなかに位置づ
　けられ、これらの言語が近代文明移入に必要な専門教育を担うことと
　なった。

3) 高等教育の専門学科の教育については、1873（明治 6）年に英学本位制が
　導入され、教育言語を英語に一本化する方針が採用されたものの、1880
　年代には、英語が外国語の 1 科目という位置づけになり、教育言語に日
　本語が採用されることで、英学本位制は終焉した。

4) 1880 年代、高等教育においてドイツ語教育の強化が図られ、フランス
　語教育が縮小した。

5) 英語は 1 外国語の科目へとその位置づけを変化させる一方、国民教育、
　つまり、特に初等教育においては、実用目的の英語力養成が期待された。

6) 英語以外の外国語についての実用目的での能力育成は、産業教育にお

いて位置づけられており、国民教育を施す小学校あるいは普通教育を目的とした中学校、さらには、専門教育の場である大学教育において、その役割は認められなかった。1880 年代には商業に関する分野で必要性が認められていたが、1894（明治 27）年以降は、商業だけでなく、工業や農業を学ぶ学校でも学科目に取り入れることが認められた。

次に、外国語教育と深く関連する入学試験に焦点を当てる。特に、高等学校の入学試業における外国語の取り扱いの変遷を確認し、中学校の外国語教育に与えた影響を考察する。

表 2-11. 明治期の教育法規上の外国語の位置づけの変遷

年	初等教育	中等教育	高等教育 高等中学校 / 高等学校
1881		学科目に英語[5]	
1882		英語を欠く場合、及び英語に代えて仏語または独語の教授認められる[6]	
1883			
1884	英語の加設が認められる[1]		
1886		第一外国語は英語、第二外国語は独語または仏語、第二外国語は農業と選択[7]	第一外国語は英語、第二外国語は独語または仏語[11]
1887			
1888			第三部（医学部志望者）で第二外国語の時間数増加、それ以外の部で第二外国語を欠く場合が認められる[12]
1890	外国語の加設が認められる[2]		
1893			
1894		1外国語（言語の指定はなし）を教授、1外国語の授業時間は増加[8]	高等学校第一部・第二部で第一外国語・第二外国語必修、第三部ではドイツ語が第一外国語[13]
1896			
1897			
1899			
1900	英語の加設が認められる[3]		
1901		学科目に外国語。外国語は英語、独語または仏語[9] 外国語は随意科目。英語または仏語[10]	
1911	英語は廃止され必修ではない商業に組み込まれる[4]		

英語は「英学」から1学科目としての「英語」へ役割が変化していく。

注）[1]「小学校教則綱領」に関する文部省達、[2],[3],[4]「小学校令」、[5]「中学校教則大綱」、[6]「中学校教則大綱」に関する文
　　[11][12]「高等中学校ノ学科及其程度」、[13]「高等学校大学予科学科規程」、[14]「商業学校通則ノ事」、[15]「実業補習学校規程」、

東京 / 帝国大学 / ※外国語学校	産業教育　〈その他〉
文理両学部でドイツ語を必修化、フランス語は随意科目	〈独逸学協会設立〉
文部省より教授言語の日本語化とドイツ学振興の上申 法学教育改革におけるドイツ学導入 (この頃) 英学本位制の終焉	〈独逸学協会学校設立〉 第一種商業学校で英・仏・独・支那・朝鮮語等の加設が認められ、第二種商業高等学校で英語またはほかの外国語の加設が認められる[14]
ドイツ学振興のためのドイツ語重視。それに伴うフランス学・フランス語教育縮小。	
法科大学の法律学科をイギリス部、フランス部、ドイツ部とする (翌年それぞれ第一部、第二部、第三部に) 法科大学法律学科第一部は仏語随意、第二部は英語随意、第三部は英語必修、政治学科で独語必修化・仏語随意科目	
	商業地方では外国語[15]
※「外国語学校設立に関する建議案」(帝国議会に提出) ※高等商業学校附属外国語学校に英仏独魯西清韓の7語学科を置く	
	工業・農業・商業の学校で外国語が加設可能な場合が示される[16]

部省達、[7][8]「尋常中学校ノ学科及其程度」、[9]「中学校令施行規則」、[10]「高等女学校令施行規則」、[16]「実業学校令」に基づく学校規程

第 3 章
1880年代から1910 年代の高等学校入学試業と外国語

3.1　本章の目的

　本章では、明治期から大正期、特に 1880 年代から 1910 年代にかけて、英語・ドイツ語・フランス語が高等学校[1]の入学試業でどのように扱われたのか、そして、入試における外国語の位置づけが中学校の外国語教育にどのような影響を与えたのかについて、第一高等学校の入学試業を中心に明らかにする。明治後期には中学校の整備が進み、大正期に入ると臨時教育会議(1917 〜 1919)[2]で高等学校の在り方が検討され、高等普通教育がさらに発達した。そして、形式的には全国民に開かれた中学校の出口がエリート人材育成の高等学校へつながり(米田 1992：4)、大正前期には上級学校への入試競争が激化し社会問題化した(吉野 2001a：20)。高等学校の入試で多くの生徒を悩ませた試業課目の 1 つが外国語だ。

　その時期、中学校で教えられた外国語は一部の私立学校を除いて英語であ

1　本章では、高等学校の大学予科の入学試業を議論する。明治 30 年代に、高等学校の専門教育機関である法学部・工学部・医学部が廃止または専門学校へと分離され、専門学校機関としての機能をなくし、1906 (明治 39) 年には、すべての高等学校で大学予科のみが設置されていることになった (吉野 2001b：52, 61)。

2　明治 30 年代までに近代国家体制の基盤を構築した日本では、第一次世界大戦 (1914-1918)の頃には、変動する国際社会における様々な問題に対処する必要に迫られた。そのため、多くの重要な政策審議機関が設置された。内閣総理大臣の諮問機関として発足した臨時教育会議 (1917 (大正 6) 年 9 月 21 日から 1919 (大正 8) 年 5 月 23 日) は、明治期から整備されてきた教育制度を見直し、教育改革の役割を担うこととなった。(文部省 1979a：12-16)

り[3]、高等学校入学試業の外国語では英語が提供された。つまり現在の外国語
教育と同様に英語偏重であった。しかし、英語以外の外国語を推進する動き
がなかったわけではない。臨時教育会議の 1918 (大正 7) 年の答申では、中学
校におけるドイツ語・フランス語教育推進の必要性が言及された。具体的に
は、諮問第 2 号「男子ノ高等普通教育ニ関シ改善ヲ施スヘキモノナキカ若シ
之アリトセハ其ノ要点及方法如何」に対する答申に (二) の六項目として「中
学校ノ外国語トシテ英語ノ外ニ独語又ハ仏語ノ採用ヲ奨励スルノ必要アリト
認ム」(1918 年 (大正 7) 年 5 月 2 日) と記された (文部省 1972b：244)。

　そして、同年に、1894 (明治 27) 年に制定された「高等学校令」に替わる新
たな「高等学校令」が 1918 (大正 7) 年に制定され、その改革が実施された 1919
(大正 8) 年以降は、全国の高等学校高等科入学者選抜試験で受験外国語の選
択肢に英語・ドイツ語・フランス語が制度上指定された (文部省教育調査部編
1940：130-131)。

　一方、第一高等学校 (1894 (明治 27) 年までは第一高等中学校) では、他校にお
いては入試の外国語は英語が主であった 1919 (大正 8) 年以前においても、入
試科目に英語・ドイツ語・フランス語が含まれた時期がある。そこで、本章
では、第一高等学校の入試における外国語の取り扱いの変遷を中心に、中学
校の外国語教育に与えた影響を考察する。

3.2　明治期・大正期の入試に関する研究

　外国語の入試に関する歴史的な研究は数多くあるが、そのほとんどは英
語に関するものである。Sasaki (2008) は、明治から 2000 年代までの 150 年を、
時代における英語教育の目的を考慮して第 1 期から第 4 期の 4 つに区分し、

3　1881 (明治 14) 年 7 月 29 日に制定された「中学校教則大綱」で、英語が科目の 1 つとして示
された。高等教育会議編 (出版年不明) の『第三回高等教育会議決議録』が「一・二ノ私立學
校ヲ除ク外」英語を教授していると指摘している。1904 (明治 37) 年の『中等教育諸學校職員録』
(中等教科書協会 1904) による情報は本章 3.5 を参照。

英語力の評価システムの変遷を論じた。第 1 期を 1860（安政 7）年から 1945（昭和 20）年とし、英語が教授言語から学校の 1 科目へと役割を変え、知的訓練がその目的となり、訳や文法事項が問われる受験英語が確立された時期と説明した。また、江利川（2011）は、受験英語が誕生した明治期から戦後までに使用された入試問題と参考書を分析、「競争主義的な『近代的』入試制度」（同：302）の内容を明らかにし、その歴史的使命は終わり、知識基盤社会に対応した新しい学びのスタイルに合った「『ポスト近代的』な学力測定の段階」に入ろうとしていると指摘した。伊村（2003）は、英語の試験問題と受験英語用の参考書・学習書を紹介し、その変遷をまとめた。さらに、松村（1997）は、府・県・学校史などの地方教育史資料や旧制中学校に残された史料を活用し、実証的に当時の中学校英語教授・学習の実態を明らかにしたが、そのなかで明治時代の中学校の英語の試験問題を紹介している。

　一方、ドイツ語やフランス語の入試に関する研究は数が非常に限られる。国立情報学研究所の論文データベース CiNii で「英語」「入試」をキーワードとして検索すると 409 件の論文が検出されるのに対し、「フランス語」「入試」の場合には 7 件、「ドイツ語」「入試」の場合にはわずか 3 件である（2017 年 11 月 22 日現在）[4]。ドイツ語教育については、上村（2006）が熊本におけるドイツ語教育の始まりについて第五高等中学校を中心に明らかにしており、第五高等中学校で設立後初めて実施された 1887（明治 20）年 10 月の入学試験にドイツ語の試験があったことに言及している。熊本県尋常中学校のドイツ語教員藤本末松が作成したが、実際には受験者がいなかったため実施されなかったようだという（上村 2006：93）[5]。フランス語については、田中（2005）が旧制高等学校における教育をまとめ、大正期から昭和期にかけての入学選抜試験規程や試験内容から、その変遷を明らかにした。しかし、これらの研究はドイツ

4　2019 年 10 月 25 日現在、CiNii にて検索したところ、「英語」「入試」をキーワードとした場合 482 件、「フランス語」「入試」で 7 件、「ドイツ語」「入試」で 4 件の論文が検出された。

5　上村は五高記念館蔵『入試問題伺書』（明治 20 ～ 27 年）、『大東立教雑誌』第 5 号（明治 20 年 9 月）巻末「第五高等中学校生徒募集広告」、『五高五十年史』（65 頁）を参照している。

語あるいはフランス語の入試における取り扱いが学校教育にどのような影響を与えたかを考察したものではない。

　波及効果の高い入試が過去にどのように行われてきたのかを検証することは、外国語教育の目的や意義、そして、入試の在り方を今後検討していくにあたり、重要な示唆を与えるものとなる。ここでは次に、明治期の中学校および高等学校の教育目的を確認し、第一高等学校の入学試業における外国語の取り扱いを検証し、中学校の外国語教育に与えた影響を考察する。

3.3　中学校と高等学校：その目的と外国語

　明治後期には中等教育の整備がなされ、中学校・高等女学校の生徒数は全国的に増加した一方で（教科書センター1984）（**表3-1・図3-1**）、高等学校数は1908（明治41）年に第八高等学校が設立されて以降は増設されず、その後、増設されるのは、1918年に出された「高等学校令」以降、第一次世界大戦の影響による好景気で財政的に余裕が出てきたことを背景としてのことであり（**表3-2**）、その間入学試験は年々厳しくなった（吉野2001a：20）。

表3-1. 1886（明治19）年・1894（明治27）年・1911（明治44）年・1925（大正14）年
**　　　の中学校・高等女学校生徒数の変遷**

	1886（明治19）	1894（明治27）	1911（明治44）	1925（大正14）
中学校	10,300	22,515	124,926	296,497
高等女学校	898	2,314	*62,548	*294,698
合計	11,198	24,829	187,474	591,195

注）教科書センター（1984：12, 25, 33）をもとに作成。＊本科と実科の合計数。1910（明治43）年の「高等女学校令」の改正により、主に家政に関する学科目を修める者を対象に実科を置くこと、または実科だけを置くことが認められた（文部省1972a：350-351）。

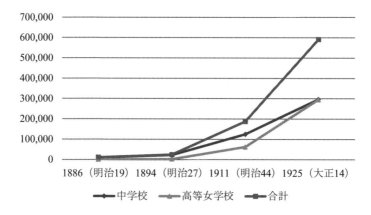

図 3-1. 1886（明治 19）年・1894（明治 27）年・1911（明治 44）年・1925（大正 14）年
**　　の中学校・高等女学校生徒数の変遷**

表 3-2. 明治後半から大正期の高等学校の設置に関連する事項

年月日		事項
1885 年 （明治 18）	7 月 13 日	大阪中学校を大学分校とする。
	8 月 14 日	東京大学予備門が文部省直轄になる。東京外国語学校の仏・独語学科および東京法学校予備科が予備門に吸収される。
1886 年 （明治 19）	4 月 10 日	「中学校令」の公布：尋常中学校・高等中学校の 2 段階に分けられる。
	4 月 29 日	東京大学予備門を第一高等中学校、大阪の大学分校を第三高等中学校に改組。
	11 月 20 日	山口中学校を山口高等中学校とし、文部省所管とする。
1887 年 （明治 20）	4 月 18 日	第二高等中学校を仙台に、第四高等中学校を金沢に設置。
	5 月 30 日	第五高等中学校を熊本に設置。
	12 月 20 日	鹿児島県立中学造士館を高等中学校に改め、文部省所管とし、鹿児島高等中学造士館と称する。
1894 年 （明治 27）	6 月 25 日	「高等学校令」により、第一高等中学校、第二高等中学校、第三高等中学校、第四高等中学校、第五高等中学校がそれぞれ第一高等学校、第二高等学校、第三高等学校、第四高等学校、第五高等学校と改称・改組。

1896年 (明治29)	9月3日	鹿児島高等中学造士館廃止。
1900年 (明治33)	3月30日	第六高等学校を岡山に設置。
1901年 (明治34)	4月1日	第七高等学校造士館を鹿児島に設置。
1905年 (明治38)	2月25日	山口高等学校組織を改め山口高等商業学校に改称。
1908年 (明治41)	3月31日	第八高等学校を名古屋に設置(4月8日に大学予科設置、授業開始は9月11日)。
1919年 (大正8)	4月15日	新潟・松本・山口・松山各高等学校を設置(授業開始は9月11日)。
1920年 (大正9)	11月27日	弘前高等学校・松江高等学校を設置。
1921年 (大正10)	11月9日	東京・大阪・浦和・福岡各高等学校を設置。
1922年 (大正11)	8月25日	静岡高等学校・高知高等学校を設置。
1923年 (大正12)	10月12日	富山高等学校、「高等学校令」により認可(最初の公立7年制高等学校)。
	12月11日	姫路高等学校・広島高等学校を設置。
1925年 (大正14)	2月7日	成蹊高等学校、「高等学校令」により認可。
1926年 (大正15)	3月17日	成城高等学校、「高等学校令」により認可。
	3月22日	浪速高等学校、「高等学校令」により認可。

注) 文部省(1972b：154, 608-679)をもとに作成。

　1899(明治32)年の「中学校令」改正により、中学校の目的は「男子ニ須要
ナル高等普通教育ヲ為ス」(文部省1972b：131)と定められ、中学校教育に大
学予備教育の要素は加えられなかった。しかし、明治30年代以降、高等学
校入試の受験者数が増加しそれに伴い倍率が高まり受験が厳しくなる(吉野
2001a：20-21)。そのなかで中学校教育が上級学校への進学を意識した教育か
ら抜けることはなく、その傾向は大正期に入りむしろ激化していった。「中
學校の教育は事實高中の豫備教育機關たる有様を呈するに至れり。現に府立

中學のうちにも競争試験の科目のみを重視し、特に之れが爲に名ある教師を聘し居るものあり」とあり（吉野 2001a：22）[6]、大正前期は激しい受験競争が社会問題化しはじめた時期であった。

　一方、1918（大正7）年12月5日制定の「高等学校令」では、その第1条で「高等學校ハ男子ノ高等普通教育ヲ完成スルヲ以テ目的トシ特ニ國民道德ノ充實ニカムヘキモノトス」（文部省教育調査部編 1940：100）とし、高等学校も中学校と同様に高等普通教育を目的とすることが謳われた。また、この改革で、高等学校は修業年限が7年となり高等科3年と尋常科4年に分けられ、高等科への入学は中学校第4学年修了の程度が基準となった（同：101；文部省 1972a：485）。

　それまで高等学校は大学予科として大学進学の準備をする機関であった。大正初期の高等学校の入学試験が「高等学校大学予科入学者選抜試験規程」によって規定されていたのはそのためである。ところが、この改革により、高等学校が中学校と同様の性質をもつ学校として認められ、「中流以上の生活にはいるための教育」と「大学への基礎教育」の2つを目標とする機関となり、「高等学校が帝国大学の予科としての性格を備えていたのを改め」たという（文部省 1972a：485）。大衆教育・国民教育としての普通教育のうち、高等のレベルまで完成させることが目的であるが、「大学への基礎教育」が高等学校の目標の1つとなったということは、つまり、高等学校の目的とされた「高等普通教育」には大学への基礎教育が含まれる方向になったと解釈することができる。

　この改革の方針は臨時教育会議にて議論されたが、そこでは、大学教育で重視された外国語教育について、高等学校、そして中学校で充実されるべきだという議論があった（橋口 1960：385-394）。それは大学につながる基礎教育が高等学校の目標の1つになったことと関連する。つまり、大学教育を受けるために必要な外国語能力の育成が中学校の段階からより効果的に行われる

6　吉野（2001a）は「試験問題正面観」『読売新聞』第12644号（1912年7月19日）を引用。

べきだという認識が審議において共有された。

臨時教育会議における外国語に関する議論の一部は、「高等普通教育ニ関スル件」第1回答申 (1918 (大正7) 年1月17日) に集約された (文部省 1979a：96-101)。「國運ノ進歩ニ鑑ミ更ニ精深ナル高等普通教育ヲ必要トス」(同：98) と説明し、本答申では、「高等學校及七年制高等學校高等科ニ於テハ第二外國語ハ之ヲ随意科目トス」(同：97) とされ、その理由として、「高等普通教育ニ在リテハ英佛獨語ノ一ニ習熟セシムルヲ必要」(同：100) とするものの、2言語以上を習熟することは容易ではなく、大学を卒業したのちに実務に就いた場合に2言語以上を習熟していることが望ましいがそれが必須であるわけではないと指摘された。さらに、中学校・高等学校の間で学ぶ外国語の変更は許可されると説明された。また、第2回答申 (1918 (大正7) 年5月2日) では、中学校でドイツ語、フランス語が採用されない一因として「現在ノ中學校ト高等學校トノ聯絡ニ缺クル所アル」という点を指摘し、「當局ハ特ニ此ノ點ニ留意シテ適當ノ方法ヲ講シ英語ノ外獨語、佛語ノ採用ヲ一層奨勵セラルヘシ」(同：104-105) と提案した。

この臨時教育会議の答申が同年制定の新しい「高等学校令」の方向性を定めた。そして翌年の1919年 (大正8) 年4月19日には「官立高等学校高等科入学者選抜試験規程」が制定されたが、選抜試験の外国語について「外國語ハ英語、獨語及佛語ノ中本人ヲシテ其ノ一ツヲ選ハシム」(第3条) (文部省教育調査部編 1940：130) との規定が入った。この時全国の高等学校の入試は共通の問題を用いたものの、選抜は総合選抜制ではなく学校別に実施されることになった (吉野 2001a：19-20)。1919 (大正8) 年の試験規程により、規程上は全国の各高等学校を共通問題のドイツ語・フランス語で受験することが可能となった。『大正八年高等學校高等科入學者選抜試験ニ關スル諸調査』(文部省専門学務局編 1920) には入学選抜者試験問題の外国語に「英語解釋」「英語書取」「英 (獨、佛) 譯」「獨語解釋」「獨語書取」「佛語解釋」「佛語書取」が収められている。

1919 (大正8) 年以前については、第一高等学校以外の高等学校における受

験外国語はほぼ英語のみであった。前述の上村 (2006) の例 (第五高等中学校に
おけるドイツ語の入学試験) では、実際には受験者がおらず実施されなかった
という。旧制高等学校資料保存会編 (1985：538-542, 550-551) は、1887 (明治 20)
年の第五高等中学校、1888 (明治 21) 年の山口高等中学校の入学試業において、
英語に代えてドイツ語の受験を許可した場合があったことを伝えているが、
つまり主には英語であったことを示している。一方、第一高等学校において
は、ドイツ語やフランス語が受験科目として採用され実施された時期があり、
中学校の英語以外の外国語教育の議論と深く関係した。次節で、第一高等学
校の入学試験における外国語の扱いを明らかにする。

3.4　第一高等学校の入試

第一高等学校は 1894 (明治 27) 年の「高等学校令」までは第一高等中学校と
呼ばれていた。第一高等中学校は 1886 (明治 19) 年に制定の「中学校令」によ
り発足し、同年に制定された「高等中学校ノ学科及其程度」では、第一外国
語が通常英語で第二外国語は通常ドイツ語もしくはフランス語と規定されて
いた (第 1 条) (文部省 1972b：152)。前身の東京大学予備門時代の 1885 (明治 18)
年、東京大学の管理を解かれ文部省の直轄となり、東京法学校予科と外国語
学校の仏独両語学科を転属させた歴史がある (第一高等学校 1939：86 および東
京外国語大学史編纂委員会編 1999：69-75；第 2 章 2.3.3, 2.3.4 参照)。また、1886 (明
治 19) 年 10 月 21 日創立の「生徒部五編成規則」によると、予科生は「英語學
ヲ以テ入學シタル者ヨリ成ル」「獨逸學ヲ以テ入學シタル者ヨリ成ル」「佛語
學ヲ以テ入學シタル者ヨリ成ル」(第一高等学校 1939：130) と分けられ、また、
同年 12 月 21 日制定の「校務分掌規則」によると、教務部に 6 つの部が置か
れたが、最初の 3 部が英学部、独逸学部、仏学部、そして理学部や和漢文学
部等が続いた。このように、大学予備門時代から、そこで教授された外国語
は英語、ドイツ語、またはフランス語であった。

入学資格としての生徒の学力の程度は 1886 (明治 19) 年の「高等中学校ノ学

科及其程度」で規定されているが、入学試験についての内容や方法は示され
ておらず、各高等中学校が独自に入試を行っていた。大学予備門を継承した
第一高等中学校は最も整備されており、「入学試業ノ件」として文部省の裁
定を得ているが、試業課目の1つに「第一外国語」が入っている（第一高等学
校1939：129；筧田1974：141）。この「第一外国語」の言語の指定は実施要項内
にはない。「高等中学校ノ学科及其程度」で第一外国語は英語と定められて
いるが、当初は英語・ドイツ語・フランス語による入学が可能であった。

　1886（明治19）年11月29日に「獨逸學協會學校豫備科に於て主として本校
に入學し得べき生徒を養成せしむるにつき、該豫備科に係る規則を本校に於
て審査すべき旨」の訓令が文部大臣から第一高等学校に対して出された（第一
高等学校1939：135）。この訓令により、独逸学協会学校の予備科・専修科の2
科のうち、予備科が養成するのは主に第一高等中学校に入学することができ
る生徒とし、予備科に関する規則は文部省の認可を経る前に第一高等中学校
の審査を受けることが示された。つまり、第一高等中学校と独逸学協会学校
の連携が図られることになった。1892（明治25）年9月9日にも、独逸学協会
学校の普通科最上級を卒業した者については第一高等中学校の相当するクラ
スに編入することが認められており（同：216）、ドイツ学振興のための方策
が明治10年代後半から20年代にかけて実施されていたことが背景にあった
と言えよう。

　一方、1886（明治19）年12月20日、1891（明治24）年7月の入試からは英語
にて実施をする旨の方針が文部省にて裁定された（第一高等学校1939：138；筧
田1974：142）。その内容は、第一外国語を英語と定めること、そして、1891（明
治24）年7月入学試験から外国語を英語のみをもって生徒を募集することと
なり、それまであったフランス語やドイツ語による入学ができなくなるとい
うものだ。ただし、「二十年二十一年二十二年二十三年迄ハ從來ノ通リ英佛
獨ニテ取ル事」（第一高等学校1939：138）と、1890（明治23）年までは英語・ドイ
ツ語・フランス語による入学を許可した。そして、1891（明治24）年からは英
語のみで実施するという方針であるが、以下に見るように1895（明治28）年

にはドイツ語による受験が可能となっている。

1894 (明治 27) 年の「高等学校令」により、第一高等中学校は第一高等学校となるが、翌年の 1895 (明治 28) 年 1 月に「第一高等学校大学予科入学志望者心得」を制定した (「官報」第 3471 号：271；第一高等学校 1939：247-248；筧田 1974：161-162)。その内容のうち外国語と関連のある項目は下記の通りである。

第三　英語ヲ入學試業ノ外國語トスル一部法科志望者ハ左表〔ここでは
表 3-3〕ニ依リ本校ニ於テ修ムヘキ第一外國語ヲモ選定スヘシ

第四　英語ヲ入學試業ノ外國語トスル一部文科志望者中英文學科、佛蘭西文學科、哲学科、漢學科志望ノ者ハ入學出願ノ際其志望學科ヲ届出ツヘク獨逸文學科、國文學科、國史科、史學科、博言學科志望ノ者ハ在學中ニ届出ツルヲ要ス

第五　獨語ヲ入學試業ノ外國語トスル一部文科志望者中哲學科、漢學科志望ノ者ハ入學出願ノ際其志望學科ヲ届出ツヘク獨逸文學科、國文學科、國史科、史學科、博言學科志望ノ者ハ在學中ニ届出ツルヲ要ス

第六　英語ヲ外國語トセル尋常中學校ヲ卒業シタル者 (該校長ノ推薦ニ係ル者) ニシテ獨語ヲ入學試業ノ外國語トスル一部及三部ニ入ラシトスル者ハ入學試業ノ際英語ヲ除キ其他ノ諸学科ノ試業ヲ受クルコトヲ得其及第者ニハ證明書ヲ交付ス

右〔ここでは上〕證明書ヲ有スル者二箇年以内ニ於テ入學ヲ願出ツルトキハ入學試業ノ際獨逸語ノミ試業シ及第ノ者ハ前段ノ一部及三部ニ入学ヲ許ス

但シ英語ヲ入學試業ノ外國語トスル一部及二部ニ入リシトスルトキハ更ニ入學試業ヲ受クルヲ要ス

第七　前項ノ入学志願者ハ其卒業セル尋常中學校カ孰ノ高等學校區域内ニ在ルモ其高等學校ノ特待ヲ受クル學校[7]ナルトキハ本校ノ特待ヲ受

7　特待を受ける学校とは、いわゆる推薦入試での入学が許可される学校のこと。

クル學校ノ卒業生ト同一ノ取扱ヲ爲ス

第八　佛語ヲ第一外國語トスル學級ノ設ナキ他ノ高等學校區域内ニ在リ
テ其高等學校ノ特待ヲ受クル尋常中學校ノ卒業生ニシテ本校一部法科
及文科中佛語ヲ第一外國語トスル學級ニ入學セント欲スル者アルトキ
ハ本校ノ特待ヲ受クル學校ノ卒業生ト其取扱ヲ同クスルコトアルヘシ
但シ此場合ニ於テ其入學セシムル員數ハ十人マテトス

　表3-3にあるように、この心得では入学試験の外国語の指定が定員ととも
に示された。これによると、1891(明治24)年に廃止する旨が宣言されたド
イツ語による入学が1895(明治28)年の入試においては可能となったことが分
かる。また、1891(明治24)年から1894(明治27)年の間にも、ドイツ語やフラ
ンス語による入学試験は実施されたようである。1891(明治24)年8月1日に
は第一高等中学校にて「佛語を以て第一外國語とする生徒一組を、本年限り
試みに入學せしむること」(第一高等学校1939：211)という報告がある。また、
1892(明治25)年8月27日読売新聞(4頁)には私立独逸語学校(東京本郷区元町
2丁目)が「本年七月第一高等中學校入學試業に合格」した生徒の氏名を広告
として記載している(「(広告)第一高等中学校入学試業に合格した本校生徒／本郷
区　私立独逸語学校」)。ドイツ語の予科2級総数1名中1名、3級総数20名中
18名が合格したとの内容だ。

　実際、1890(明治23)年5月15日朝日新聞朝刊1頁の記事「獨逸學生大運動」
によると、「一旦廢止せられたる第一高等中學校入學試業の外國語中獨逸語
の〔科〕目の今回復活することとなるに付」第一高等中学校、ドイツ学校[8]、独

8　新聞記事には「帝國大學を始めとして第一高等中學校、獨逸學校、獨逸協會學校其他重な
　る官私立學校の獨逸學教員及び生徒等」が集まると記載されている。このドイツ学校がど
　この学校を指すのかは明らかではないが、1892(明治25)年に第一高等中学校への合格者を
　記載した、先述の、東京本郷区元町の私立独逸語学校を指すとも考えられる。この学校は、
　1888(明治21)年から1890年代と生徒募集等の新聞広告を複数回出している(1888年10月30
　日朝日新聞朝刊(4頁)「(広告)私立独逸語学校　生徒募集広告」や1889年2月28日朝日新聞
　朝刊(4頁)「(広告)私立独逸語学校　入学者募集」、1892年6月30日朝日新聞朝刊(6頁)「(広

表 3-3. 「第一高等学校大学予科入学志望者心得」(1895 年 1 月) に示された入試の外国語と専攻及び定員等

入学試業 外國語	部	分科	本校ニ於テ課スヘキ第一外國語	毎年募集スヘキ本校第一年級定員	本校卒業ノ上進入シ得ル大學専門學科
英語	一部	法科	獨語	六十人	法律學科○政治學科
			佛語	四十人	
		文科	佛語		佛蘭西文學科
			英語	四十人	英文學科
			獨語		獨逸文學科○哲學科○國文學科○漢學科○國史○史學科○博言學科
	二部	工科	英語	六十四人	土木工學科○機械工學科○造船學科○造兵學科○電氣工學科○造家學科○應用化學科○火藥學科○採鑛及冶金學科
		理科	英語	三十二人	數學科○星學科○物理學科○化學科○動物學科○植物學科○地質學科
		農科	英語		農學科○農藝化學科○林學科○獸醫學科
	第六項ニ當ル受験者				入學試業ノ外國語ヲ獨語トスル左欄 *〔ここでは下の欄〕ニアル諸學科
獨語	一部	法科	獨語	二十人	法律學科○政治學科
		文科	獨語		獨逸文學科○哲學科○國文學科○漢學科○國史科○史學科○博言學科
	三部	醫科	獨語	四十人	醫學科○藥學科

出典：第一高等学校 (1939：248) および「官報」(第 3471 号：271)

逸協会学校そのほか関係学校の教員と生徒が祝意を表して集会を開くとある。第一高等学校 (1939) ではドイツ語の受験科目としての復活について確認できないが、英語のみの試験を実施する予定であった 1891 (明治 24) 年以降にも、ドイツ語やフランス語による受験が実施されたようである。独逸学協会学校の普通科最上級を卒業した者が第一高等中学校の相当するクラスに編入することが認められたのも (第一高等学校 1939：216)、この間の 1892 (明治 25) 年 9 月 9 日のことだ。

告) 夜学科に初等級を増設／本郷元町　私立独逸語学校」など)。

　また、この心得によると入試科目としてフランス語は用意されなかった
が、「第八」の項にあるように、フランス語を第一外国語とする学級がないが、
第一高等学校以外の高等学校の区域に属しており、その高等学校の特待を受
ける尋常中学校の卒業生については、第一高等学校の特待を受ける学校の卒
業生と同じ扱いをしたということだ。当時入学試験は特別試業と全科試業の
2種に大別されたが、特別試業では設置区域内尋常中学校出身者に推薦入学
の制度が認められ、当該中学校校長の推薦があれば学力試験を完全に、ある
いは部分的に免除された (筧田 1974：164-165)。つまり、上記の尋常中学校は、
第一高等学校の設置区域内で特待を受ける尋常中学校と同様に特別試業によ
る入学が可能とされた。フランス語教育を推進していく姿勢が見られる規定
である。

　ここで、心得の「第六」の項を確認しておきたい。第6項にあるように、
尋常中学校で英語を履修しドイツ語を学習せずにドイツ語を第一外国語とす
る分科を目指す場合に、校長の推薦があれば英語の試験を除いた受験が可能
であった。合格すれば証明が与えられ、その証明を以て2年以内にドイツ語
だけを受験することで、ドイツ語で受験の第一部および第三部に入学する道
が設けられた。ここでは、この制度を「ドイツ語受験猶予制度」と呼ぶこと
とする。

　ドイツ語受験猶予制度については、第7項で規定された通り、尋常中学校
がいずれかの高等学校区域内にありその高等学校の特待を受ける学校であれ
ば、第一高等学校が特待を与える学校の卒業生と同様に扱うとされた。これ
は、ドイツ語による入学者を全国から集めるための対策であったと考えられ
る。なお、1895 (明治28) 年1月制定の「大学予科入学志望者心得」は、同年6
月28日には改正されたが、上述の第6項の内容は第3項に維持された (第一
高等学校 1939：259-260)。

　　第三　英語ヲ外國語トセル尋常中學校ヲ卒業シタル者 (該校長ノ推薦ニ係
　　　　ルモノ) ニシテ獨語ヲ入學試業ノ外國語トスル一部及三部ニ入ラント

スル者ハ入學特別試業ノ際英語ヲ除キ其他ノ諸學科ノ試業ヲ受クルコ
トヲ得其及第者ニハ證明書ヲ交付ス右〔ここでは上〕證明書ヲ有スル
者二ヶ年以内ニ於テ入學ヲ願出ルトキハ入學全科試業ノ際獨語ノミヲ
試業シ及第ノ者ニハ前段ノ一部及三部ニ入學ヲ許ス但英語ヲ入學試業
ノ外國語トスル一部及二部ニ入ラントスルトキハ更ニ入學試業ヲ受ク
ルヲ要ス

第四　他ノ高等學校區域内ニアリテ其特待ヲ受クル尋常中學校ノ卒業生
　　モ前項ノ取扱ヲ受クルコトヲ得

第五　他ノ高等學校區域内ニアリテ其特待ヲ受クル尋常中學校卒業生ニ
　　シテ本校第一部法科乙號學科ヲ修メントスル者ハ特別試業ニ依リ十名
　　ヲ限リ入學ヲ許スコトアルヘシ

第六　一部法科甲號學科志望者入學ノ上ハ英語ノ外ニ獨語若クハ佛語ノ
　　一ヲ課スヘキニ付豫メ選定シ置キ入學ノ際直ニ届出ツヘシ又文科志望
　　者中佛蘭西文學科ヲ修メントスル者ニ限リ入學ノ際直ニ届出ツヘシ

（第一高等学校 1939：259-260）

　筧田（1974：165-166）は、この第 3 項について、「この規定はいかなる観点か
ら制定されたのか明確でないが、もともと独語を外国語とする受験生ならび
に及第者が少なかったことによると考えられる」と述べたが、ドイツ語を教
える中学校が全国的にはほとんどなく、一方でドイツ学を振興する必要性を
政府が認識した結果であると考えられる。

　ドイツ語の受験を促す試みがあった一方で、ドイツ語受験による学生が思
いのほか集まらなかった部があった。1895（明治 28）年 8 月 8 日付の次の報告
のように、大学予科第一部法科志望には 1 クラスを組織するほども集まらな
かったというのだ。

　此の年大學豫科第一部法科志望者中獨語を入學試業の外國語とする者を
　募集せし處、應募者少きのみならず、意外にも試業及第者殆ど無き有様

にて、到底完全なる一學級を組織し難きが故に、當分之を補ふため、英語を入學試業の外國語とし入學の上外國語は大學豫科規程第五條大學豫科第一部解説中にある佛語を以て法科を希望する者に倣い主として獨語を課する生徒一組を募集し養成せんことを伺い出て、八月八日文部大臣より聴届けられたり。(第一高等学校 1939：260-261)

　また、1895(明治28)年の第三部の入学試業は特別試業においてのみ実施されており(第一高等学校 1939：247)、実際にはドイツ語での入学試験は行われていない。その理由は明らかではないが、入学者が集まらないことを懸念し、英語を学んだ尋常中学校卒業生を学校長の推薦により受け入れた可能性が考えられる。

　1896(明治29)年2月28日には、規則の改正が文部大臣により認可され、「大學豫科學科程度及組數」(第一高等学校 1939：264-282)として、その条項と各部の学科表が示された。学科の組織・名称が変更になったが、受験外国語の取り扱いはそれまでと同様で、**表3-4**に示した通りである。

表3-4. 第一高等学校大学予科の入学試業における外国語科目(1896年2月)

部・科	クラス数	入学試業の外国語
第一部 (法科甲号)	1	英語
第一部 (法科乙号)	1	英語
第一部 (法科丙号)	1	ドイツ語または英語
第一部 (文科)	1	英語
第二部 (工科)	2	英語
第二部 (理、農科)	1	英語
第三部 (医科)	2	ドイツ語

注) 第一高等学校 (1939：264-271) を基に作成。

　この規定には入学に関する事項も含められたが、前述の英語を外国語とする尋常中学校の卒業生に関連した事項は入学に関する第6条・第7条で下記のように規定された(第一高等学校 1939：272)。

　第六條　英語ヲ外國語トセル尋常中學校ヲ卒業シ該校長ノ推薦ニ係ルモ
　　ノニシテ本校第三部ニ入ラシトスル者ハ入學特別試業ノ際英語ヲ除キ
　　其他ノ諸学科ノ試業ヲ受クルコトヲ得其及第者ニハ證明書ヲ交附ス
　　右〔ここでは上〕證明書ヲ有スル者二ヶ年以内ニ於テ入學ヲ願出ルト
　　キハ入學全科試業ノ際獨語ノミヲ試業シ兼テ體格検査ヲ行ヒ及第ノ者
　　ニハ第三部ニ入學ヲ許ス
　　　但第一部及第二部ニ入ラントスルトキハ更ニ入學試業ヲ受クルヲ要ス
　第七條　他ノ高等學校區域内ニアリテ其特待ヲ受クル尋常中學校ノ卒業
　　生モ前條ノ取扱ヲ受クルコトヲ得

　やはり、英語を外国語とする尋常中学校を卒業したうえでドイツ語を学び受
験する者に2年間の猶予を与えるドイツ語受験猶予制度が続き、全国からド
イツ語での受験生を募っている。

　さらに1899（明治32）年2月14日、入学規則に変更が加えられた[9]。第10条
に「入学志願者ハ…入學ノ上修メントスル志望學科ヲ選定シ之ヲ願書ニ記載
スヘシ」として、第一部・第二部・第三部のうちの学科を選ぶように指示が
あるが、そこに入学試験の外国語として英語とドイツ語が記載されている（**表
3-5**）（「官報」第4685号：232；第一高等学校1939：289）。

　それによると、1896（明治29）年の時点では第三部の試験はドイツ語のみで
行っていたが、1899（明治32）年の改正では、英語でも行われることが示され
た。なお、その施行は1901（明治34）年からとなっている（第15条）（「官報」第
4685号：233；第一高等学校1939：290）。ドイツ語教育を推進しようとする教育
関係者は、この「英語生轉學法」（高等教育会議編第三回会議決議録：146）つまり、
英語を学んだ者に学習言語を転じてドイツ語を学ばせる方法を批判した。そ

9　2月16日付の「官報」（第4685号：233-234）で報告されているが、第一高等学校（1939：
　288）によると変更の許可を得たのが2月14日となっている。

表 3-5. 第一高等学校大学予科の入学試業における外国語科目（1899 年 2 月）

學科	入學試験の外國語
第一部英法科（法科大學ヘ進入ノ上英法律ヲ兼修スル者及政治學科ヲ修ムル者ノ豫科）	英語
第一部佛法科（法科大學ヘ進入ノ上佛法律ヲ兼修スル者ノ豫科）	英語
第一部獨法科（法科大學ヘ進入ノ上獨法律ヲ兼修スル者ノ豫科）	獨語 英語
第一部文科	英語
第二部工科	英語
第二部理科	英語
第二部農科	英語
第三部醫科	獨語 英語

出典：第一高等学校（1939：289）

の前年の 9 月に中学校長会議が開かれ、第一高等学校の第三部においてもほかの高等学校と同様に英語による受験を可能としてほしいという建議が決議されたので（『教育時論』485 号：23-25；第 4 章参照）、その建議の影響もあろう。

　また、この新規則の制定は、前年の 1898（明治 31）年 6 月 23 日付の文部省高等学務局長の通牒に鑑みてなされたものだ（第一高等学校 1939：288）。通牒の内容は以下の通りである（「官報」第 4495 号：335-336）。

　○高等學校入學規程ニ關スル通牒　各高等學校入學規程ニ關シ今般「(一) 官公私立尋常中學校ノ卒業生ニシテ高等學校ニ入學ヲ志望スル者募集豫定人員法科、醫科、工科、文科、理科及農科ノ各科ニ就キテ定ムルモノトスニ超過セサルトキハ無試驗入學ヲ許可スルコト、(二) 各高等學校ニ於テ官公私立尋常中學校ヲ承認スルノ規程ハ之ヲ廢止スルコト、(三) 官公私立尋常中學校ハ一々之ヲ高等學校ニ通知スルコト、(四) 官公私立尋常中學校卒業生ニシテ入学ヲ志望スル者各科豫定人員ニ超過スルトキハ尋常中學校卒業ノ程度ニ依リ明治十七年文部省令第七號第一條第一項ノ各學科ニ就キ試驗ヲ試行スルコト但シ時宜ニヨリ三科目以内ヲ省

クコトヲ得、(五) 尋常中學校ニアラサル學校ニ於テ修學シタル者ハ尋常
中學校卒業生ニシテ入学ヲ志願スル者各科豫定人員ニ充タサル場合ニ限
リ前項ノ試驗ヲ行ヒ補關トシテ入學ヲ許可スルコト、(六) 前記各項中第
二及第三ヲ除クノ外ハ都テ各高等學校規則中ニ明ニ規定スルコト」ニ省
議決定シタルニ附キ現行規則中右〔ここでは上〕ニ牴觸ノ廉ハ改正方伺
出テ來學年ヨリ實施相成ルヘシ但シ從來ノ訓令通知等ニシテ右〔ここで
は上〕ニ牴觸スルモノハ當然消滅スル儀ト承知アリタキ旨一昨二十三日
文部省高等學務局長ヨリ各高等學校長ニ通牒セリ

　なお、本「官報」では 1884 (明治 17) 年の文部省令第 7 号が言及されているが、
これは 1894 (明治 27) 年の誤りではないかと考えられる。「中学校令」および「尋
常中学校ノ学科及其程度」が制定されたのは 1886 (明治 19) 年、そして 1891 (明
治 24) 年には「中学校令」が改正されるなどしており、上記の下線部の「第七號」
が 1894 (明治 27) 年 3 月 1 日の文部省令第 7 号において改正された「尋常中学
校ノ学科及其程度」を指していると判断するのが妥当だ。その第 1 条は次の
通りである (寺尾編 1894：245-246)。

　　第一條　尋常中學校ノ學科ハ倫理、國語及漢文、外國語、歷史、地理、數學、
　　　博物、物理、及化學、習字、圖書、体操トス
　　　前項ノ外隨意科トシテ簿記及唱歌ヲ加フルコトヲ得

　つまり、この第 1 条の第 1 項で指定された学科で試験をするが、場合に
よってはそのうち 3 科目までは省いてもよいと規定された。「尋常中学校ノ
学科及其程度」の科目には「外国語」とあり、その言語の指定はない。しかし、
1899 (明治 32) 年の規程変更の背景には本通牒があり、中学校では教えられて
いる外国語はほぼ英語であるという状況が、この変更の決定に影響を与えた
と考えられる (第 4 章 4.4.1 参照)。
　そして 1901 (明治 34) 年 5 月 3 日には、第一高等学校の入学規程のうち外国

語の選択について変更が加えられた。つまり、仏法科、仏文科志望者にはフランス語による受験が、独文科志望者にはドイツ語が加えられた（第一高等学校 1939：298）（**表 3-6**）。

表 3-6. 第一高等学校入試における外国語：1901（明治 34）年

學科		入學試驗の外國語
第一部　佛法科		佛語
		英語
第一部　文科	獨逸文學科志望者	英語
		獨語
	佛蘭西文學科志望者	英語
		佛語
	其他	英語

出典：第一高等学校（1939：298）

　1903（明治 36）年 4 月 21 日には、「高等學校大學予科入學者選抜試驗規程」が制定され、高等学校における入学者数や選別試験の学科等が発表されている（「官報」第 5937 号：426-427）。それによると、「第一高等學校ノ第三部ニ於テハ七十人ノ内凡四十人ハ獨語ヲ以テ入學試驗ノ外國語ト爲シ入學するコトヲ得シム」（同：427）とあり、学科試験の外国語の説明に「外國語ハ各高等學校ヲ通シテ英語トス但第一高等學校ニ入學セントスル者ニ限リ第一部丙類志望者ハ佛語、第一部乙類及第三部志望者ハ獨語ヲ以テ入學試驗ヲ受クルコトヲ得」（同：427）とされた。

　その後、「高等學校大學予科入學者選抜試驗規程」は複数回改正され、1908（明治 41）年 3 月 12 日には廃止された（文部省教育調査部編 1940：77；「官報」第 7410 号：289）。それに伴い、第一高等学校は、1908（明治 41）年 12 月 22 日、入学規程を制定したが、受験の外国語に関して次の通り規定した（第一高等学校 1939：319）。

　　第四條　選抜試驗ノ學科目ハ中學校ノ學科目中ニ就キ五箇目以上トシ中

學校卒業ノ程度ニ依リ之ヲ行フ外國語ハ各部ヲ通シテ英語トス但シ第
一部丁類志望者ハ佛語、第一部丙類志望者及第三部志望者ハ獨語ヲ以
テ選抜試驗ヲ受クルコトヲ得

ここでも第一部丁類でフランス語による受験、第一部丙類と第三部でドイツ
語による受験が認められた。

　1909（明治42）年4月21日には新たに「高等學校大學豫科入學者選抜試驗規
程」が制定され（文部省教育調査部編1940：81-82）、その後複数回の改正を経るが、
1916（大正5）年の改正まで規程内には具体的な外国語の指定はない。しかし、
第3条で選抜試験の学科目が「中學校ノ學科目（法制經濟及唱歌ヲ除ク）中ニ就
キ毎回文部大臣之ヲ告示ス」とある。中学校の学科目である外国語は、1901
（明治34）年制定の「中学校令施行規則」第1条（文部省1972b：136）により、英
語、ドイツ語またはフランス語とされていた。また、文部省は別途「高等学
校ニ入學セシムヘキ生徒ノ數及選抜試驗ニ關スル事項」を告示し、その中で
選抜試験科目の1つに外国語を挙げており、「官報」（第7743号：533；第8063号：
184）によると、備考として「外國語ハ各高等學校ヲ通シテ英語トス但シ第一
高等學校ニ入學セントスル者ニ限リ第一部丁類志望者ハ佛語、第一部丙類及
第三部志望者ハ獨語ヲ以テ選抜試驗ヲ受クルコトヲ得」と説明しており、第
一高等学校においては1915（大正4）年まではそれまでの形式を継続していた
と考えられる。

　ただし、1916（大正5）年の改正での追加条項（文部省教育調査部編1940：98）は、
以下の通り第一高等学校の第三部におけるドイツ語による受験のみに言及し
ており、第一部におけるドイツ語とフランス語による受験に関する条項はな
く、これらの受験が継続していたかは不明である。

　　第七條　第一高等學校ノ第三部ニ於テ獨語ヲ以テ選抜試驗ノ外國語ト爲
　　ス者ニ限リ入學セシムル場合ハ前條ノ關係ニ於テ之ヲ一ノ部ト看做ス

　この前の条項第6条は入学を許可すべき者の選出方法を定めたもので、第三部をドイツ語で受験した場合はそれをその方法の一部に看做すということだ。つまり、この頃は、第一高等学校の第三部においてドイツ語の受験が可能であったということは確かである。

　その後、1919（大正8）年に定められた「官立高等學校高等科入學者選抜試驗規程」では、受験外国語の選択肢に英語・ドイツ語・フランス語が指定された（文部省教育調査部編1940：130-131）。

　　第三條　選抜試驗ノ學科目ハ中學校第四學年マテノ必修學科目中ニ就キ
　　　　之ヲ選定ス但シ外國語ハ英語、獨語及佛語ノ中本人ヲシテ其ノ一ツヲ
　　　　選ハシム
　　　　前項ノ試驗ハ中學校ノ第四學年修了ノ程度ニ依ル
　　第四條　選抜試驗ハ各高等學校同時ニ之ヲ行フ
　　第五條　入學志願者ハ其入學後修業セントスル科及類ヲ指定スヘシ
　　　　指定スヘキ科及類ハ左ノ如シ
　　　　文科　甲類　英語ヲ第一外國語トスルモノ
　　　　文科　乙類　獨語ヲ第一外國語トスルモノ
　　　　文科　丙類　佛語ヲ第一外國語トスルモノ
　　　　理科　甲類　英語ヲ第一外國語トスルモノ
　　　　理科　乙類　獨語ヲ第一外國語トスルモノ
　　　　選抜試驗ノ外國語ニ英語ヲ選フ者ハ志望ノ類二箇以上（同一科内ノ類ニ
　　　　限ル）ヲ併セ指定スルコトヲ得此ノ場合ニ於テハ其ノ志望ノ類ノ順位
　　　　ヲ定ムヘシ獨語ヲ選フ者ノ志望シ得ル類ハ文科乙類又ハ理科乙類ニ限
　　　　リ佛語ヲ選フ者ノ志望シ得ル類ハ文科丙類ニ限ル

　この時に学校別の選抜ではあるが「共通試験制」が採用されており（吉野2001a：19）、ドイツ語・フランス語の受験は第一高等学校以外の学校でも共通して実施が制度上可能となった。全国の高等学校の入試で共通の試験問題を

使用する方法は、1901（明治34）年よりすでに採用されていた（旧制高等学校資料保存会編 1985：571；吉野 2001b, 53）。しかし、この制度により、ドイツ語とフランス語の試験実施が第一高等学校以外の学校でも可能となったのである。

　以上、明治後半から大正期にかけての第一高等学校の入学試験における外国語の取り扱いを見てきたが、その変遷を**表3-7**および**表3-8**に示した。国としての制度が変更になった際に、変更内容に合わせて第一高等学校の入学者選抜規程も変更されたという背景から、表3-8では高等学校の入学試験制度の変遷も参考までに示したが、詳細は吉野（2001a, 2001b）や江利川（2011：67-70）を参照されたい。

表 3-7. 第一高等学校の受験外国語の変遷①[(1)]

年	外国語の受験	(参考) 入試制度 [(2)]
1895 （明治28）	第一部の一部でドイツ語の受験が可能。 第三部はドイツ語の受験のみ可能。	学校別入学試験制度（〜1901）
1899 （明治32）	第一部の一部でドイツ語の受験が可能。 第三部はドイツ語に加え、1901（明治34）年より英語の受験が可能になることが示される。	
1901 （明治34）	第一部の一部でドイツ語・フランス語の受験が可能。 第三部はドイツ語または英語の受験が可能。	共通試験総合選抜制 （1902〜1907）
1908 （明治41）	第一部の一部でドイツ語・フランス語の受験が可能。 第三部がドイツ語または英語の受験が可能。	学校別入学試験制度 （1908）
1909 （明治42）〜 1915 （大正4）	おそらく上記の形態を継続。ただし、フランス語の受験が中止された可能性がある。	共通試験学校別選抜制 （1909〜1916）
1916 （大正5）	第一部でドイツ語・フランス語の受験が可能であったかは不明。 第三部がドイツ語または英語の受験が可能。	共通試験総合選抜制 （1917〜1918）
1919 （大正8）[(3)]	文科乙類・理科乙類でドイツ語の受験が可能。 文科丙類でフランス語の受験が可能。	共通試験学校別選抜制 （1919〜1925）[(4)]

注）(1) 特に明記のない部は英語が受験科目。(2) 入試制度の名称は文献により統一されていないが、吉野（2001a, 2001b）および江利川（2011：67-70）を参考にした。なお、1901（明治34）年から1927（昭和2）年度まで、全国共通の試験問題が使用されていた（旧制高等学校資料保存会編 1985：571；吉野 2001b：53）。(3) 1919（大正8）年「高等学校令」で3部制から文科理科の2科制に変更。(4) 1926（大正15）年、1927（昭和2）年には入試2班制が行われた（田中（2005：9）；田中は『資料集成　旧制高等学校全集』第1巻, 38-39頁を参照）。

表 3-8. 第一高等学校の受験外国語の変遷②

年	第一部			第二部			第三部		
	英	独	仏	英	独	仏	英	独	仏
1895 (明治 28)	○	(○)	×	○	×	×	×	○	×
1899 (明治 32)	○	(○)	×	○	×	×	○※	○	×
1901 (明治 34)	○	(○)	(○)	○	×	×	○	○	×
1908 (明治 41)	○	(○)	(○)	○	×	×	○	○	×
1909 (明治 24) ～ 1915 (大正 4)	○	(○)	(○)	○	×	×	○	○	×
1916 (大正 5)	○	?	?	○	×	×	○	○	×

注）受験科目の設定ある場合が○、ない場合が×、？は不明。(○) は一部の分科で受験が可能なことを示す。※この施行は 1901 (明治 34) 年から。

3.5　中学校外国語教育への影響

　1919 (大正 8) 年に定められた「官立高等学校高等科入学者選抜試験規程」で英語・ドイツ語・フランス語の受験が全国の官立高等学校で共通試験として可能となったのちも、ドイツ語・フランス語が教えられた中学校は数が非常に限られた。大阪外国語学校 (1924) は 1 ～ 2 校に留まると伝えたが、『中等教育諸學校職員録』(中等教科書協会) の 1904 (明治 37) 年、1908 (明治 41) 年、1921 (大正 10) 年の記録を参照すると、この期間、ドイツ語、フランス語が教えられた中学校は全国に複数あった[10]。1904 (明治 37) 年には、東京の府立第一中学校 (中等教科書協会 1904：14-16)、財団法人私立成城学校 (同：39-40)、私立大成中学校 (同：44-46)、私立独逸学協会学校 (同：50-53)、私立東京中学校

10　本職員録には、高等予備校・陸軍幼年学校・専修学校・貿易語学校・高等女学校等が含まれており、これらの学校や、政治的背景・言語事情が異なる朝鮮・台湾・樺太・関東州・在外の中学校については対象から除いて確認した。また、本職員録では、科目名が記載されていない場合や科目名が不明確なもの (例えば、群馬県立富岡中学校 (中等教科書協会 1904：263-264) や栃木県立太田原中学校 (同：315-316) のように、科目名が「語学」と表記されているものなど) が一部含まれる。

(同：60-61)、私立明治学院普通学部 (同：64-66)[11]、私立高輪佛教大学[12] (同：69-70)、私立青山学院 (同：74-75)、私立東京学院 (同：76-77)、私立同志社高等学部 (同：141-142)、そして、栃木県宇都宮市の私立下野金城学校 (同：322)、宮城県仙台市の私立東北学院 (同：471-472)[13]、岡山県御津郡石井村 (現在の岡山市) の私立関西中学校 (同：612-613)、そして宮内省直轄学校の学習院中学科 (同：816-818)[14] でドイツ語の記載があったが、1921 (大正 10) 年の名簿では、ドイツ語教員が確認できた中学校は東京府立第一中学校 (中等教科書協会 1921：22-23)、私立東京独逸学院 (中学部)[15] (同：32)、私立独逸学協会学校中学 (同：37)、私立東北学院[16] (同：341-342) とその数は減少している[17]。1904 (明治 37) 年には全

11　神学部でもドイツ語、さらにギリシャ語の記載もある。

12　高輪中学校・高輪高等学校の前身 (高輪中学校高等学校ホームページ、学園のあゆみ) <https://www.takanawa.ed.jp/introduction/information/> (2021 年 7 月 12 日アクセス)

13　ラテン語やギリシャ語の記載もある。

14　フランス語教員の記載もある。なお、私立青山学院 (中等教科書協会 1904：74-75) にも、フランス語教員の記載がある。

15　住所は東京の神田中猿楽町。経済、法や簿記を教授していた。設立年の記載はなし (中等教科書協会 1921：32)。

16　ドイツ語を担当している教員が、ギリシャ語と神学も担当している (中等教科書協会 1921：341-342)。

17　宮内省直轄学校である学習院の中等学科 (ただし 1904 (明治 37) 年の記載は中学科) についてみると、1904 (明治 37) 年にはドイツ語とフランス語の記載があったが (中等教科書協会 1904：816-818)、1908 (明治 41) 年の記録では外国語は英語のみとなっている (同 1908：50 の 1-4)。ただし、女学部 (1904 年は華族女学校) については両年ともの名簿にフランス語の記載があり (同 1904：819-820；同 1908：50 の 2-4)、1921 (大正 10) 年の名簿にもフランス語が記載されている (同 1921：4)。また、1921 (大正 10) 年の名簿には、1911 (明治 44) 年長崎に設立の私立海星中学校にフランス語教員が記載されている (同：173-174)。和歌山県伊都郡高野村の私立真言宗高野山中学 (同：477) では「佛」との記載がある。他校にて、仏教を「佛教」と記載している例があるが、高野山中学の場合には「佛」はフランス語ではなく「佛教関連科目」を意味すると考えて問題ないであろう。明治の終わりに、前身の「古義真言宗尋常中学林」が中学として認可されなかった理由が「設立の目的が真言宗の教義、仏教一般の要義ならびに普通学科を授くることにあ〔ったため〕」(高野山高等学校百年史編纂委員会 1986：23) だという。中学林の学科表に記載の外国語は英語のみで、「専門」として仏教に関連する内容が並んでいる (高野山高等学校 1956：17-18；高野山高等学校百年史編纂委員会 1986：21)。1910 (明治 43) 年が高野山中学卒業回数の起点となっているが (同 1986：262) が、第 11 回卒業、つまり 1920 (大正 9) 年卒業の加藤大秀氏や 1921 (大正 11) 年に入学した下名迫藤治氏は、英語や英語の教員について触れているが、フランス語について言及していない (同：179-186)。

国に254校あった中学校（教科書センター1984：20）の数は、1921（大正10）年には385校（同：32）にまで増加しており、ドイツ語教員がいた中学校は、数のみならず割合も低下した[18]。

　この間、ドイツ語クラスの加設があった公立の中学校として注目したいのが、現東京都立日比谷高校前身の東京府立第一中学校である（第5章5.4.3参照）。『中等教育諸學校職員録』では、担当教科名が記載されていない学校が含まれるためさらなる検証が必要ではあるものの、明治終わりから大正期にかけてドイツ語を教えた公立の中学校としては唯一の学校であると考えられる。日比谷高校編（1979：86）によると、明治30年代の半ばになると、時代の進展に伴って、英語以外の外国語の教授を希望する声が一部の父兄からも上がったという。特にドイツ語の学習が強く求められ、当時の校長であった勝浦鞆雄の尽力のもとで、1902（明治35）年4月に外国語科として英語とドイツ語が設けられた。

　前年の1901（明治34）年には、第6回高等教育会議にて道庁府県中学校の各1校に英語とドイツ語を併置することを提案した建議が決議された（第5章参照）。校長の勝浦は第3回高等教育会議の29番議員、第7回高等教育会議の42番議員として出席している（文部省1903a, 1903b）。第6回の会議速記録は関東大震災の際に焼失してしまったようである（文部省教育調査部編1937：5-11）。そのため出席議員は不明だが、第3回および第7回に出席した勝浦が、東京府立第一中学校の校長として第6回の会議にも出席していたと考えられる。高等教育会議における議論が、東京府立中学校におけるドイツ語加設を後押ししたのではないか。

18　中等教科書協会（1904：1008）では、大阪市東区南久太郎町一丁目の大阪東雲学校でもドイツ語の記載があるが、学校の形態は不明である。なお、群馬県立富岡中学校（同：263-264）や栃木県立太田原中学校（同：315-316）で科目名が「語学」と表記されているなど、言語名が不明の場合がある。本章では女学校や商業学校等の中学校以外の学校は議論の対象としていないが、これらの学校で英語以外の外国語が教えられていたところは少なくない（例：北海道県立函館商業学校でロシア語（同：8）、私立同志社神学校でギリシャ語（同：144）、兵庫県立商業学校で清語（同：201-202）、陸軍幼年学校でドイツ語やフランス語など）。

　日比谷高校編 (1979：86) によると、第 1 年度は 1 年に 2 クラスのドイツ語クラスを予定していたが、結局は 1 クラスとなり、勝浦が期待したほどの人数が集まらなかった。学生はドイツ語以外の授業においても成績優秀であったというが、第一次世界大戦におけるドイツの敗北を引き金に 1919 (大正 8) 年には廃止された。川田正澂校長時代のことである[19]。ドイツ語の授業は 1919 (大正 8) 年入学の学生が卒業した 1924 (大正 13) 年まで続けられた。

　『中等教育諸學校職員録』には、1904 (明治 37) 年ドイツ語の教諭として弓削久兵衛 (中等教科書協会 1904：14)、1908 (明治 41) 年はドイツ語嘱託教師として桂多三、細谷香水の名がある (同 1908：3)。ドイツ語の廃止が決まった後のことであるが、1921 (大正 10) 年のドイツ語教員は馬場威夫、マチルデ・カトウ (同 1921：22-23)、1922 (大正 11) 年のドイツ語教員は橋本清之助の名が記載されている (同 1922：25)。1926 (大正 15) 年の記録にはドイツ語教員はなく (同 1926：35)、ドイツ語が廃止されたことを裏付けている。

　東京府立第一中学校 (1929：31-32) も、1902 (明治 35) 年にドイツ語科が新設されたことを記述している。

　　従来我が中學校に於ける外國語は、英語若くは獨佛語の内一科を授くべ
　　き制度なりしが、公立學校にては絶えて英語以外の外国語を採用するも
　　のなく、私立學校にても獨逸協會學校にて獨逸語を、暁星中學校にて佛
　　語を教授するのみなりき。然るに時代の進運に伴ひ、英語以外の外國語
　　をも必要と認むる事年一年に切實を加ふるに到れり。殊に獨逸語は醫学
　　を修得せんとする者は云ふ迄もなく、法律經濟哲學等、我國新興文化の

19　前年の 1918 (大正 7) 年に臨時教育会議の答申が出されたが、その直前の同年 1 月 7 日付で臨時教育会議の高等普通教育に関する主査委員会議決に対して、全国中学校長会有志から意見書が提出された。有志には東京高等師範学校附属中学校主事の稲葉彦六や東京府立第一中学校長の川田正澂の名がある。意見書では、中学校を 5 年から 4 年に短縮することに反対を表明しており、「中學校ニ於テ英語ノ外ニ獨逸語ヲ教授スルコト亦敢テ困難ナラズ」と、短縮しなければ英語に加えてドイツ語を教えることは困難ではないという点を指摘している (文部省 1979a：359)。

樹立に必要なる學問を修めんとする者には、看過するを許さざる状態となりぬ。(同：31)

東京府立第一中学校 (1929) には 1889 (明治 22) 年から 1929 (昭和 4) 年までの卒業生の集合写真が収められているが、1907 (明治 40) 年のものだけドイツ語科卒業生として撮影したものが入っている。ドイツ語科の第 1 期生として華々しい思いで撮影されたものであろう。

なお、1902 (明治 35) 年にドイツ語が開設されたことは、『教育時論』607 号 (1902 年 2 月 25 日：38) で「東京府立第一中學校の獨逸語加設」で報じられた。第一中学校にドイツ語クラスが設置されたことで、卒業生がドイツ語受験猶予制度 (本章 3.4 参照) による 2 年の猶予期間を使わずに、卒業後すぐに第一高等学校第三部を受験することができるようになったとして、『教育時論』

1907 (明治 40) 年ドイツ語科 1 期生の卒業生

出典：東京府立第一中学校 (1929)

はドイツ語加設を評価し、その将来に期待を寄せている。少し長いが当時の世間の評価を平明に伝えた例として、以下に記事を引用する。

> 同校にては、從來外國語は英語のみなりしが、世の進運に伴い、高等普通教育を卒へ、更に高等専門の學校に入らんとするもの、特に醫學、文學、法學を攻めんとするものには、豫め獨逸語を學習するの必要、年一年に迫れるが如くなるを認めたれば、來學年 郎（すなわち）來四月より、一年級五組の中、三組は從來に依り、他の二組を獨逸語とし、將來年を逐ひて（お）漸次五學年まで設け、獨逸語を外國語としての卒業生を出すべき豫定なりと、尚英獨二語を兼修すること、及一方より他へ轉ずることは許さざる方針なりと。
>
> 　因に記す、從來高等學校第三部に於て、生徒を募集するに當り、各地方高等學校は、英語を試驗して採用せしも、第一高等學校に於ては、中學校卒業生に二年間の猶豫を與へ、獨逸語を學習せしめて之を採用せしが、第一中學校が、右〔ここでは上〕の改正を爲したるに就いては、其卒業生は第三部には、直ちに入學するを得ることゝなるべく、又將來は第一部に於いても、獨逸語生を要すべきこと明らかなれば、該科は頗る有望なるべし。

つまり、東京府立第一中学校にて、英語とドイツ語の両方を学習するという選択肢は許可しない方針だが、ドイツ語を学ぶクラスを用意し、その生徒が第一高等学校に進学する際に有利になるような措置が取られることとなった。これにより、中学校卒業直後に第三部（医科）に入学する道が開かれ、また、第一部（法科・文科）においてもドイツ語が必要になっていくためドイツ語履修生にとって有益だという内容である。

　しかし、この3年前の1899（明治32）年2月に第一高等学校の入学試験制度は変更されており、それまでドイツ語のみで行われていた第三部の入学試験に英語が取り入れられるようになっていた。第一高等学校の校長はその頃、

狩野亨吉(在任期間：1898年11月24日〜1906年7月5日)であった(第一高等学校 1939：603)。狩野は第7回高等教育会議には6番議員として出席しているが(文部省 1903b)、第3回会議の議員に名はない(文部省 1903a)。第3回会議は1899(明治32)年4月17日〜4月25日の開催であり、前任の澤柳政太郎の名が1番議員にあるが、すでに第一高等学校長に就任していた狩野は出席しておらず、高等専門教育におけるドイツ語の重要性を強調した加藤弘之やドクトル・レンホルムの文書が配布され、中学校の外国語を英語に限るべきかどうか、中学校でドイツ語を教えるべきではないかと主張された議論の場にはいなかった(詳細は第5章を参照)。

　その狩野在任中に第一高等学校の第三部において英語での受験が可能となった。そして、この変更のために、東京府立第一中学校がドイツ語を加設した意義は弱まることとなった。なお、第一高等学校の第三部において英語での受験が1901(明治34)年から可能であると示されたのが1899(明治32)年だが、その前年の1898(明治31)年に、全国中学校長会議が開催され、英語での受験を求める建議が可決されている(第4章参照)。すでに英語中心であった中学校外国語教育の現場からは、ドイツ語推進を進める声は少数派にとどまっていた。

3.6　本章のまとめ

　本章では、第一高等学校における入学試験の外国語の取り扱いの変遷を明らかにしたが、そのなかで重要な転機として次の3点が挙げられる。1つ目は、1895(明治28)年の第一部の一部においてドイツ語受験が可能とされたこと、そして第三部についてはドイツ語のみの受験が可能とされ、ドイツ語受験猶予制度が採用されたことである。2つ目は1899(明治32)年に、1901(明治34)年から第三部の受験がドイツ語に加えて英語でも可能だと示されたことである。英語の追加はドイツ語受験猶予制度に代わる措置となったと言える。そして、3つ目は、1919(大正8)年の「官立高等学校高等科入学者選抜試験規程」

により、文科乙類・理科乙類でドイツ語による受験が可能に、文科丙類でフランス語による受験が可能となったことである。しかも、1919 (大正 8) 年の改革は第一高等学校のみならず、そのほかの官立高等学校すべてにおいて制度上それが可能とされたことに大きな意義があった。

　入学試験の波及効果が大きいことは言うまでもないが、高等教育におけるドイツ語、そしてフランス語の重要性が強調されるなかで、これらの言語の教育を奨励する方法として採られたのが入学試験での利用であったと言えよう。1891 (明治 24) 年からは受験科目の外国語をそれまでにあったドイツ語とフランス語をなくし、英語のみとする方針をいったんは打ち出しておきながら、1895 (明治 28) 年にドイツ語を加えたのは、ドイツ語教育を推進するためにほかならない。一方で、1899 (明治 32) 年の入学規則の変更により、1901 (明治 34) 年からは、ドイツ語だけが選択肢であった第三部の受験で英語が可能となり、第一高等学校の第三部に直接入学するというメリットが期待された東京府立第一中学校のドイツ語科設置についても、その効果は顕著ではなかった。

　しかし、その後、高等学校も中学と同様に高等普通教育を目的とすることが規定され、さらに、1918 (大正 7) 年臨時教育会議は内閣総理大臣への答申で、中学校で英語のほかにドイツ語・フランス語を「一層奨励セラルヘシ」(文部省 1979a：105) と明記した大正期の流れがあった。それを受けた 1919 年の入試改革により、全国の官立高等学校でドイツ語・フランス語も共通問題が使用されることになったことは、その後の高等教育におけるドイツ語・フランス語の役割を強める、あるいは少なくとも維持することに役立った。一方で、英語での受験は文科・理科のどの類であっても可能であったことから、中学校においてドイツ語・フランス語の採用が増加することは結局のところなかった。明治 10 年代以降ドイツ学振興のあおりを受けて縮小していたフランス語教育が、大正期に入ってからは、ドイツ語と同様に高等教育におけるその役割の強化が図られる対象にはなったものの、中学校教育における英語一辺倒の状況は変わらなかった。

　1899（明治32）年の規程変更により、1901（明治34）年から第一高等学校第三部における英語の受験が可能になったことが象徴するように、英語による受験で高等教育への切符を手に入れることができる状況では、中学校における外国語教育の英語化を抑制することはできなかった。また、英語のみが外国語の選択肢である中学校側にとっては、高等学校の入学試験に英語以外の外国語が要求されるというのは、理不尽だと判断せざるを得ない状況がある。

　中学校における外国語教育が英語中心で、高等学校の入試においても英語中心であるという体制は、近代学校制度が整備・確立された明治時代から続く。通用度の高い英語が入試で重要な地位を占める限り、英語一辺倒の外国語教育を変えることは難しい。入学試験が教育現場に及ぼす波及効果が高いとはいえ、単に英語以外の言語を入試科目に加えるだけでは、その前段階の教育現場の言語の多様化が促されるわけではない。明治期から大正期にかけて、ドイツ語、そしてフランス語を高等学校の入学試験に加えたことは、高等教育におけるその価値を維持することに多少は貢献したが、外国語教育の多言語化を図る方法としては全く不十分であったことを過去の試みは示している。

　次に、中学校校長会議における「現場の声」を検証する。教育政策決定関連機関の1つである校長会議で、どのような議論が起こったのか。次章で明らかにする。

第4章
1898年全国中学校長会議：英語かドイツ語か

4.1 本章の目的

　1899（明治32）年2月、第一高等学校の新しい入学規則が制定され、第三部（医科）の入学試業（入試）の外国語科目に英語が加えられた。第3章の3.4第一高等学校の入試で確認した通り、当時、同校の第三部は、1895（明治28）年1月に制定の「第一高等学校入学志望者心得」により、ドイツ語のみを指定していた。この心得により、尋常中学校で英語を履修した生徒が第三部を目指す場合には、校長の推薦のもとに英語の試験を除いた科目を受験し、合格すれば証明が与えられ、その後2年の猶予期間にドイツ語だけを受験するという措置が認められていた。しかし、このドイツ語受験猶予制度に代わり、1899（明治32）年の新規則では、ドイツ語に加えて英語が入試で提供されることになった。その背景には、前年の1898（明治31）年に開催された全国尋常中学校長会議（以下、全国中学校長会議）における中学校の外国語教育に関する議論がある。

　1898（明治31）年全国中学校長会議は、第一高等学校の第三部の入試において、英語を提供している第一高等学校以外の学校と同様にドイツ語だけではなく英語での受験を可能にするべきだとする建議を可決した。会議はどのような議論を行ったのか。ここで着目したいのが、1898

勝浦鞆雄校長
出典：東京府立第一中学校（1929）

(明治 31) 年 9 月 26 日付の朝日新聞の記事「昨日の中學校長會議」である。記事は東京府尋常中学校長の勝浦鞆雄に言及している。

> 勝浦東京府尋常中學校長の提出せる第一高等學校第三部のみハ他の高等學校と異なり通常の試験に合格するも二年以内に更に獨逸語の試験を經るに非ざれバ入學することを得ず今後ハ第一高等學校も他の高等學校と同様の取扱を爲すこと [1] に決定せられんことを希望すと云へる建議に移りしが原案賛成説修正説共多数に充たずして終れり

　一読すると、勝浦が第一高等学校においてもほかの高等学校と同様に英語による受験を要望したと受け取れる。しかし、勝浦は中学校でのドイツ語教育導入を支持しており、彼がそのような要望を出したとは考えにくい。本章では、外国語教育に関する考えを含む勝浦の教育観を考察したうえで、全国中学校長会議が第一高等学校第三部の入試に英語を加えるべきだという建議の可決に至るにあたり、どのような議論を行ったのかを解明する。英語偏重の外国語教育に対する教育関係者からの批判の一例を明らかにし、日本の外国語教育政策が現在に通じたその道筋の一端を示すことが本章の目的である。
　本校長会議の議事録は管見の限り見つかっていない [2]。そこで、議論の内容については、尋常中学校長会議の議論を伝えた朝日新聞の記事、そして『教育時論』、陸羯南の『日本 (新聞)』(以下、『日本』と表記) を主な典拠として考察を進める [3]。

1　原文では「こと」は「こ」と「と」の合略仮名が用いられている。
2　「全国校長会議要項」が明治期のものでは 1902 (明治 35) 年 4 月に開催のもの (文部省普通学務局 1902) < http://dl.ndl.go.jp/info:ndljp/pid/808949 > (2018 年 2 月 23 日アクセス)、および 1912 (明治 45) 年 5 月に開催のもの (文部省普通学務局 1913；秋田大学附属図書館所蔵) がある。
3　『教育時論』は雄松堂書店出版 (1980-1996) の復刻版第 55 巻、『日本』はゆまに書房 1989 年出版の復刻版第 30 巻を使用した。また、本章では『教育公報』も参照し、これは大空社が 1984 年に出版した復刻版第 2 巻を使用した。参照した記事のタイトルは、『教育時論』484 号は「全國尋常中學校長會議の概況 (其一)」、485 号は「全國尋常中學校長會議の概況 (其二)」、「中學校長會議諮問案及建議案」、「同茶話會」(同は、直前記事の「中學校長懇話會」の中学校

4.2　1898年全国中学校長会議

　全国中学校長会議は1898（明治31）年9月15日から9月26日まで高等商業学校において開催された（『教育時論』484号及び485号参照）。この会議は、文部省が初めて開催したものである（米田1992：58）[4]。東京府尋常中学校長の勝浦を初め、全国の官公私立中学校長の8割あるいは9割以上が出席し[5]、文部大臣尾崎行雄（在任期間：1898年6月30日〜1898年10月27日）の演説により会議が始まった（『教育時論』484号：16）。討議された諮問案には、「高等普通教育ヲ施スガ爲メ及高等ノ學校ニ入學セントスル者ノ準備ヲ爲スガ爲メニ二種ノ中學校ヲ設クルノ可否」「唱歌[6]ヲ必須科トスルノ可否」等を含む複数の諮問案（『教育時論』484号：16、『教育時論』485号：23-24）が用意された。

　当初は1週間の会期が予定されていたが、議了しない事項が多く、会期は延長され（『教育時論』485号：21；1898年9月21日付『日本』の記事「中學校長會議期日」；同年9月23日付記事「尋常中學校長會議の延期」）、諮問案を9月22日まで検討したのち、9月24日から26日の間に建議案の議論に入った。建議案の内容は、例えば、「陸軍幼年學校ヲ尋常中學校ニ合併スルコト」「師範學校ノ位地ヲ進メ尋常中學校ノ上ニ建設スル〵」（提出者は山形尋常中学校校長）、体育法に関

　長を指すので「中學校長茶話會」の意）、『日本』は、1898年9月16日付「尋常中學校長會議」、同年9月21日付「中學校長會議期日」；同年9月23日付記事「尋常中學校長會議の延期」、「中學校長茶話會」、「中學校長の建議案」、同年9月26日付記事「中學校長會」、同年9月27日付記事「中學校長會（廿五日）」、「中學校長會（廿六日最終）」、『教育公報』は「風俗改良論」、「全國尋常中學校長會議」および「帝國教育會に於ける尋常中學校長招待茶話會」である。

4　1922（大正11）年に、当時貴族院議員だった岡田良平が、自身が出席したわけではないが、「第一回の中学校長會議で、一つ橋の高等商業學校の講堂を會場とし、然かも公開したので、大分八かましい議論が出たさう」と述懐している（教育史編纂会編1938：173-174）。

5　『教育時論』（484号：16）によると全国の官公私立中学校長110余名が参集、『教育公報』（216号：43）によると126名の中学校長が出席した。1898年に全国で中学校は136校（教科書研究センター1984：20）あり、後者の数字によれば、9割以上の中学校長が出席したことになる。出席者のなかには約10日間にわたる会議の一部を欠席した者もいた。

6　『教育時論』484号、485号で前者は唱科、後者は唱歌となっている。1898年9月16日付『日本』掲載の諮問案では唱科と表記されている。本章では唱歌と表記する。

して「國家ハ國民ノ体格ヲ鍛錬スル爲メニ一層中學校生徒ノ体育ヲ獎勵スル
ノ必要アリト認ム故ニ文部當局者ハ精密ニ調査シテ適當ノ制度ヲ定メラレン
コトヲ望ム」（提出者は東京府私立錦城學校尋常中學校校長）など、多岐にわたっ
た（『教育時論』485号：24；また、以下で考察するが、9月23日付の朝日新聞および『日本』
にも建議案が、そして『教育公報』にその大要が記載されている）。本校長会議に提
出された建議案には、外国語に関する事項が2点あり、これらを考察の対象
に含めるが、次にまず勝浦の人物像を明らかにし、彼の教育観を検証する。

4.3　勝浦鞆雄

　勝浦鞆雄は1850（嘉永3）年1月、大坂（現大阪）に生まれ、1926（大正15）年
12月に76歳で他界したが、青年時代に高鍋藩に仕え、廃藩置県後は和歌山
県の師範学校長、東京師範学校幹事、東京府立中学校長、関東府中学校長、
旅順工科学堂教授を歴任し、晩年には高鍋中学校の設立に奔走した（大泉　出
版年不明）。岡田（2004：30-31）は、府立第一中学校の卒業生である朝比奈康彦
の回想をもとに、勝浦の人物像をまとめている。それによると、当時国粋主
義と欧化主義が対立し、それを反映した尋常中学校の教育方針においても新
旧両方の思想が見られ、それに戸惑う生徒もいたが、典型的な日本精神を固
守する勝浦は旧思想の代表であったという。勝浦は修身を兼ねた歴史を担当
しており、その授業については「倫理観から説き起こして、『古事記』『日本
書紀』の解釈にはじまり、はなはだ興味のない時間」（同：31）であったという。
　新旧思想が対立するなか、勝浦の教育を好む生徒も少なからずおり、実際
多くの生徒が勝浦を尊敬していた。卒業生の里見三男は、勝浦が担当した1
年生の日本歴史を「自信満々の講義」（如蘭会1958：42）と評している。同じく
卒業生の小菅金造は「尋中時代の思出と勝浦先生」と題して次のように回想
した。九州高鍋藩士族の出である勝浦は「頑健ではないが典型的の九州男児
で国士の面影が」（同：49）あり、その講義は「独得で異彩を放って」（同：49）お
り、勝浦が特に精魂を打ち込んだのは1年生に対する修身の講義であったという。

勝浦が教育の根幹としたという「十五徳」(心に関するもの:明智、正情、確意;身に関するもの:達辞、威儀、健全;俸(職務)に関するもの:精勤、節倹;人に関するもの:正義、仁恕;団体に関するもの:遵法、協同、義勇;物に関するもの:愛生、利用(岡田 2004:31;日比谷高校編 1979:65-66))を小菅は 77 歳にいたるまで覚えており、また、大臣の子であろうと、家主の子であろうと、教育に対する信念を曲げずに対応した勝浦の姿を記憶していた(如蘭会 1958:49)。

勝浦は髪型がカッパに似ていることから河童という愛称で呼ばれ(卒業生里見三男の回想、如蘭会 1958:42)、『皇国史要』を出版した際には「校長先生の歴史が出来たよ、こうこくしようじゃないかいな」(同佐久間兼信の回想、如蘭会 1958:40)とひそかに慕われたようだが、「得意の弁舌で日本歴史を担当」(同岡碩人の回想、如蘭会 1958:41)しており、弁が立ち揺るがぬ思想の持ち主であったことが窺える。

勝浦が東京府中学校長に就任したのは 1890(明治 23)年 4 月、その後、1909(明治 42)年 4 月に関東都督府中学校長(兼女学校長)として旅順に赴任するまでの 19 年の間、東京府中学校の改革や中学校制度の整備に尽力した(日比谷高校編 1979:54-98)。勝浦が校長に就任した当初は、原則として各府県に 1 校の公立尋常中学校を設けることになっていたが、高等中学校が置かれていたため尋常中学校がない府県や、私立の尋常中学校のみの県などがあり、尋常中学校は発展の途上にあった(同:62)。勝浦は、初等教育と中等教育との連携を重視し、高等中学校と尋常中学校の教育との重複により修学年数が長くなる問題を指摘するなど、尋常中学に止まらず日本の学校制度全体を考慮した改革を試みた(同:62-63)。私立中学校が向学心のある生徒を集め、公立の尋常中学校の予算は少なく疲弊していた時代に、第一高等学校への無試験入学(いわゆる推薦入学)を実現するなどの改革によって、尋常中学校の立て直しと振興を図った(川又 2003:142-146;日比谷高校編 1979:54-63)。

勝浦の教育思想は、著書『中等教育私議』(1892)、『普通教育ニ對スル希望』(1896)、『高等普通教育ニ關スル所見』(1902)に現れている。『普通教育ニ對スル希望』では、普通教育は個人そして国民として必要な能力知識を身につけ

させることが目的であること、小学校の修学年数を6年に延長し、卒業後の教育との連絡を円滑にすること、国の発展を支えるに当たり中等教育の充実が重要であることなどを主張している。

　さらに、勝浦は、外国語教育について「特ニ外國語ニ於テハ素養ナキ者ヲ以テ其ノ初級ヲ編成スベキガ故ニ在學五年間ニ於テ如何ニ巧ナル教授ヲ施ストモ既往ノ卒業生ニ比シテハ其ノ力勢淺薄ナラザルヿヲ得ズ」（勝浦 1896：65）と説明した。1894（明治27）年3月に「尋常中学校ノ学科及其程度」の改正があり（文部大臣官房文書課 1894：5-13）、同年9月に「尋常中学校入学規程」が定められた（同：63-65）。これらの規程により、中学入学の対象が、年齢12歳以上で、高等小学校第2学年の課程を終えた者またはそれと同等の学力を有する者と示された。それをうけ、勝浦は、尋常中学校1年生の年齢がそれまでの慣例よりも1年から3年低くなると言い[7]、より若い学習者を対象に外国語を教える事態となったことについて、これまでの卒業生に比べると成果が見込めないと危惧している[8]。

---

[7]　1886（明治19）年の「中学校令」や1891（明治24）年の「中学校令」の改正では、入学者は規定されていなかったが（文部省 1972b：128-130）、1899（明治32）年の改正により「中学校令」内で入学者が規定された。ただし、それまでの制度から対象年齢に変更があったわけではなく、1894（明治27）年に制定された「尋常中学校入学規程」の内容を引き継いだものである（文部大臣官房文書課 1894：63-64）。なお、この入学規程では、中学校の入学試業の内容について高等小学校第2年の卒業の程度で測ることと明示され（同：65）、入試科目に英語は挙げられなかった。それまでは、中学入試で英語の試験を課すところが多かったが、この規程の制定により、高等小学校の必修科目ではなかった英語の試験が廃止された（江利川 2006：182-183）。当時、高等小学校2年修了程度に求められる学力では中学校への入学が難しく、入学年齢が12歳よりも高い場合が少なくなかったと考えられる。勝浦は、入学者が規定されたことを受けて、これまでの慣例よりも中学1年生の年齢が低下するであろうと述べている。なお、1894（明治27）年の規程制定以降も、入学年齢の低下には時間がかかったようだ。岡田（2004：57）は、東京府立の中学校の入学者年齢について、1904（明治37）年の時点でも、最高年齢が16歳（一中）や21歳（二中）の例があったが、1907（明治40）年にはその年齢が14（一中、三中）から16歳（二中）へと低下したと報告している。また、明治後期の東京の私立中学校の機能を考察した武石（2004：26-28）によると、第2学年以降に中学校に入学するケースも少なくなく、第1学年に入学して5年間在学した後に卒業というパタンが確立したのは東京の府立中学校では明治30年代で、私立ではもっと後のことであった。

[8]　勝浦は早期の外国語教育に必ずしも賛成していたわけではないようだ。当時の日本においても、早期外国語教育に関する議論は存在した。例えば、明治中後期に、小学校での英語科

　加えて、高等学校の 3 年間ではドイツ語やフランス語を学ぶに不十分であることを指摘した。

　　　中學校ノ外國語ハ英語ニシテ高等學校大學豫備中或部ノ外國語ハ獨佛ノ
　　　語ヲ主トスルフトナレルガ故ニ高等學校在學三年ノ短日月ヲ以テ果シテ
　　　大學ノ需用ニ適ス可キ力ヲ養成シ得ベキカ是某ノ陰ニ疑フ所ナリ（勝浦
　　　1896：65）

つまり、中学校の外国語は英語を採用しているが、高等学校の大学予備教育の一部ではドイツ語やフランス語が主に必要であるため、高等学校の 3 年間では大学で必要な外国語の学習ができないことを懸念した。同時に、仮に高等学校の修学期間を 1 年間伸ばすとしても、中学校との重複を避け生徒にとって不都合とならないよう制度を改革していく必要がある—「高等學校ニ於テ尚一年ノ星月ヲ増加スルモ中等敎育トノ聯絡ヲ傷ケ重ヲ生徒ニ課シテ其ノ頭腦ヲ苦マシムルガ如キ不都合ナカラシメムフヲ希欲スルナリ」（同：66）—と述べている。

　『中等敎育私議』では、普通教育の目的を「其ノ建國ノ體制ニ率ヒ其ノ經過ノ歷史ニ據リ其ノ邦國ノ位置及境遇ヲ案シ各個人ガ天然ノ能力ニ基キテ十分ノ發達ヲ遂ゲシメ以テ其ノ國家ノ安富ヲ永遠ニ保續シ幸福ヲ未來ニ增進スルニ足ルベキ訓練ヲ施ス」以外にないと主張したが（勝浦 1892：4）、それは地理歴史を小学校の必修科とすべしという主張に通じている（勝浦 1896：20）。普通教育を充実させることこそが国家の発展にとって重要であるが、大学予備

目提供の是非について議論があった（松村 1988）。ただし、明治後半から大正期にかけて早期、つまり初等教育で外国語を教えるべきだという議論は、中学校入試に対応する必要性（江利川 2006：182-183、倉沢 1965：853）やそれにより修学期間を短縮するといった論点（第 6 章を参照）が背景にあった。なお、法科大学ドイツ人教師のレンホルムが、幼少期が語学学習に最も適切な時期であると指摘しており（高等教育会議編第三回会議決議録：153）、また、東京帝国大学御雇ドイツ人教師ハウスクネヒトは外国語教育を重視していたが、彼が提案した中等教育カリキュラムでは 10 歳から外国語学習が始まっていた（寺﨑ほか 1991：105-110）。

教育と高等普通教育が混在している状況を問題視しつつ、大学に進学するまでに18年もの教育を受けなければならない制度を改革し、学習の重複を省いて修学年数を短縮することを提案した（勝浦 1892：26-36；日比谷高校編 1979：62）。

　勝浦は、近代国家として発展するために教育、特に「中等社會ノ人士」の教育（勝浦 1896：60）こそが鍵を握ると繰り返し主張した。プロイセンやフランスが国民教育政策により国力を増大あるいは回復させたと指摘し（同：1-2）、近代化の進んだ欧州の学校制度を範としつつ（同：18-19）、日本独自の歴史・地理を学び精神を鍛錬することを教育の要とした。また、大学の御雇教師であるドイツ国籍の教育学者、エミール・ハウスクネヒトの教育思想に影響され、彼の聴講生であった本庄太一郎と中学教育について議論した末に本庄を尋常中学校の主席教諭として採用した（川野 1926：24-28；武井 2005：35；日比谷高校編 1979：57）。

　ハウスクネヒトは9歳から18歳にいたる9年間の連続したカリキュラムを提案し、尋常中学校と高等中学校が一貫した中等教育の課程として編成されるべきだと主張した（寺﨑・竹中・榑松 1991：110-117, 182）。当時の中学校は5年の修業年限であり、高等教育と複雑な接続関係にあり、欧米の制度とは異なっていた（米田 1992：3-5）。全国中学校長会議や高等教育会議などの教育政策関連会議は、中学校の機能や位置づけについて審議し、その制度は発達していった。その時代に、ハウスクネヒトの教育学に賛同し、中学校教育や高等普通教育の在り方に提言を与え続けた1人が勝浦であった。

　日本の中学校は近代社会に必要とされる実学的な内容を尊重したが、一方で帝国大学のアカデミズムの影響を受け（米田 1992：3-7）、その性格は「非実際的で特権的閉鎖的な方向」（同：4）に向った。そして、中学校は大衆を対象とした初等教育に続き、形式上はすべての国民に開かれた教育機関であるが、「超エリートの養成所」（同：4）である高等学校に連結したため、学力による選抜が中学校の出口で利用されることになった。勝浦（1892：37-38）は、入学試験対策に比重が置かれる教育を批判し、高等普通教育を目的とした、高等

学校への連続性を持った中学校教育の実現を目指していた。

『高等普通教育ニ關スル所見』では約 30 年に亘り教育に携わってきた経験を基に中学校の在り方を提案しているが、小学校を附設することで高等普通教育を受けるべき「中人以上の子弟」が「下層國民」と同じ小学校に通うことで「品性ヲ損ジ惡習ニ染マ」る（勝浦 1902：21-22）ことのない教育が必要であるとも述べている。勝浦は国の発展を担う「中人以上の子弟」の教育を最重要視していたが、それは彼らが受けるべき高等普通教育の充実とその前段階である初等教育、そして先に続く高等教育との連携によりその人材が育成できることからたどり着いた結論であり、東京帝国大学に 8 年制の学校を附設するという建議は勝浦のこの考えを実現化するための提案であった。

本章で重視するのは、勝浦のドイツ語教育観である。勝浦は高等教育におけるドイツ語の必要性を強く認識していた。文部省は東京大学における教授言語の日本語化とドイツ学振興の上申を 1883（明治 16）年に出し、政府は高等教育におけるドイツ学を振興し、1880 年代終わりにかけて東京大学文理両学部でドイツ語が必修化されるなどドイツ語教育の強化が図られた（井上 1969：763-808；第 2 章 2.3 参照）。勝浦は外国語学習に多大な時間がかかることを認識していたが（勝浦 1896：65-66）、高等教育で必要とされるドイツ語の授業を中学校で開設することが修学年数の短縮化につながるという点を大いに評価した。英語を履修する中学校を卒業して第一高等学校第三部に進学する場合には、中学卒業後にさらにドイツ語の勉強に年月を費やさなければならず、欧州に比較して修学年数が長い日本の制度の改善を望む勝浦は、中学校でドイツ語を教えることをその対応策とみなしたと考えられる。また、勝浦が高く評価したハウスクネヒトは、ドイツに対する愛国心が非常に強く（寺﨑ほか 1991：166）、日本の普通教育に日本の国家意識を国民に養成する要素を盛り込むことを提案したが、それは表面上に過ぎず、ヨーロッパ中心的な発想が基礎となっており、日本の中等教育に第一に必要な要素の 1 つとして、英語やヨーロッパ古典と共にドイツ語の習得を挙げていた（同：114-115）。

実際、勝浦は 1902（明治 35）年に校長を務めていた東京府立第一中学校で

ドイツ語科を設置したが[9]、東京府立第一中学校 (1929：31) は、次のように説明している[10]。

> …獨逸語は醫學を修得せんとする者は云ふ迄もなく、法律經濟哲學等、我國新興文化の樹立に必要なる學問を修めんとする者には、看過するを許さざる状態となりぬ。是に於て勝浦校長は獨逸語修得の學級を創設せんと企圖せしも、府の當事者間にはこれに對して多くの異論ありたり。然れども遂にこの主張貫徹せられ、明治三十五年四月外國語科に英語と獨逸語とを設け、入學の際その一を選擇せしむる事となせり。

　これに鑑みると、府の当事者間にあった異論が、校長会議の議論にも見られたとも考えられる。勝浦は、尋常中学校長が一堂に集まる機会がなかった当時、東京が所属していた地方部[11]の尋常中学校長の会合を計画・主催し、その後校長会議を全国規模に広げることに貢献した (川野 1926：30-31；日比谷高校編 1979：62)。勝浦はドイツ語教育を中学校で開始することを支持していたが[12]、全国校長会議の場で、議論にどのように関わったのか。次節ではその議論を検証する。

9　勝浦の後の東京府立第一中学校長には川田正澂が就任し、彼の在任期間にドイツ語クラスは廃止された。川田の在任期間は 1909 (明治 42) 年 4 月から 1929 (昭和 4) 年 2 月だが、その後 1932 (昭和 7) 年 5 月まで学校長事務取扱として実質的な校長の職務を担当した (日比谷高校編 1979：100)。中等教育制度視察を目的とした欧米視察で川田は 1 年間の留学を体験し、イギリスのイートン・スクールを範とする教育を目指したことから、生徒の主体性を重視するリベラルな教育観を持っており、勝浦とは対照的であった (同：100-116)。

10　第 3 章 3.5 (107-108 頁) で引用した箇所に続く文である。

11　当時全国は 5 つの地方部に分かれており、東京が所属していたのは第一地方部であった (日比谷高校編 1979：62)。明治 27 年度文部省年報によると、第一地方部は東京・新潟・千葉・茨城・群馬・栃木・静岡・山梨・長野を管轄していた (文部省 1894/1967：110)。

12　川野 (1926：39) が、勝浦がドイツ語教育を支持していたことを説明している。「〔勝浦〕先生は獨乙語の成績に鑑みて更に佛語を外國語とする一學級を創置すべき心算なりしも曾々關東州へ轉任したるが爲に之れが實行を見ざりしのみならず後には獨逸語の學級すら廢停するに至りし事は先生の今尚ほ深く遺憾とする所なり」と、勝浦が後にはフランス語の学級を設置したいと考えたことにも触れている。

4.4 校長会議の報告とその考察

本節では、1898（明治31）年全国中学校長会議に関する雑誌や新聞での報告を典拠とし、外国語の扱いに関する議論、そして、勝浦の関わった建議・提案を中心に分析する。

4.4.1 『教育時論』の報告

『教育時論』485号（23-25）は諮問案と建議案を審議の結果（例：「可決」「否決」「不採決」「不成立」等）とともに報告している。建議案のうち、勝浦が関わった案としては、まず、諸高等教育を受けようとする者は必ず中学教育を受けなければならないという提案がある。勝浦は、国の中核を担う人材にとって中学校教育は必須の教育だと位置づけ、その充実を図るねらいを持っていた。この建議案では、国家が中学教育の改善を図るべきだとし、「中學教育ヲ卒ヘシコトヲ以テ重要ナル資格トナシ大學豫備ノ高等學校高等專門學校海軍兵學校海軍機關學校陸軍士官學校ハ皆此敎育ヲ卒業セシ者ニアラズバ入學スベカラズト規定」（同：25）すべきだと意見したが、「三名の多數にて否決」された（同：23）。建議案の頁では「不成立」と表示されている（同：25）。

次に勝浦が関わった建議案に東京帝国大学に関するものがある（485号：25）。東京帝国大学に8年制の学校を附設することで初等・中等教育が大学教育に円滑に連結し、東京帝国大学への進学をより容易にすることを期待した内容だ。提案者は福岡県尋常中学修猷館長の隈本有尚と東京府尋常中学校長の勝浦鞆雄であるが、この建議案も廃案となった。

東京帝国大学への8年制学校附設に関する建議案には、高等学校の外国語の試験に関する建議が続く。「第一高等學校ニ於テモ他ノ高等學校ト等シク第三部志望ノ者ハ第一部第二部志望ノ者ト同一ノ取扱ヲナスコトニ改定セラレン「ヲ希望シ謹テ建議ス」とまとめた建議文では、以下の3点が指摘されており、これは「大多數可決」となった（485号：25）。

　1つ目は、「他ノ高等學校第三部ハ第一部第二ト等シク獨乙語ノ試驗ヲ要セズシテ入學スル「ヲ得ルニモ關セズ第一高等學校第三部ノミハ通常ノ試驗ニ合格スルモ二年以内ニ更ニ獨乙語ノ試驗ヲ經ルニ非ズバ入學スベカラズ而シテ其醫科大學ニ入ルニ及ビテハ他ノ高等學校ノ生徒ト同一ニシテ差アルコトナシ」という点である。つまり、第一高等学校以外の高等学校では、第三部に入学するに当たりドイツ語の試験はないが、第一高等学校においては必要である。しかし、医科大学に入った際にはこれらの高等学校の生徒に差異がない。

　生徒のどのような点に差異がないのかに関しては、独逸学協会学校長の加藤弘之が、1898（明治31）年10月に文部大臣尾崎行雄に提出した文書「尋常中學校ノ外國語ニ獨逸語ヲ採用スルノ議」（高等教育会議編第三回会議決議録：142-147）[13] が解釈の手助けとなる。加藤は、この文書で中学校長会議での議論を批判しているが、加藤みずからが1898（明治31）年の全国中学校長会議に出席していたかどうかは不明である[14]。加藤は、この建議の根拠の1つが、中学校で英語を勉強し高等学校入学後にドイツ語を学ぶ場合と、中学校からドイツ語を勉強して継続してそれを学ぶ場合とで、学生の医科大学における成績が変わらないという点について、理に適った結論ではないと批判している。また、制度が変更になってから日が浅く、英語からドイツ語に変更して学習した学生の成果を判断するには性急に過ぎると指摘した。

　なお、同文書で加藤は、第一高等学校第三部の入学試験に英語を加えることについて、一時的な対応として廃止すべきだと述べ、「地方ノ高等學校ニ

13　第5章で考察の通り、高等教育会議の第3回会議（1899（明治32）年）等で外国語教育に関する議論が起こった。加藤のこの文書は第3回会議に参考資料として提出されたものである。文部省（1903a, 1903b）によると第3回会議の29番議員、第7回の42番議員に勝浦鞆雄の名がある。

14　1902（明治35）年の「全国中学校長会議要項」<http://dl.ndl.go.jp/info:ndljp/pid/808949> によると、この年の全国中学校長会議に独逸協会学校中学校長は出席していない。文部大臣宛の文書で加藤は校長会議の建議議決について伝聞形式で言及しており、出席していなかったのではないかと考えられる。

於テモ亦タ第一高等學校ト同シク獨逸語ヲ修メタル生徒ヲ入ルル道ヲ設ケ
サルヘカラス」(同：146) と、第一高等学校第三部に英語を加える制度をやめ、
そのほかの高等学校の入学試験にドイツ語を加える制度とすべきだと主張し
た (第5章 5.4.1.2 参照)。

　次に、建議の2点目の根拠として、「高等學校ハ尋常中學校ノ教育ヲ基礎
トシテ其學科程度ノ組織ヲナス¬トナレル今日ニ於テカヽル事實アルハ教育
上甚不都合ノ感アリ」と説明がある。高等学校は尋常中学校の教育を基礎と
してその学科程度を組織しているので、ドイツ語の試験が要求されるのは教
育上非常に不都合であると思われるという説明だが、この点は1898 (明治31)
年6月23日付の文部省高等学務局長の通牒が関係していると考えられる。

　通牒は全国の高等学校長に対して出されたもので、入試を行う場合には、
規程で定められた尋常中学校の学科とその程度に従って実施する旨がその内
容に含められた (「官報」4495号：335-336；第3章 3.4 も参照のこと)。また、第一
高等学校が1899 (明治32) 年に制定した新しい入学規則は、その通牒に従っ
て制定された (第一高等学校 1939：288) [15]。校長会議では、ドイツ語を教えてい
る中学校は全国的に少数であることを受け、中学校で実際に教授されている
言語、つまり英語で試験をするべきとの主張となった。

　3点目に挙げられたのは、「第一高等學校第三部ノ入學ニ限リ尋常中學校
卒業生ハ他ニ比シテ一年乃至二年ノ歳月ヲ消シ迂路ヲ取ラシムルノミナラズ
徴兵猶豫ノ關係ハ勿論在學五年間多少訓練セシ者ヲ撿束ナキ境遇ニ放在セシ
ムルハ實ニ危険ノ處少シトセズ」という点だ。つまり、第一高等学校第三部
に入学するにあたり、尋常中学校卒業生が1年ないし2年の歳月を余計に要
するため、徴兵猶予の関係上、また、5年間の中学教育を受けた者を放任状
態にしてしまう問題が生じる、という説明である。つまり、3点目の根拠は、
ドイツ語受験猶予制度のために、中学校卒業後にドイツ語浪人として所属が

15　文部省の通牒の内容は、尋常中学校の教育水準が向上し、全国一律化がようやく可能に
　　なってきたことを反映している。

不明な期間が出てくることを批判したものだ。

　『教育時論』では、第一高等学校第三部の入試の外国語に関する建議案に
続き、尋常中学校教科目を減らすべきではないか（「現在ノ尋常中學校教科目ハ
寧ロ過多ナラザル乎否ヤ」）という井深梶之助提出の建議案が続いているが（485
号：25）、入試の外国語に関する建議文の最後に提出者の名前はない。『教育
時論』の同号別頁に掲載の「廿五日の概況」（同：23）によると、隈本と勝浦の
提案であるかのような印象も与えるが、建議案の内容を記載した頁（同：24-
25）で確認する限り、隈本と勝浦の名は東京帝国大学附設の 8 年制学校に関
する建議案のみに記されており、当建議文の提案者ではないと考えられる。
概況の説明（同：23）は以下の通りである。

　　　…次て隈本福岡、勝浦東京二校長提出の、東京帝國大學中に云々の建議
　　　案は、福岡校長之を説明し、二三議員と問答ありしも、終に廢案に決し。
　　　第一高等學校に於ても云々の件は、文部當局者に向て、種々の質問出で、
　　　結局大多数を以て可決し、正午散會せり。

　隈本と勝浦が提案した東京帝国大学に尋常中学科と大学予科を教授する 8
学年の学校を附設するという建議案は否決された。そして、第一高等学校の
入学試験に関する建議案、つまり、第一高等学校第三部のみの入試でドイツ
語が課せられる制度を他の高等学校と同様に変更すべきだとする建議案につ
いては、最終的に大多数で可決されたという報告である。

　『教育時論』485 号には、井深提出の建議案の後に、さらに建議案が続く（同：
25）。隈本有尚、勝浦鞆雄、下條幸次郎は「國語漢文ニ關スル建議案」を提出
した。中学校の学科において国語と漢文に分かれており、師範中学等の教員
検定の科目も 2 種に分けられているが、漢文は国文の一部であり、国語漢文
の科目を廃し、国語国文という 1 つの科目とするべきだという意見が出され
たが、この建議案は「不成立」と記されている。この後に全国中学校長会議
の召集に関する建議案等が続き、最後に、第二高等学校以下の入試における

外国語に関する建議文がある。以下の通りである。

　　第二高等學校以下ノ各高等學校大學豫備科第三部ノ入學試驗科目中外國
　　語ハ英語獨語ノ孰レニテモ受驗者ノ志望ニ任セラレンコトヲ建議ス

　そして、『教育時論』はこの建議案が可決されたと報告している (485 号：
25)。明治後期は、高等学校の入学試験制度の整備がすすめられた時期であ
るが、1902 (明治 35) 年に総合選抜制が導入される以前、学校別に入学試験が
行われていた (吉野 2001b：52-54)。当時、第一高等学校以外の入学試業でド
イツ語は提供されていなかったか、もしくは例外的であった (第 3 章参照)。つ
まり、上記の建議は、英語で受験となっていた第二高等学校以下の高校にお
いても、英語に加えてドイツ語を可能とする、という趣旨である。

　この建議文について、『教育時論』は、「東京數學院長外三名の提出案なる
第二高等學校以下の各高等學校云々の件は、多數にて可決し」(485 号：23) と、
私立東京数学院の校長が提案に関わったと伝えたが、建議案を提示した頁
(同：25) に提出名の記載はない。なお、本建議の内容は、独逸学協会学校長
の加藤弘之が文部大臣に対して提出した文書において支持した方法—地方の
高等学校においても第一高等学校と同じようにドイツ語を学んだ生徒を受け
入れるべきだという主張—に一致している。

　第一高等学校の第三部においても「第一部第二部志望ノ者ト同一ノ取扱ヲ
ナスコトニ改定セラレンコヲ希望」するという建議、および「第二高等學校
以下ノ各高等學校大學豫科目中外國語ハ英語獨語ノ孰レニテモ」受験を可能
とするという 2 件の建議の提案者名は解明できない。これらの建議案が会議
に前もって提出されたのではなく、会議の場で作成されたものである可能性
があり、あるいは、前もって提出された案が修正されて会議のなかで再提示
され議決を採ったのかもしれない。次節では、『日本』における報告から会
議における議論をさらに精査する。

4.4.2 『日本』の報告

『日本』は、1898（明治31）年の9月26日（月）（3256号）と9月27日（火）（3257号）に中学校長会議の報告を掲載している。9月26日付の記事は、尋常中学校における教科書採択の件や体操学校設立の件等を議論した旨を報告している。この記事は会議の日付を記載していないが、『教育時論』の9月24日の概況（485号：21-22）と重なっている。9月27日付では「中學校長會（廿五日）」と題した記事が掲載されている。

まず、勝浦が提出した尋常中学教育に関する建議案―社会中等以上の業務に携わる者は尋常中学教育を受けるべきであるという内容―について、「甲論乙駁の後議長採決せしに總員九十九中排棄説に同意せしもの四十五原案賛成四十二にして何れも過半数に達せざれば議案は遂に成立せずなりぬ」と報告している。『教育時論』（485号：23）が「三名の多数にて否決」されたと報告したところだ。次に、東京帝国大学に8年制の学校を附設する件について、『教育時論』と同様に「否説多数にて門前に埋没」と伝えた。

『日本』は、続いて、「獨逸語に關する件」を報告している。「何番かの提出に係る獨逸語に關する件に就ての建議案に移れり」とし、その提出者の名を明らかにしていない。

> 議案の大要は尋常中學の外國語は獨逸語を英語の代りに許すや否やと云ふに歸するものなりしが議場の大勢は英語を以て高等國民教育に於ける外國語と一定せんとするものゝ如く一二反對議員熱心に之に反對し若も尋常小學に於て英語の代りに獨逸語を許さゞるに決定せば現在外國語として獨語佛語等を以て教授し居る學校は之を撲滅するに均しく而も獨語の如き學術語としては寧ろ英語に優れりと云ふにあらずや而るも猶ほ尋常中學に於て教授する外國語は之を英語に一定すとせば英語の隆盛は盖し益ゝ是れあらんも自餘の外國語は自然衰退に赴くは免かる可らず云々

これを見る限り、ほとんどの議員は高等国民教育に必要な外国語を英語とす

ることで合意した。しかし、熱心に反対した議員が1・2名いたという。彼らは、尋常小学校において英語ではなくドイツ語を教えることが認められないということになれば[16]、現在ドイツ語やフランス語を教えている学校は消滅してしまう、学術語としては英語よりもドイツ語のほうが優れている、尋常中学校において教える外国語を英語と決めてしまうと、英語以外の外国語は自然に衰退してしまう、という主旨の反論を行った。

　この意見に対し、「議場は多少耳を傾けしが如くありしも決を採るに及び大河の決したるが如き勢を以て<u>原案英語説と定りぬ他國語に起ちしもの僅に三人時に正午過散會</u>」と、中学校で教えるべき外国語について採決したところ、英語以外の外国語に票を投じたのは3名のみであった。「原案英語説」というのが、『教育時論』が大多数で可決したと伝えた第一高等学校の入学試験に英語を加えるという内容の建議案のことであろう。

　9月27日付の『日本』は、26日の校長会議の内容も報告している。それによると、国語漢文に関する建議案の討議から会議が始まり、中学校の科目数の件や唱歌[17]を必須科とする件等の議論の後に、「三四建議案の討議及び朗讀あり時間の既に切迫し居るを以て諸案皆匆々に議了し議長閉會を告げ尾崎文相最後に登壇して議員の勞を謝し中學諮問會は此後永續する考なりとの挨拶を爲し茲に全く閉會…」(強調も原文通り)と説明した。『教育時論』で報告された、第二高等学校以下の各高等学校大学予科第三部を英語とドイツ語のどちらででも受験ができるようにと意見した建議は、この「三四建議案」のなかに含まれている。

　最後に、9月23日付の『日本』に掲載の「中學校長會議建議案」(強調原文のまま)を検討する。各中学校長から提出された建議案が紙面に掲載されたが、

16　1890(明治23)年に制定の「小学校令」で、高等小学校において、「土地ノ情況ニヨリ…初歩外国語」(文部省1972b:90)を教えることが認められている。倉沢(1963:853)によると、「英語」ではなく「外国語」と表記された背景には、中等学校への進学準備に英語以外の外国語が必要となる場合があったためと考えられる。

17　『日本』の本記事上では「唱科」ではなく「唱歌」の表記が使われている。

それは第一高等学校第三部や第二高等学校以下の高校の入試における外国語の取り扱いに関する建議案を含んでいない。同日の朝日新聞も「中學校長の建議案」の記事で建議案を紹介したが、それも同様である。つまり、これらの建議案は会議に先立って作成されたのではなく、審議が進行する最中に用意されたものである可能性が示唆される。しかし、勝浦が関わった東京帝国大学に8年制の学校を附設させるという提案や中学校の国語・漢文の取り扱いに関する件も新聞で提示された建議案のリストには含まれておらず、会議提出の建議案が報道機関へ公表されるタイミングには勝浦の関わった建議案は間に合わなかったようである。

　次項では、朝日新聞の報告から会議における議論をさらに検討する。

4.4.3　朝日新聞の記事との関連

　1898（明治31）年の中学校長会議に関する記事は朝日新聞に複数あり、上述の通り、9月23日付の記事は中学校長から提出された建議案を伝えている。朝日新聞は、すべての建議案の議論を報じてはいないが、高等学校の入学試験における外国語の取り扱いに言及している。それが、9月26日付の記事「昨日の中學校長會議」であり、第一高等学校においてもほかの高等学校と同様に英語での受験が可能となるよう要望したのが勝浦自身であるかのような内容のものだ。『教育時論』で提案者が明確でなかった「第一高等學校ニ於テモ他ノ高等學校ト等シク第三部志望ノ者ハ第一部第二部志望ノ者ト同一ノ取扱ヲナスコトニ改定セラレンｺｦ希望」するとした建議に関連する提案であるが、『教育時論』は本建議を「大多數可決」（485号：25）と報告したものの、朝日新聞は、勝浦の提案について「原案賛成説修正説共多數に充たずして終れり」と伝えた。つまり、朝日新聞によると、勝浦の提出案は十分な賛成意見が得られなかったのである。

　ここで考えられるのは、勝浦自身が提案した内容は、『教育時論』で提示された建議の内容と一致するものではなかったということである。勝浦は、第一高等学校第三部に進学するに当たり、尋常中学校で英語を学んだ生徒は

卒業後にドイツ語を1年から2年のあいだ学習する必要があり、高等学校に進学するまでの年数が不必要に長くなる点を問題視していた。修学年数短縮を目指す勝浦は、中学校でのドイツ語教育を対策の1つと位置づけた。ドイツ語教育を支持する勝浦が、第一高等学校の入試でドイツ語に加えて英語を導入するという意見を支持したとは考えにくい。むしろ、中学校でドイツ語を教えることによって、第一高等学校第三部に進学する生徒が、ほかの部や第二高等学校以下の学校への進学と同様に中学を卒業後に迂路することなく進学できるという提案こそ、朝日新聞が報じた勝浦案であったと考えたほうが自然である。

そこでこの間の事情を表として整理する（**表4-1**）。

この3者を比較すると、報道は会議の様子を議論の順番に従って報じてお

表4-1. 雑誌・新聞報道の比較

	『教育時論』	『日本』	朝日新聞
9月25日	①中学校教育を高等専門学校や陸軍士官学校等に入学するための必須条件とする（勝浦提出の建議）（不成立）	①中学校教育を高等専門学校や陸軍士官学校等に入学するための必須条件とする（勝浦提出の建議）（成立せず）	①第一高等学校の入学の取り扱いに関する建議（勝浦提出の建議）（原案賛成説・修正説どちらも多数に充たず）
	②東京帝国大学に8年制の学校を附設（勝浦・隈本の提出建議）（否決）	②東京帝国大学に8年制の学校を附設（勝浦・隈本提出）（否説多数）	②東京帝国大学に8年制の学校を附設（隈本等提出）（否決）
	③第一高等学校の入学試験の外国語に関する建議（大多数可決）	③何番かの提出したドイツ語に関する件（原案英語説と定まる）	
9月26日	④中学校の国語・漢文に関する建議（隈本・勝浦・下條の建議）（不成立）	④中学校の国語・漢文に関する建議（成立せず）	
	⑤第二高等学校以下の高校の第三部の入学試験に英語とドイツ語を許可することを建議（東京数学院長ほか3名提案）（可決）	⑤3・4の建議案の討議及び朗読（匆々に議了）	⑤第二高等学校以下の高校の第三部の入学試験に英語とドイツ語を許可することを建議（東京数学院長ほか3名提案）（可決）

り、朝日新聞こそ、勝浦が提出した提案内容が、『教育時論』で掲載された第一高等学校の入学試験の外国語に関する建議とは異なる内容であったことを裏付けていることが分かる。朝日新聞は、勝浦が提出した案あるいはその修正案に十分な賛成が得られなかった後に「次で隈本福岡縣中學修猷館長等の建議せる東京帝國大學中に尋常中學科及び大学豫科を教授する爲八學年の學校を付設せんとの議案ハ少數にて否決し昨日の會議を終れり」と伝えている。つまり、「勝浦東京府尋常中學校長の提出せる第一高等學校第三部のみ…」と表現された勝浦の提案は、東京帝国大学に8年制の学校を附設するという建議（表4-1中の②）よりも先に審議されていた。朝日新聞は、尋常中学校の教育を諸高等学校に進学するための必須条件とするという建議には触れていないが、その議論の前後に勝浦は第一高等学校の入学に関しても意見を述べたのであろう（表4-1の①）。

　ドイツ語教育を支持する勝浦の主張は中学校でのドイツ語教育の推進にあった。勝浦案は、第一高等学校第三部の入学試験に英語科目を加えることではなく、第一高等学校の第三部においても、第一部や第二部、そしてそのほかの高等学校と同じように、中学校の卒業直後速やかに入学できるよう、中学校でドイツ語を教えることを推進すべきだという意見だったであろう。これに対する反対意見は多く、大多数は、中学校では英語を教えるという現状に基づく案、つまり、第一高等学校第三部においてもほかの高等学校の受験生と同じように、英語での受験を可能とするとの建議案を支持した。

　勝浦の意図に反する建議案に対して、「文部當局者に向て、種々の質問」（『教育時論』485号：23）が出たが、質問は、中学校での外国語を英語の代わりにドイツ語を許可してよいかという点に関わったものではないだろうか。1899（明治32）年に開催の第3回高等教育会議の「中學校ニ於ケル外國語ハ英語ニ限ルヘキカ」に関する議論において、中学校においてドイツ語やフランス語を教授することは可能であるということの確認がなされている（文部省 1903a）[18]。

18　第3回高等教育会議速記録（文部省 1903a：131）に、隈本有尚の質問に対し文部省専門学

1886 (明治 19) 年制定の「尋常中学校ノ学科及其程度」では、第一外国語は「通常英語」、第二外国語は「通常独語若クハ仏語」(文部省 1972b：128) とされ、第二外国語または農業のどちらかを欠く場合も可と規定されていた。しかし、1894 (明治 27) 年に「尋常中学校ノ学科及其程度」は改正され (文部大臣官房文書課 1894：5-13)、第二外国語が廃止され、学科目に含められたのは「外国語」という科目であり、外国語に言語の指定はない。1886 (明治 19) 年の規定によると、英語に代えてドイツ語またはフランス語を教えるということは「通常」許されていなかったが、その流れを受けて一外国語となったため、英語が通常の外国語であった。しかし規程上ほかの外国語が不可とされていたわけではなく、全国校長会議においても、文部省に対してその点が確認され、勝浦が主張する中学校でのドイツ語教育が制度上保障されていることが確認されたのではないか。とはいえ、中学校におけるドイツ語教育をこれまで以上に推進する方針に大多数が賛成することはなかった。

　『日本』が伝えた「原案英語説」は、『教育時論』が掲載した建議案を指すのだろうが、「何番かの提出に係る獨逸語に關する件」の審議のなかで、「高等國民教育」における外国語を英語とすること (したがって英語を第一高等学校第三部の入試に加えること) に「一二反對議員熱心に之に反對」したという。その議員の 1 人が勝浦だと考えられるが、この「原案英語説」に大多数は賛成したのだ (表 4-1 の③)。先に議論された勝浦の提案—その主張は、中学校でドイツ語を教えることにより、第一高等学校第三部への入学を他の高校・あるいはほかの部志望者と同様に入学前に迂路を取らずに進学することを可能にできるという内容であろう—については「原案賛成説修正説共多数に充たず」(朝日新聞：表 4-1 の①) に、不成立が確定した後の審議である。

　務局長の上田萬年は「二十六年ノ十一月二十四日ニ東京府知事ヘ回答シマシタモノニ依リマスルト、第一外國語ハ獨逸語若クハ佛蘭西語トシ第二外國語ヲ英語トシテ差支ナイコトデアルト云フノ問題ガ出テ居リマス、英語ノミニ限ツタト云フコトデハ無イヤウニ承知致シマス」と述べている。この応答の前にも上田は文部省が英仏独の外国語の教授を許可している点を説明している (同：128)。

　そこで、意に反する内容の建議が可決されたことを受け、反対議員が中心となって、第二高等学校以下の高等学校第三部の入学試験に英語とドイツ語を許可するという建議を申し立てたのではないか。それが、9月27日付朝日新聞の記事「中學校長會議（閉會）」が報じた「東京數學院長外三名提出〔第二〕高等學校以下の各高等學校大學豫科第三部の入學試驗科目中外國語ハ英語獨語の孰れにても受驗者の志願に任ずる件（可決）」であり、これは『教育時論』の伝えた内容と一致している（表4-1中の⑤）。

　『日本』によると、中学校で教える外国語に関して、「大河の決したるが勢を以て」議場は英語に賛同し、「他國語に起ちしもの僅かに三人」であった。他国語に賛成したというこの3名が、本建議案の提出に関わったのではないか。本建議により、中学校でのドイツ語教育を推進する可能性を広げることができる。ここでの「東京數學院長」とは、創設者の上野清である[19]。上野は、翌年1899（明治32）年7月28日と7月30日の朝日新聞に「數學英語獨逸語理化學科の夏期講習會」の広告を講習会長の名で出しているが、この講習会は東京数学院尋常中学を改称した東京中学[20]で開催された[21]。中等教科書協会（1904）によると、1904（明治37）年、上野清を校長とする東京中学にはドイツ語担当教員がいたことが分かる。明治後期に数学関係者の留学先はドイツが多く[22]、上野はドイツ語教育を推進する教育者の1人であったと考えられる。提案者の「外三名」の名は明らかではないが、自分の意向が通らなかった勝浦も名を連ねたのではないだろうか。

19　『教育公報』216号（1898年10月15日発行：45）によると、9月22日に学制研究会が主となり茶話会を開催し、尋常中学校校長を招待したが、それに出席したとして、「數學院長上野清」の名がある。

20　東京高等学校ホームページ参照。「学校のあゆみ」<http://www.tokyo-hs.ac.jp/ayumi.html>（2018年6月8日アクセス）

21　1902（明治35）年の全国中学校長会議要項<http://dl.ndl.go.jp/info:ndljp/pid/808949>の出席者のリストに、私立東京中学校の上野清の名がある。

22　「日本の数学100年史」編集委員会（1983：115および183）によると、明治前期に留学した数学者関係者8名の渡航先はイギリスが2人、ドイツが3人、フランスが4人だった（複数個所に留学した者がいた）が、明治後期に留学した数学関係者は13名中アメリカ1人、イギリス2人、フランス2人に対し、ドイツは9名と過半数以上を占めている。

　なお、先述の通り、この建議の内容と加藤が後に主張した内容は一致している。『教育時論』(485 号：25) および『教育公報』(216 号：45) によると、学制研究会が 9 月 22 日に帝国教育会の講堂にて上京中の中学校長を招待して茶話会を、9 月 24 日には帝国教育会が同様の茶話会を開いた。これらの雑誌記事によると、上野が 2 つの懇親会に出席し、勝浦が前者の茶話会に出席していたことが分かる[23]。そして、9 月 24 日の帝国教育会茶話会では、加藤が同会の名誉会員[24]として「風俗改良論」と題した演説を行っている(『教育公報』同：21-29)。これらの場で、上野と勝浦、そして加藤が、第一高等学校の入学試験とドイツ語について意見を交わした可能性が考えられる。

4.5　本章のまとめ

　本章では、勝浦鞆雄の教育観を考察し、第一高等学校第三部の入試に英語を加えるべきだとした建議可決に至った全国中学校長会議の議論を検討した。会議の速記録がなく、関連資料が乏しいことから、議論の詳細に関してすべてが解明されたとは言い難い。しかし、英語以外の外国語教育を推進する動きが明治時代の教育政策決定会議においてどのような展開を経たか、その一端を明らかにすることができた。

　校長会議の議論を伝えた朝日新聞によると、東京府尋常中学校長の勝浦がその建議案を提出したと考えることが可能である。しかし、勝浦の教育観を検証し、『教育時論』および『日本』の報道と比較・考察すると、勝浦の提案

23　『教育時論』と『教育公報』はそれぞれに数人の出席者の名に言及している。これらの記事は勝浦が 9 月 24 日の帝国教育会茶話会に出席していたかどうかを明らかにするものではないが、茶話会には全国中学校長会議の出席者が招待された。1898 (明治 31) 年 9 月 23 日付『日本』「中學校長茶話會」や同年 10 月 1 日発行の『教育報知』(592 号：7)「中學校長茶話會」にもその旨が報告されている。

24　1898 (明治 31) 年 9 月 23 日付『日本』の記事「中學校長茶話會」に 9 月 22 日の報告と 9 月 24 日の予定が記載されている。その記事で加藤の肩書は帝国教育会の名誉会員と記載されている。

は第一高等学校第三部の入試に英語を加えることではなく、ドイツ語の授業を中学校で開設することにあった。勝浦は、高等教育におけるドイツ語の重要性を強く認識し、大学入学までの修学期間の短縮を目指す方策として、ドイツ語の授業を中学校で開設することが役立つと考えていた。朝日新聞が伝えたように、勝浦自身が第一高等学校第三部の入学試験に言及したのであれば、それは、中学校におけるドイツ語授業の重要性を訴えることが目的であったはずだ。

　会議では、中学校で教える外国語と深く関連した、入学試験に関する建議案について採決が採られ、英語以外の外国語に票を投じたのは3名のみであった。出席者の大多数は中学校で教える外国語は英語で十分であると判断し、勝浦の主張に賛同する者は非常に少数であった。むしろ、大多数が、第一高等学校第三部においても英語での受験を可能にするという建議案に賛成した。それは、勝浦の意図とは正反対に英語の威力を強め、ドイツ語教育の推進を退けることにつながった。すでに「外国語＝英語」となった体制においては、他言語を推進する主張があったにせよ、英語教育にさらに優位な結果が引き出される傾向にある。

　一方、それまでは英語での試験となっていた第二高等学校以下の第三部においてもドイツ語での受験を可能とする建議案が「東京数學院長外三名」（『教育時論』485号：23および9月27日付朝日新聞記事「中學校長會議（閉會）」）から出されたが、それは、中学校でのドイツ語教育を支持する少数者によるものであったと考えられる。この建議案を議論するよりも前の段階、つまり第一高等学校第三部の入試に関する議論の段階で、中学校で英語のみが教授される状況に強く反対する意見が1・2名の議員から出されたため、そして、受験者が英語またはドイツ語のどちらかを選択することができるとの文言は任意性が高く、一見学校側への強制力に欠けるように見えたためか、本建議は可決された。

　考察の結果、次の2点は今後の研究に残される課題である。1点目は、高等学校の入試の外国語科目に関する2つの建議案が、会議に先立って提出さ

れていたのか、あるいは会議開催中に用意されたものなのか、そして 2 点目は、これらの建議案の提案者が具体的に誰であったのか[25]。第二高等学校以下の第三部の入試科目にドイツ語を加えるという建議の代表は上野清であり、「外三名」が不明だが、勝浦も名を連ねたと想像することはできる。また、本建議案と同じ内容を、独逸学協会学校の校長であった加藤弘之が同年 10 月に文部大臣宛に提案したことから、加藤が提案者の 1 名であった可能性が考えられるが、この点はさらなる検証が必要である。

そして、朝日新聞が伝えたように勝浦が第一高等学校第三部の入試に関する建議案を作成したのであれば、それは、入試に対応するために中学校の外国語にドイツ語を加えるという内容であったであろう。勝浦が提出した案が原案となり、第一高等学校第三部の入試に英語を加えるという案に差し替えられたのであれば皮肉な結果である。しかし 1898（明治 31）年 6 月の文部省通牒が高等学校の入試に関する内容であった事実に鑑みると、勝浦が関与しないところで文部省と意見を共にする側から第一高等学校第三部の入試に英語を加えるという建議案が提出された可能性も十分考えられる。

なお、第二高等学校以下の第三部においてもドイツ語での受験を可能とすべきだとした建議については、その後の規則制定にすぐに反映されたわけではない。1903（明治 36）年 4 月に制定された「高等學校大學豫科入學者選抜試験規程」によると、「第一高等學校ノ第三部ニ於テハ七十人ノ内凡四十人ハ獨語ヲ以テ入學試験ノ外國語ト為シ入學するコトヲ得シム」とあり、学科試験の外国語について、「外國語ハ各高等學校ヲ通シテ英語トス但第一高等學校ニ入學セントスル者ニ限リ第一部丙類志望者ハ佛語、第一部乙類及第三部志望者ハ獨語ヲ以テ入學試験ヲ受クルコトヲ得」とされた（「官報」第 5937 号：

---

25 1898（明治 31）年 10 月 5 日発行の『教育時論』485 号はすべての建議案を掲載しているようだが、同年同月 15 日発行の『教育公報』第 216 号 (43-55) は、建議案の「大要」を掲載するにとどめている。そこには高等学校の入学試験に関する建議案がどちらも含まれておらず、提案者は不明である。雑誌編集に関わった会員は、なぜこれらの建議について雑誌に記載する必要性を認めなかったのだろうか。

427)。つまり、すべての高等学校のすべての部の入学試験の外国語は英語と指定されており、第一高等学校以外で英語に加えてドイツ語の試験を採用するという建議をこの規程は反映していないのである。

　一方で、この規程にフランス語が含められているように、大正期にかけてフランス語教育を推進する動きが現れる。中学校におけるドイツ語・フランス語の教育を奨励するという1918（大正7）年の臨時教育会議の答申や1919年（大正8）年制定の「官立高等學校高等科入學者選抜試験規程」において選抜試験の外国語を「英語、獨語及佛語ノ中本人ヲシテ其ノ一ツヲ選ハシム」（第3条）（文部省教育調査部編 1940：130）としたことが、最たる例である。

　1900（明治33）年前後に起こった中学校におけるドイツ語推進の動きは、実際の外国語教育政策に強く反映されることはなかった。勝浦は1902（明治35）年にドイツ語の授業を中学校で開設したものの、大部分が英語を教える体制のなかで、ドイツ語を中学校で教授することの意義や効果に公平な評価が下らないことが多い[26]。1919（大正8）年にはドイツ語クラスの廃止が決まったが、背景要因の1つには第一次世界大戦におけるドイツの敗北があった（日比谷高校 1979：86）。外国語の習得に相当の時間を取られる一方で、大学を卒業後には実際には必要とされないことも多いという議論から、明治期から繰り返しされてきた「一外国語主義」は、学習・教育言語についての議論を活発化させたが[27]、明治の終わりから大正期にかけてドイツ語教育はむしろ縮小していった。しかし、全国中学校長会議におけるドイツ語推進の動向が、次章でみる高等教育会議でのドイツ語推進の動きとともに、大正期のドイツ語・フランス語教育推進の布石となったことは間違いないであろう。

---

[26]　1913（大正2）年4月21日読売新聞1頁の社説「獨逸中學と英語中學」がドイツ語中学推進派、反対派の意見をまとめている。第6章も参照のこと。

[27]　第2章 2.2, 2.3 および第6章参照。

第5章
高等教育会議と明治期中学における外国語教育

5.1 本章の目的

　英語偏重の日本の学校の外国語教育を批判する議論として次に着目するの
は、高等教育会議(1896(明治29)年〜1913(大正2)年)における英語以外の外国
語教育を推進する動きである。その動きにおける主張の内容は英語中心の外
国語教育への昨今の批判と重なるが、目的や背景は明治後半期と現在では大
きく異なる。本章では、高等教育会議における議論の展開の背景要因を検証
し、高等教育会議における議論が中学校に関する法規で規定された外国語の
位置づけに与えた影響を考察する。

　高等教育会議とは文部省の諮問機関として初めて設置された機関で、初等・
中等・高等教育など教育に関する様々な事項を審議し文部省に建議すること
が認められていた(平原 1963, 1964)。その第3回会議に諮問案「中學校ニ於ケ
ル外國語ハ英語ニ限ルヘキカ」が諮られ、それが第6回会議の建議「道廳府
縣中學校ニ於ケル獨逸語ニ關スル件」へとつながった。結果としては、英語
中心の外国語教育の方向性を変えるには及ばないが、会議での議論は明治期
の教育に関する法規に強い影響を与えた。

　明治時代の学校教育における外国語の教科科目の位置づけが変遷していっ
た背景に、どのような議論がなされたのか、その詳細を考察した研究は管見
の限り存在しない。英語教育に関しては、松村 (1988) が明治期の小学校英語
教育に関する議論を分析しているが、主に『教育時論』などの雑誌に記載さ

れた記事を対象とし、政策決定に直接に関与した組織における議論は精査していない。川又 (2014) は外国語教育に関連する法規等を明治期まで遡って検証しているが、その変遷の背景にある議論を考察の対象としていない。

　また、高等教育会議に関する研究は限られており、会議の成立の過程や機能を考察した平原 (1963, 1964)、教科書自由採択論に関する議論を分析した梶山 (1983) などにとどまる。会議は第 11 回まで開催されたが、現存を確認できる速記録は第 3 回と第 7 回のみである。1923 (大正 12) 年の関東大震災により関連資料が焼失した (文部省教育調査部編 1937：5-11) ためと考えられる。しかし、全ての会議の決議録は残っており、残された資料に英語以外の外国語に関する興味深い議論を見ることができる。

　明治期の中学校に関連する法令・法規等において、外国語教育に関係する内容はどのように決定されたのか。なぜ英語偏重の外国語教育を変更することができなかったのか。高等教育会議における議論の内容を検証し、明治期の中学校における外国語教育の方向性を定めた背景要因の一端を明らかにする。まずは、高等教育会議の性質と審議内容の概要を確認する。

5.2　高等教育会議

5.2.1　会議の性質

　高等教育会議とは、1896 (明治 29) 年に発足した文部大臣の諮問機関である。「高等教育会議規則」第 1 条に「文部大臣ノ監督ヲ受ケ教育ニ關スル事項ニ就キ文部大臣ノ諮詢ニ應シ意見ヲ開心ス」(「官報」第 4043 号：246-247) とある。

　平原 (1963) はこの会議の設立過程を分析、また、平原 (1964) は、この会議の性質を考察している。これらの研究によると、高等教育会議の設置を提唱する運動は「在野教育家」(平原 1963：10) の間から起きた。その運動が組織的に行われたのは 1894 (明治 27) 年 6 月に学政研究会 (1 年後に学制研究会と改称) が結成された後のことだ。1895 (明治 28) 年 2 月の第 8 回帝国議会に、学政研究会の決議に基づいた「教育高等会議及地方教育会議を設くる決議案」が提

出される（平原 1963：15）。貴族院では加藤弘之ほか 40 名により、衆議院では柏田盛文ほか 2 名により提出されたものだが、その内容によると、提案者側の意図は文部大臣の単なる諮問機関以上の権限を持つ機関として構想されていた（同：15-16）。

　しかし、このような合議制機関としての高等教育機関の設置は、政府側にとっては官僚主導型の政策導入に対する妨げとなる。結果的には、議員の 3 分の 2 を官吏が占める官僚的会議として発足し、設立時の規則では、初等・中等教育機関の長は議員に含まれず、教育機関関係者は高等教育機関の長のみで、また、他省の諮問機関に認められたような「建議」が認められず、文部省に「具申」することのみが認められた（「高等教育会議規則」の第 2 条）（「官報」第 4489 号：234-235；平原 1964：17-21）[1]。つまり、文部大臣は、高等教育会議の決定事項は意見として聞くがそれに拘束される必要性はなかった。その後の規則改正により、初等・中等教育機関の長も議員に含まれ、「高等教育の会議」ではなく「高等の教育会議」（平原 1964：18；強調も原文通り）として設立目的に適った議員構成へと変更され、また、文部省への建議も認められることとなった。

　発足時の政策決定に対する影響力の弱さについて、平原（1964：21）は、運動を指導した教育家にも責任があったと指摘する。中心となった伊澤修二や湯本武比古などは、当時在野にくだっていたが、旧文部官僚であり国家主義的教育の提唱者あるいは支持者であった。伊澤は教育雑誌『国家教育』を発

1　1896（明治 29）年に定められた「高等教育会議規則」（勅令第 390 号）（「官報」第 4043 号：246-247）は翌年には改正される。1897（明治 30）年の改正では、尋常中学校校長、高等女学校長といった中等教育関係者が会議員に含まれた（「官報」1897 年号外：1-2）。さらに、1898（明治 31）年の改正では、それまでの規則では「意見ヲ具申スル」（勅令 390 号：第 2 条；「官報」第 4043 号：246）と示されていた点が、「各省大臣ニ建議スルコトヲ得」（勅令第 105 号：第 3 条）と改められ、文部省の諮問に応じて審議すべき事項が具体的に示された（勅令第 105 号：第 2 条）（「官報」第 4489 号：234-235）。その後、1901（明治 34）年の改正で構成議員に変更が加えられた（勅令第 81 号；「官報」第 5470 号：309）。1905（明治 38）年（勅令第 49 号；「官報」第 6505 号：308）、1906（明治 39）年（勅令第 239 号）（「官報」第 6953 号：740）、1909（明治 42）年（勅令第 222 号；「官報」第 7876 号：407）の規則改正においても、会議員構成に関する規則に人数を明記するなどの変更が加えられた。

行する国家教育社の社長、湯本は『教育時論』を主宰する開発社の社長を務め、根拠とするイデオロギーに違いがあるにしても、国家主義的教育を支持した点は同様で、「教育の安定の希求が、日本の海外膨脹、帝国主義的侵略につながるもの」(同：22) であった。そのため、合議制教育行政機構の設立を提案した側は、在野といえども、絶対主義的な官僚主導の政策決定過程を補完するかのような機関の設立を受け入れることとなり、会議は、「官吏以外の者に行政への関与を許さないという官僚の専断的な姿勢が強くあらわれ〔た〕」(同：18) 組織として発足した。

5.2.2　開催時期と議論事項

　1898 (明治 31) 年の「高等教育会議規則」中改正により、「高等教育會議ハ毎年一回之ヲ開ク但シ必要ニ依リ臨時會議ヲ開クコトヲ得　高等教育會議ノ開會及開期ハ文部大臣之ヲ定ム」(勅令第 105 号・第 10 条) と、1 年に 1 回開く旨が明示された (「官報」第 4489 号：234-235)。1904 (明治 37) 年の改正では、「第十条中第一項ヲ削ル」こととなり、毎年 1 回開催するという規則は削除された (「官報」第 6406 号：121)。高等教育会議は、教育調査会の設立 (勅令第 176 号) により、1913 (大正 2) 年 6 月 13 日に廃止される (勅令第 177 号) (「官報」第 261 号号外：35) が、それまでに 11 回の会議が開催された。

　会議の開催時期と議論事項を表 5-1 に示した。第 1 回目の会議では、規則では建議することができると規定されていなかったものの、「建議」として文部省への意見を提示している。第 1 回目の会議で高等教育会議議事規則が議論され、その第 8 条に「議員ハ二名以上ノ同意ヲ以テ建議案ヲ提出スルコトヲ得」とその議定に含められた (第一回高等教育会議決議録：12)。議事規則は議定された翌日の 1897 (明治 30) 年 7 月 2 日に文部大臣が認可しており (同決議録：11)、この内容が、1898 (明治 31) 年の「高等教育会議規則」改正に反映された。

表 5-1. 高等教育会議の開催時期と審議事項

開催回 （会議数）	開催時期	審議事項の例 （**太字**が本章と特に関連する中学校の事項）
第 1 回 （開会 6 回）	1897（明治 30）年 7 月 1 日 ～ 10 月 20 日	建議　文部省ニ於テ諸學校系統調査委員ヲ設クルノ件 議定　高等教育會議議事規則ノ件 （諮問 2 件、建議 5 件、議定 1 件）
第 2 回 （開会 13 回）	1898（明治 31）年 10 月 5 日 ～ 10 月 20 日	諮問　學校系統案 議定　高等教育會議議事規則ノ件 （諮問 10 件、建議 1 件、議定 1 件）
第 3 回 （開会 7 回）	1899（明治 32）年 4 月 17 日 ～ 4 月 25 日	諮問　公私立學校認定ニ關スル件 **諮問　中學校ニ於ケル外國語ハ英語ニ限ルヘキカノ件** 諮問　私立學校令 （諮問 10 件、建議 1 件）
第 4 回 （開会 4 回）	1899（明治 32）年 11 月 5 日 ～ 11 月 15 日	諮問　小學校令改正要項 諮問　直轄學校增設ノ件 （諮問 4 件）
第 5 回 （開会 5 回）	1900（明治 33）年 12 月 15 日 ～ 12 月 21 日	**諮問　中學校ニ關スル事項** 諮問　直轄學校增設ノ件 （諮問 6 件）
第 6 回 （開会 6 回）	1901（明治 34）年 11 月 25 日 ～ 12 月 1 日	諮問　高等學校入學試驗ニ關スル事項 諮問　中學校學科課程表ニ關スル件 **建議　道廳府縣中學校ニ於ケル獨逸語ニ關スル件** （諮問 6 件、建議 5 件）
第 7 回 （開会 8 回）	1902（明治 35）年 11 月 24 日 ～ 12 月 2 日	諮問　小學校ニ關スル事項 諮問　中學校ニ關スル事項 諮問　高等学校ニ關スル事項 諮問　帝国大學豫備門學科授業時數ノ件 建議　中學校ニ於ケル國語漢文ノ目ヲ國語ト改メ主トシテ今文ヲ課シ漢文ノ講讀ヲ停ムル件 （諮問 12 件、建議 3 件）
第 8 回 （開会 8 回）	1903（明治 36）年 11 月 27 日 ～ 12 月 1 日	諮問　高等女學校ニ關スル事項 建議　海外居留民ノ設立セル小學校ニ對シ國庫補助ノ途ヲ開カレンコトヲ望ム （諮問 5 件、建議 6 件）
第 9 回 （開会 9 回）	1905（明治 38）年 3 月 20 日 ～ 3 月 26 日	諮問　文法上許容スヘキ事項 諮問　國語假名遣改定案及字音假名遣（小學校令施行規則第二號表）ニ關スル事項 （諮問 4 件、建議 1 件）

第 10 回 （開会 10 回）	1906（明治 39）年 12 月 17 日 〜 12 月 22 日	諮問 建議 建議 建議	小學校ニ關スル事項 土地ノ情況ニ依リ修業年限内ニ於テ小學生ヲシテ羅馬字ヲ習得セシムルヲ得ルコト 小學校教員ニシテ優良ナルモノニ奏任待遇ヲ與ヘラレタキコト 小學校校長ヲ高等教育會議々員ニ加ヘラレタキコト 尋常小學校ニ於ケル授業法ハ可成之ヲ簡易ニシ相連關セル學科ハ勉メテ之ヲ合セ教ユルコトトシ殊ニ延長セントスル二ケ年ノ學科目ハ地方ノ状況ニ應シ實用ニ適スル様規定セラレンコトヲ望ム （諮問 9 件、建議 3 件）
第 11 回 （開会 11 回）	1910（明治 43）年 4 月 25 日 〜 5 月 7 日	諮問 諮問 諮問 建議	中學校ニ關スル事項 高等中學校ニ關スル事項 公立私立學校認定ニ關スル事項 公立中學校長ヲ奏任官トスルコト （諮問 8 件、建議 1 件）

注) 第 1 回〜第 11 回高等教育会議決議録の目次と開催日記載の頁をもとに作成。括弧内の件数は表示した事項も含む数。

5.3　英語に限るべきか：問題の背景

　第 1 回から第 11 回（最終回）の高等教育会議の決議録から、特に外国語教育に関する事項として、第 3 回会議の諮問案第 8「中學校ニ於ケル外國語ハ英語ニ限ルヘキカ」および第 6 回会議の建議「道廳府縣中學校ニ於ケル獨逸語ニ關スル件」が外国語教育に関連する事項として着目すべきところである。ここでは、問題の背景を改めて確認しておく。より詳細な制度の変遷については、第 2 章を参照されたい。

　文部省は、学校教育における外国語として英語を最も重要なものと位置づけ、1881（明治 14）年に制定された「中学校教則大綱」では、「英語」が学科の 1 つとして加えられた。1882（明治 15）年には、文部省通達により、英語を設置しない場合、あるいは、英語に代わってフランス語またはドイツ語の提

供が認められるものの、1886 (明治 19) 年に「中学校令」が制定され (勅令第 15
号)、それに基づいて定められた「尋常中学校ノ学科及其程度」では、第一外
国語は通常英語、第二外国語はドイツ語またはフランス語と指定され、第
二外国語を設置しない場合も認められた。さらに、1894 (明治 27) 年の「尋常
中学校ノ学科及其程度」の改正では、第二外国語が学科から削除され (内閣官
報局 1912：308)、第一外国語 (主には英語) の授業時間数は増加された (文部省
1972b：128；内閣官報局 1912：52)。このような法規の制定・改正が示すように、
全国の尋常中学校で提供される外国語はほぼ英語のみで、ドイツ語・フラン
ス語が教えられている中学校は全国的には極めてまれという状況であった。

　1886 (明治 19) 年には「高等中学校ノ学科及其程度」も制定された。なお、当
時の「中学校令」では中学校を高等と尋常の 2 段階に分類していたが、1894 (明
治 27) 年の「高等学校令」で、高等中学校は高等学校になった。1886 (明治 19)
年の「高等中学校ノ学科及其程度」では、学科は次のように定められた。

　　第一條　高等中學校ノ學科ハ國語漢文<u>第一外國語第二外國語</u>羅甸語地理
　　　　　　歴史數學動物植物地質鑛物物理化學天文理財學哲學圖畫力學測
　　　　　　量及體操トス<u>第一外國語ハ通常英語トシ第二外國語ハ通常獨語
　　　　　　若クハ佛語トス</u>

(文部省令第 16 号；「官報」第 899 号：2)

　「高等中学校ノ学科及其程度」のなかで、第一外国語は通常英語、第二外
国語は通常ドイツ語またはフランス語と定めたことと連動しての結果であろ
うが、文部省は、第一高等中学校での第一外国語を英語と定めると報告し
た (第一高等学校 1939：137-138)。それによると、1891 (明治 24) 年 7 月入学試験
から外国語を英語のみをもって生徒を募集することとなり、1888 (明治 20) 年
から 1890 (明治 23) 年はそれまで通り英語、フランス語、ドイツ語により生
徒を募集するが、1891 (明治 24) 年以降はフランス語やドイツ語では入試を受
けることができなくなるという内容であった (第 3 章 3.4 参照)。第 3 章で論じ

たように、1891 (明治 24) 年以降も、ドイツ語・フランス語での受験が可能で
あった可能性があり、また、1895 (明治 28) 年にはドイツ語での受験が再度導
入されたものの、このような変更は、尋常中学校におけるフランス語やドイ
ツ語の弱体に拍車をかけたと考えられる。なお、1891 (明治 24) 年以降の入学
生については医学部を志望するものや法律学科に入学を希望するものを対象
に、他の時間を減らして第二外国語 (ドイツ語もしくはフランス語) の時間を増
加することで対応する旨が報告された。

　また、1888 (明治 21) 年には、「兼テ其豫備ノ學科ヲ教授スル學校即チ府縣
尋常中學校及諸私立學校等トノ聯絡ヲ親密ニセンカタメ」という目的のもと
に「第一高等中學校生徒入學ニ關スル方法及試業細則」が定められた (「官報」
第 1502 号：16-18)。その細則は、入学学力試業の学科を定めており、第 1 期、
第 2 期、第 3 期とある試験のうち、第 1 期、第 2 期で「第一外国語」が入っ
ているものの、「第二外国語」は含まれていない。1886 (明治 19) 年には「尋常
中学校ノ学科及其程度」で、第一外国語は通常英語とされ、同じく 1886 (明
治 19) 年に、第一高等中学校では「第一外国語」を英語と定めたので、この「第
一外国語」は基本的には英語を指していた。

　尋常中学校で教えられる外国語と言えばほとんどの場合が英語であるとい
う英語一極集中に、高等中学校の入試の変更により拍車がかかるなかで、尋
常中学校でドイツ語を提供するべきだという意見が教育関係者から出され、
第 3 回高等教育会議にて、関連の諮問案「中學校ニ於ケル外國語ハ英語ニ限
ルヘキカ」が提出された。

5.4　諮問案から建議へ

5.4.1　第 3 回会議諮問案：英語に限るべきか

　第 3 回会議は 1899 (明治 32) 年 4 月 17 日から 4 月 25 日に行われた (高等教育
会議編出版年不明：会議決議録)。速記録 (文部省 1903a：1) によると、文学博士

の加藤弘之を議長とし、澤柳政太郎、山川健次郎[2]ら41名の議員が出席した。第3回会議の諮問案第8「中學校ニ於ケル外國語ハ英語ニ限ルヘキカ」には次のような理由と3点の参照資料が添えられた（第三回会議決議録：141-155）。

5.4.1.1 諮問案理由

「中學校ニ於ケル外國語ハ英語ニ限ルヘキカ」という問題を諮問案として出した理由は次のように説明された。1・2の私立学校を除くと中学校における外国語は英語となっているが、ドイツ語・フランス語の使用範囲が限られているわけではない。1つの学校に英語のほかにドイツ語またはフランス語を併置して選択制にする、あるいはこれらの外国語をそれぞれに教える中学校を設けるということの得失を議論する必要がある。この方針を定めておかなければ、教員の供給という点で問題が生じると指摘した。

5.4.1.2 諮問案参照資料

「参照第一」が「尋常中學校ノ外國語ニ獨逸語ヲ採用スルノ議」、「参照第二」が「各高等學校所在地ノ尋常中學ニ於ケル獨逸語ニ關スル建議」、「参照第三」が「大臣閣下、次ニ鄙見陳述仕　候　ニ付御一覧ノ榮ヲ賜リ度希望仕候」であり、会議資料として、出席議員が確認していたものである。

「尋常中學校ノ外國語ニ獨逸語ヲ採用スルノ議」は、加藤弘之が、独逸学協会学校長として文部大臣尾崎行雄宛に1898（明治31）年10月に提出した文書である。加藤は8つの項目に分けて以下のような根拠を説明した（第三回会議決議録：142-147）。

1. 高等な学術を学ぶためにはドイツ語が必要である。医科大学、ドイツ法科、ドイツ文学科等に入る者は、高等学校大学予科においてドイツ語を履修すべきだとしている。

2　速記録（文部省1903a：1）では、「理学博士　山川健二郎」と誤記されている。

2. 現在の尋常中学校は大学進学の準備をする機能があると考えられる。大学では必要上ドイツ語が使用され、その予備校である高等学校大学予科においてもドイツ語を教えている。その前段階の尋常中学校の外国語にドイツ語を採用することは当然である。

3. 文部省の規定によれば、尋常中学校の学科課程における外国語は英語若しくはドイツ語と定められているが[3]、全国の尋常中学校でドイツ語を採用し始めるところはない。大学および高等学校大学予科の学科組織に適応しておらず、系統上の連絡を欠いている。

4. 大学でのドイツ語の必要性は増しており、前述の規定があるにも拘わらず、全国の尋常中学校では英語のみが教えられ、ドイツ語の提供は独逸学協会学校と1・2の私立尋常中学校に任されているのみである。外国語の選定を各学校の任意として文部省が関与しないとするが、大学では必要であり、高等学校大学予科においても課している状況であるから、尋常中学校でドイツ語を採用されるよう文部省は奨励するべきである。

5. 高等学校大学予科のドイツ法科やドイツ文学科[4]にドイツ語を学んだ生徒を募集しようとしても集まらず、やむを得ず英語を学習した生徒を募集し、入学後の3年間でドイツ語を速習することとなっている。第一高等学校以外の地方の高等学校第三部(医科)でも同様の事態となっている。ドイツ語を学んだ生徒が入学できるのは第一高等学校のみで、これらの生徒が進学の範囲を非常に狭められることになり、そのため、修学者数が減っている。

6. 今般開設された尋常中学校長会議にて第一高等学校第三部(医科)に入学する生徒をドイツ語の生徒に限らず、英語の生徒も可とする議決となっ

3　当時、尋常中学校では英語とドイツ語、そしてフランス語も認められていたが、加藤の説明のこの箇所にはフランス語の記載はない。

4　例えば、第一高等学校(1939：264-271)の「大學豫科學科程度及組數」(1896(明治29)年2月28日の規則改正)では大学予科の第一部・第二部・第三部の説明に「法科」「文科」「工科」「理、農科」「醫科」の用語が添えられている。ここでも大学予科における課程を示す。

たと聞く[5]。英語を勉強して入学後にドイツ語を学ぶものも、ドイツ語を勉強して入学後も継続してそれを学ぶものも、医科大学にあたっての成績は変わらないこと、そして、東京の高等学校と地方の高等学校の入学試験科目は同様にすべきであることが主な根拠となっていた。しかし、ドイツ語という語学力に関連して、5年間の基礎学習のうえに3年学ぶのと、3年間だけ学ぶのでは、両者が同等の学力に至ると結論付けるのは理に適ったものではない。医科大学において成績が同じであると言うものの、英語からドイツ語に転学した学生を大学に入学させてからは日が浅く、その結果を判断するには時期尚早である。

7. 国民を挙げて1種類の外国語に偏るのでは、教化上大きな影響を及ぼし憂慮すべき結果に至る可能性がある。英語を奨励すると同時にドイツ語・フランス語などの発展を図ることが国家教育上採るべき方針である。

8. 我が国の文化文明発展のためにドイツ語が必要であるにも拘わらず、衰退していく状況であるのは大変遺憾である。英語生転学法のような対処法は一時的なものとして年限を定めて実施し、いずれは廃止すべきである。地方の高等学校においても第一高等学校と同じようにドイツ語を学んだ生徒が入る道を設けるべきである[6]。尋常中学校に2種を設け、1つは大学予備とし、そこにドイツ語を加えることが最良と考えるが、それが実施困難であれば、現在ある尋常中学校に英語とドイツ語の両方を設置し、生徒の志望に任せて選択させるようにすべきだ。経費上の理由で提供が難しいのであれば、当分の間は、各府県において1校、もしくは複数の府県に1校はドイツ語を教えるところを用意するよう規定すべきである。特に高等学校所在地の尋常中学校のようなところは少なくともその1校にドイツ語を入れる旨の規定を設けることが必要であると考える。

---

5 第4章で考察した中学校長会議の議論を指している。
6 第4章 (4.4.1, 4.4.3, 4.5) で考察した中学校長会議での建議と関連している。

　「参照第二」の「各高等學校所在地ノ尋常中學ニ於ケル獨逸語ニ關スル建議」は、発議者・緒方正規、賛成者・小金井良精と井上哲次郎の3名によって、高等教育会議議長の加藤弘之宛に1898（明治31）年10月に提出されたものである。発議者の緒方（東京帝国大学医科大学教授医学博士）は、医科大学が明治初年以来ドイツを模範としており、学生は予科においてドイツ人教師のもとで学んだうえで本科に進むが、学生間のドイツ語力に差があり、またドイツ語力が不足している者も多く、教師が授業で使うドイツ語の理解ができずに医学が学べないばかりか、日本の医学の発達を阻止していると指摘した。問題は、尋常中学校からドイツ語を学んだ者、中学校終了後に1年から2年ドイツ語を学んだ者、そして、全くドイツ語を学ばずに高等学校大学予科第3年（医科）に入学する者の3種類の入学者がいる状況に起因する。「將來醫科大學學生ニ專ラ獨逸語學ノ力ヲ發達セシメサルヘカラストス」（同決議録：148）とし、医科大学の学生にドイツ語の力を身につけさせるためには、医学志望者に対して、高等学校大学予科第三部においてドイツ語の授業をするだけではなく、「高等學校大學豫科ノ設ケアル土地ノ尋常中學校一校ニ必ス獨逸語學ヲ設備シ志望者ニ充分獨逸語學ヲ授ケ以テ醫學學生ノ獨逸語ヲ發達シ益々我醫學ヲ進歩セシメラレンコト」（同決議録：148）を建議した。

　第3の参照資料、「大臣閣下、次ニ鄙見陳述仕候ニ付御一覧ノ榮ヲ賜リ度希望仕候」は、法科大学教師の「ドクトル、レンホルム」（同決議録：155）が1899（明治32）年4月8日付で文部大臣樺山資紀宛に送った意見書である。東京帝国大学編（1932b：208）によると1890（明治23）年9月から1911（明治44）年9月に外国人教師としてドイツ法を担当した「エル・エス・レーンホルム」の名があるが、それがこのレンホルムであろう。レンホルムは、文書冒頭で医科大学入学志望の生徒を対象としたドイツ語教育が問題となっている点に触れつつ、法学の発達においてもドイツ語が必須であると強調している。文書では以下の点を指摘している。

1. 日本の法律はドイツの法律を基礎として作られていること、法律に関する日本語の書物は数が限られていること、英国の法律書は趣旨が異なりその主義も陳腐であるため、日本の法律を研究するにあたっては不適当であること、日本の法律と同一の主義を基礎とするドイツの法律に関してはドイツ語の参考書物が充実していることなどから、日本の法学発展のためにドイツ語教育は非常に重要である。

2. 学生がドイツ語を解さないということは、大学の授業上も不利益が生じる。ドイツであれば法学生は1週間に8時間から12時間の講義を聴聞するが、日本の法学生は週に25から30時間も受ける必要があり、そこにドイツ語力の問題が関係している。

3. 以前は第一高等学校の生徒のみがドイツ法科に入ってきたが、仙台、熊本、金沢等の学生も入学するようになった。これらの学生は勤勉・優秀であるが、その大部分が十分なドイツ語力を有せず、レンホルム自身が講義において日本語を使用する必要がたびたびあり、講義の進行や範囲に支障・制限がある。

4. 以前の学生は、入学前にドイツ語を8年あるいは少なくとも5年は学習していたが、現在の学生は中学卒業後に3か年学習するのみであり、語学学習に最も適切な幼年時代を過ぎてからの学習となっている。

5. 英語は通商や貿易には必要な言語であるが、科学研究には不適当である。将来目的とする学科に全く必要のない英語の学習に時間を割くのは日本の教育法の一大欠点である。

6. 中学校卒業後に実業や技術的事業に従事しようという者、例えば商人、銀行家、工業家には英語を教え、将来、医学・法学・哲学・及び博言学（言語学）等を研究したいという者にはドイツ語を教えることが必要であると考えられる。

7. 5年あるいはそれ以上英語を学んだうえでドイツ語に転学した生徒はドイツ語を十分に身につけることはできない。将来自分が教える生徒が中学校からドイツ語を学んだというのでなければ、日本のために優秀な法

学者を養成するというレンホルム自身に課せられた目標が達せられない
ことになる。

　以上の第3回高等教育会議の資料はすべて、尋常中学校において外国語に
ドイツ語が採用されるよう促す必要があると主張している。また、加藤が尾
崎文部大臣宛に送った文書では、8番目の項目にあるように、学校系統に関
連した具体的な方法が提案されている。原文は以下の通りである。

　　　尋常中學校ニ二種ヲ設ケ一ヲ大學ノ豫備トシ之ニ獨逸語ヲ加フルヲ以テ
　　　最モ良法トナセトモ若シ此方法ニシテ實施シ難キ事情アリトセハ先ッ現
　　　今存在スル尋常中學校ニ英獨兩國語ヲ竝置シ生徒ノ志望ニ任セテ其一
　　　ヲ選ハシムルコトトスヘシ（第三回会議決議録：146）

　以上3点の参照資料が添えられた本諮問案「中學校ニ於ケル外國語ハ英語
ニ限ルヘキカ」に対して、湯本武比古がこの案をいったん撤回して成案を再
提出するべきだという動議を出した。

5.4.1.3　諮問案撤回の動議

　湯本の動議は、4月20日午後開催の会議での発言である。湯本は、「一體
其事柄ニ付イテハ吾々大イニ賛成スル所デ、昨年ノ會ニ於テモ議員中ヨリ建
議ヲ出シテ居ルノデアリマスカラ、誠ニ宜イコトト思ヒマス」（第三回会議速
記録：128）と述べる一方、前年にも外国人に学校を許すべきかどうかという
件で文部省が一定の案をそろえずに討論問題として高等教育会議に提出した
が、結局は曖昧な結果に終わった例を挙げ、具体的な案にして提出すべきだ
と主張した。湯本は、高等教育会議議員が前年の1898（明治31）年に会議議
長宛に提出した建議（参照第二「各高等學校所在地ノ尋常中學ニ於ケル獨逸語ニ關
スル建議」）の主旨に賛同しながらも、「「限ルヘキヤ否ヤ」ト云フヤクナ…討
論問題」（同速記録：130）を高等教育会議の場に出すべきではなく、文部省が

高等学校長や直轄学校長、あるいは中学校長を集めて意見を聞くような内容であり、高等教育会議にはより具体的な案を出すべきだとしている。

　会議では、湯本の意見を支持して、隈本有尚が発言した。隈本は、この問題は学校系統問題と同じであり、中学校学科課程の編成上に大きく関連するもので、「中學校ヲ幾ツニシタガ宜シイカ、幾種ニシタガ宜シイカト云フ問題ニナルト私ハ考ヘマス」「一種説二種説ト云フ重大ナ問題ト聯関致シテ居リマスカラ、此際議スルノハ甚ダ危険デアル」と指摘し、当局者は中学校の学科課程の編成の立案があるならば、それを提出するべきであると意見し、今回の諮問からの撤回を提案した湯本案に賛成した。その後、議長は「速ニ此會議ニ於テ成案トシテ御出シナサレト云フ所ノ動議ニ賛成ノ諸君ノ起立ヲ請ヒマス」(第三回会議速記録：132)として、その結果賛成多数でこの事項を諮問案から撤回することとなった。

　なお、湯本の提案に対して、文部省専門学務局長として出席の上田萬年が反駁している(第三回会議速記録：128-131)。上田は、文部省は英語・ドイツ語・フランス語の設置を許可しているが、高等学校に進学するには英語を学習すればよく、ドイツ語・フランス語の語学の発達がなされないばかりか、教員養成にも影響を与えることになるが、このような状況が「日本ノ中等教育又大學教育ノ上ニ聯關シテ果シテ完全ナルコトトスルカ、或ハサウデナイトスレバ特別ノ法ガアルカ、是ハ高等會議ニ於テ大學校中學校ニ居ラレル諸君又其他ノ専門教育ニ關係ノアル諸君ノ熟考ヲ煩ハシテ」(同速記録：129)意見を伺いたいと述べた。ドイツ語・フランス語を1つの中学校に併置するべきか、あるいはドイツ語だけの中学校、フランス語だけの中学校とするべきか、といった具体的な内容を審議すべきだと主張し、「日本ノ中學教育ニ於ケル語學ノ方針ハドウアツテ宜イカト云フコトヲ一ツ御定メ下サル事ガ出来ヤウト思ヒマス」(同速記録：129)と、議論の必要性を強調した。文部省が高等学校長、直轄学校長、もしくは中学校長等に意見を聞くべきであり、高等教育会議議員が議論する類の事項ではないと指摘した湯本武比古に対して、上田は学者だけが議論するべき問題ではなく、国家の教育に諸般で関係する者が一堂に

会した高等教育会議で議論すべきであると主張した。

　一方、この議論において、加藤弘之はあくまで議長として、この案を諮問に入れるかどうかの議論の集約に徹しており、発言はしていない。しかし、独逸協会学校の校長として前年度に文部大臣に宛てて加藤自身が書いた意見書は会議資料となっており、加藤のドイツ語教育に対する考えは、会議出席者に提示されていた。

　上田はドイツに留学しその言語政策にも影響を受けたとされるが、言語学者の立場から外国語教育の方針を考える重要性を指摘し、また、加藤は、全国民が1外国語に傾倒することの危険性を指摘するなど、外国語教育の在り方を議論する必要性を認識しているが、湯本武比古や隈本有尚には、その重要性や必要性が伝わらなかった。むしろ、学校系統問題と関わる課題であるとの認識が、彼らに慎重な姿勢を取らせた。湯本と隈本は、当時、学校系統および学制改革の議論に深くかかわっていた。「尋常中學校ニ二種ヲ設ケ（る）」ことを提案の一部に含めた加藤弘之の意見に敏感に反応したのは、この学校系統問題が深く関わっているためであり、その点は本章5.6で考察する。ここでは次に、第6回高等教育会議における建議「道廳府縣中學校ニ於ケル獨逸語ニ關スル件」の内容を検討する。第3回会議で一旦撤回された諮問案に関連する事項が再び高等教育会議の壇上に上がってきたのがこの建議である。

5.4.2　第6回会議建議「道廳府縣中學校ニ於ケル獨逸語ニ關スル件」

　1901（明治34）年第6回高等教育会議で、「道廳府縣中學校ニ於ケル獨逸語ニ關スル件」が建議として可決された[7]。その内容は、1898（明治31）年に緒方

7　第6回会議の決議録には建議案が否決された旨は記載されていない。1901年12月3日付朝日新聞朝刊1頁の記事「高等教育会議の結果」が「否決になりたるハ一件もなく」とし、同建議案についても文部省に建議することが可決されたと報告している。同日読売新聞朝刊2頁でも同建議が「可決」と報告されている。なお、第3回会議の決議録も同様に、英語に限るべきかに関する諮問案が撤回された旨は記載されていない。しかし、速記録にて撤回された点が確認でき、さらに、新聞記事（1899年4月21日付の読売新聞朝刊1頁および朝日新

正規が高等教育会議議長加藤に宛てて出した建議文書がもととなっている。第3回高等教育会議の諮問案の資料「参照第二」として用意されたものだ（本章5.4.1.2参照）。医学に携わる者のドイツ語能力を高めることの必要性を説いたその文書の大きな変更点は、以下に示す最後の部分である。

　　〔1898（明治31）年緒方発議の建議文〕
　…高等學校大學豫科ノ設ケアル土地ノ尋常中學一校ニ必ス獨逸語學ヲ設備シ志望者ニ充分獨逸語學ヲ授ケ以テ醫學學生ノ獨逸語ヲ發達シ益々我醫學ヲ進歩セシメラレンコトヲ茲ニ建議ス

　　〔1901（明治34）年第6回会議決議の建議文〕
　…道廳府縣立中學校ノ各一校ニ可成英語ト獨逸語トヲ併置シ志望者ニ充分獨逸語學ヲ授ケ以テ醫學ヲ修ムル者ノ獨逸語ヲ發達シ益々我醫學ヲ進歩セシメラレンコトヲ望ム

　1898（明治31）年から1901（明治34）年の間に、「中学校令」は改正され、尋常中学校は中学校と改称された。引用部最初の下線部は、それを受けての変更である。一方、「獨逸語學ヲ設備シ」が「英語ト獨逸語トヲ併置シ」と変更された背景には、中学校における外国語に関する議論がさらに行われたこと—第5回高等教育会議にて中学校の学科目改革案が議論されたこと—が無関係ではないだろう。この点は本章5.7で考察する。

5.4.3　諮問案および建議の影響

　第3回の高等教育会議での諮問案、そして、第6回のドイツ語に関する建議を受けて、文部省が全国的に各道庁府県の中学校1校に英語とドイツ語を併置するという対応を取ったことを示す資料は確認できない。高等教育会議

聞朝刊1頁）にて撤回された旨が報告されている。

の決議を文部省が受け入れなかった例（「法制及経済」の取り扱い：本章 5.7 を参照）
があり、本建議も具体的な政策に反映されることはなかったと推察される。

　しかし、第3章 3.5 で論じた東京府立第一中学校におけるドイツ語の加設
には改めて言及したい。東京府立第一中学校でドイツ語が加設されたのは
1902（明治 35）年のことである。英語に限るべきかという議論が 1899（明治 32）
年の第3回会議、ドイツ語に関する建議が出されたのが 1901（明治 34）年の
第6回会議であった。第3章で述べた通り、勝浦は、第3回会議、第7回会
議に出席していた（文部省 1903a, 1903b）。速記録が残っていない第6回会議に
ついては、勝浦の出席は確認できないものの、東京府立第一中学校の校長と
しておそらく出席していたであろう。いずれにせよ、第3回の「中學校ニ於
ケル外國語ハ英語ニ限ルヘキカ」の参考資料には会議出席者として目を通し
ており、これらの高等教育会議における議論が、ドイツ語加設への勝浦の信
念を揺るぎないものへと駆り立てたのではないだろうか。

　以上、英語に限るべきかという議論からドイツ語に関する建議、そしてそ
の影響を検討したが、この展開の背景要因に外国語を学ぶ目的と学校系統問
題がある。これらの要因から考察を進める。

5.5　外国語を学ぶ目的

　第3回会議の諮問案の参考資料において、ドイツ語の必要性が強調された。
そこで重要なのは「なぜ学ぶ必要があるのか」という論点である。

　高等教育における教育、特に法学や医学の分野ではドイツ語が必要とされ
た。文部省が東京大学（1886（明治 19）年に帝国大学と改称）に対し教授言語の日
本語化を上申したのは 1883（明治 16）年で、英語での入試や授業が主であっ
た状況から日本語へと転換が図られるのだが、同時にその上申書にはドイツ
学の振興が盛り込まれていた（井上 1969：769-771）。1881（明治 14）年には東京
大学の文理両学部でドイツ語が必修とされていたが、1887（明治 20）年には法

科大学においてもドイツ学が影響を強め、ドイツ語教育が強化され、その一方フランス語教育が弱化していった (井上 1969：764-768；東京大学 1984；第 2 章も参照のこと)。政治とドイツとの関わりが強かったであろうが[8]、当時東京大学綜理であった加藤弘之の主張は学術上の必要性であった。

　加藤弘之の論考「英語と獨乙語とハ其擇ふ所の精神自ら異ならさるを得す」が『加藤弘之講論集』に収録されている (加藤 1891 〜 1899：第一冊 217-222)。加藤は、世界における英語の使用状況に鑑みると、日本と世界各国との「交通往來を盛にせんと欲せハ務めて英語の學習を獎勵して英語を話し英語を解する者一人にても増加する様」(同：219) にするべきだとしつつも、「学術上の點より云へは盖し獨乙語を以て英語よりも更尓一層必要とせさるを得す」(同：219) とし、高等学術の点からすると、英仏語よりもドイツ語が重要である一方で、英語・フランス語を学ぶことも日本にとって利益であり、「今日の學者たる者は必す右〔ここでは上〕の三國語を學はさるへからさるなり」(同：222) と論じた。

　また、1900 (明治 33) 年、『太陽』の紙面で、加藤弘之は当時の学制改革同志会の改革案に疑問を呈しているが、その文面に外国語教育を重要視する加藤の姿勢が反映されている (加藤 1900)。加藤が批判する改革案は、学制研究会会長長岡護美 (貴族院議員) と帝国教育会会長辻新次 (同前) が主唱して結成した学制改革同志会の案で、大学卒業までの修業年限を短縮し教育内容を全般的に削減することだった (米川 1992：77)。加藤は、日本は自国語を使用して高等教育機関で学ぶことができる欧州諸国とは異なり、中学から大学に入るためには外国語の素養が十分になければならず、外国語の力がなければ 1 つの専門学科を理解することもできないと指摘した。そのために、学問を修め

8　井上 (1969：763-808) による、「明治十四年政変」とドイツ学振興の関連に関する考察については、第 2 章の 2.2 や 2.3.3 でも触れた。井上は、加藤弘之がドイツ学振興の根拠に学術上の理由を挙げているのは「あくまでも理由の一端」(同：769) であり政治的理由が強かったと指摘する。自由民権主義的思想を抑え、「国権主義的国家体制の樹立に理論的根拠をあたえる」(同：771) という政府の意向があったと分析している。

るにあたり欧州に比べて多くの労力と時間が必要であると主張した。さらに、日本語と欧州の言語が全く異なる種類であり、習得に時間がかかり、加えて自国の言語や文字でさえ他国に比べて困難であるとし、大学卒業までの修業年限の短縮は現実的ではないと非難した。

　中学校から直接に大学に進学するという案に対しても、国の実情に鑑みれば、その案は愚策であるとし、次のように述べた。

> …我が大學は外國語に依て成立せるものと云はざるべからず假令講義は日本語を以てするも一二の外國語を解せずしては到底参考書の讀む能はざる次第なれば今中學より直に大學に進入せんには、必ず一二の外國語に十分熟達せざるべがらざるは明白なる事實なり（加藤 1900：2）

加藤は、大学で通用する外国語運用能力を中学でつけることができないと指摘し、大学に入るにあたっては大学予科学校で外国語を専ら学習すべきであると主張した。一方、改革案に含まれた大学の案を批判しつつも、大学以外に専門学校を設置し、中学校から直接に連絡する制度として充実させることを支持し、専門学校については「大學程に外國語の熟達を要せざるが故に、中學より直に連絡するも、決して不都合はあらざるなり」（同：3）と述べた。本記事掲載は 1900（明治 33）年だが、その前年の 1899（明治 32）年に「中学校令」が改正された。中学校は高等普通教育を目的とすることになったが（第3章 3.3）、そのような中学校教育では外国語の学習が及ばないため高等教育へ直接つなげることはできないという指摘をしたのである。

　理学・工学・医学・文学において質の高い専門教育を高等教育で維持するためには外国語が不可欠であり、その外国語は加藤の指摘した英語・ドイツ語・フランス語であった。加藤（1891～1899：217-222）は、カトリック司祭ヨハン・マルティン・シュライエル（Yohann Martin Schleyer）が考案した人工言語ヴォラピュクが容易に普及するとは考えられず、各国との交流には英語が全世界で使用されるであろうと述べ、英語学習の重要性を指摘しつつも、高等教育に

おけるドイツ語の必要性を強調した。「世間の學士論者」(同：220) はドイツの無自由圧制への批判から学問を輸入することが不利であるというが、加藤はそれに対し、政治と学問は関係がないとし、「英米兩國の人民か最も自由を愛し最も壓制を惡むものなるとは申す迄もなき」(同：221) ことながら、英米からドイツに留学する学生が少なからずいると述べ、ドイツの学問の質の高さとドイツ語の必要性を強調した。独逸協会学校の校長として文部大臣宛に「尋常中學校ノ外國語ニ獨逸語ヲ採用スルノ議」とした建議を提出した加藤のドイツ語教育やドイツの学問に対する姿勢が表れている。

　外国語を学ぶ目的には、(1)「交通往來盛にせんと」(加藤 1891 ～ 1899：219) するため、つまり、他国との外交上あるいは商業上のやりとりを行うため、そして (2) 学術上の専門知識の輸入という 2 点が考えられるが、ドイツ語は特に後者の目的に必要とされ、富国強兵や文明開化を進めるために不可欠であり、国家を担っていく人材が必要とする言語という役割を与えられた。外交や通商の役割が大きいとされた英語に関しては、大衆教育あるいは国民教育の一環とするべきかの議論が当時すでになされていたが、ドイツ語に関しては、そのような議論に至ることはない。

　英語に関しては、明治期にはすでに高等小学校での加設が認められており、1887 (明治 20) 年から 1891 (明治 24) 年ごろには多くの高等小学校で英語が課されていたようだ (江利川 2006：165)。明治期の小学校英語科では実用英語が重要視されたが、その背景には他国との条約改正に伴い外国人の内地雑居の可能性が考えられたことがあり、国家社会からの要請として少しでも多くの日本国民が簡単な会話程度はできることへの期待があった (松村 1988：186)。言い換えれば、大衆教育の小学校で英語が導入された根拠には、他国との外交上・商業上の交流における英語の役割が重視されたことが挙げられる。

　松村 (1988) によると、実用英語を目的とした小学校英語は中学校の英語教育とは異なっていた。中学校以降の外国語教育は、学術知識の輸入と直結し、高等教育を受けるうえで必要な言語という位置づけがあった。しかし、普

通教育が目的となった中学校において英語の必要性が受け入れられた[9]のは、英語教育の目的の二層性が起因していると考えられる。つまり、高等教育に必要な言語であるとともに、大衆にとっても必要であるという考えが広く認められていたためだと言える。明治中・後期には小学校における英語が必要かどうか、その存廃論が『教育時論』などの雑誌上でなされるが（同）、言い換えれば、議論になるほどに大衆教育に英語が進出していたということである。そのほかの外国語は大衆教育における必要性が議論なされることはなく、ドイツ語に至ってはあくまで高等教育に必要な外国語と位置づけられた。

　フランス語は他国との交流及び文明の輸入という目的の両方にまたがる位置づけがなされた。ヨーロッパでの使用状況や幕末からの流れからその役割が認められたが、明治後半には、ドイツ語を推進する論者が、例えば第3回諮問案資料「参照第一」のように英語以外の言語としてドイツ語と合わせてその必要性に言及した。明治政府が派遣留学生を送る先はドイツが多く[10]、ドイツの政治思想に傾倒していった明治政府（井上1969：763-764）のもとでは、フランス語に比べてドイツ語が重視された。

　高等教育会議では「高等女学校令」についての議論もなされ、それを受けて1901（明治34）年に制定された「高等女学校令施行規則」では学科目の説明に「外国語ハ英語又ハ仏語」（第1条）と示された（文部省1972b：138；第2章2.2も参照のこと）。高等女学校の外国語は随意科目であり、外国語にドイツ語が含まれなかった背景には、帝国大学へ進学して高等教育を受ける道が当時女子には閉ざされており、前述の外国語の目的のうち、(1)他国との交流、そしてそこから派生する教養の涵養ほどに(2)の学術的な知識輸入を女子教育において重視しない姿勢があったと言えよう（第2章2.2参照）。高等女学校における外国語にドイツ語が加えられなかったことは、裏

9　第5回高等教育会議で「外国語」を「英語」とし随意科目とする議論があったが、結果的には随意科目にならなかった（本章5.7参照）。

10　例えば文部省（1899/1968：4-5）によると、1899（明治32）年に政府は58名に外国留学を命じたが、そのうち30数名をドイツへ派遣した（ドイツとそのほかの外国への留学生も含む）。

を返せば、ドイツ語教育の目的があくまで文明の輸入にあり、現在の教養教育が意味するような、世界に関する一般的知識を広める・深めるといった目的（フランス語には認められたのであろう）は重視されなかったことを意味する。そのために、普通教育に必要な学科目であるかどうかが英語のように議論されることはなく、無論必要と位置づけられることはなかった。

5.6　学校系統問題

　ドイツ語を学ぶ理由を学術上の価値に見いだし、高等教育を受けるために必要であるとの位置づけを与えると、ドイツ語教育と中学校の目的との関連性が問題となる。学校系統問題が中等学校諸制度の整備・確立のなかで議論されるが、そこでは中学校の目的が問題となった。本節では、湯本武比古が深く関与した学校系統問題がどのような議論を経たのかを確認し、第3回会議の諮問案が撤回され、さらには第6回会議での建議内容にしか至らなかったその背景を考察する。

　1898（明治31）年、第1回目の中学校長会議を控えた8月22日に、文部省内に学校系統調査会が設置された（米田1992：53）。文部省勅任参事官の高田早苗が委員長、戸水寛人・上田萬年（東京帝大文科大学教授）・澤柳政太郎（第一高等学校長）・野尻精一（文部省視学官）・福原鐐二郎・正木直彦が委員に任命された[11]。湯本は委員ではなかったが、米田（同：53-57）はこの調査会で検討された学校系統案の1つに湯本のものがあった可能性を指摘している。そのころ、湯本は、自らが主宰する『教育時論』の誌上で、学制改革論に関する議論を繰り広げていた。

　学校系統調査会では、中学校が大学への予備教育か、あるいは中等階級として社会を担うべき人材の育成として前者とは区別すべきか、つまり、単線

11　米田（1992：53）は、設置や委員について、東京朝日新聞1898（明治31）年8月24日「学校制度調査の模様」・読売新聞1898（明治31）年9月11日「学校系統会議委員」を参照している。

型にすべきか複線型にすべきかを検討した。その問題は全国尋常中学校長会議に委ねられた。1898（明治31）年9月15日開催の校長会議[12]で、2種の中学校を設けるべきかが諮問され、その可否等の採決の結果、「非分離」が多数を占めた（教科書研究センター編1984:15）。米田（1992:60）は、その採決の結果を、「当時の中学校長はほとんど帝大出身であり、彼らの多くが菊池と発想を同じくしていたのであろう」と考察している。文部大臣の菊池大麓は、高等普通教育を充実させるべきで、進学予備教育は高等普通教育終了後にあるものと位置づけていた。

　中学校単線型・複線型に関わる議論は、1898（明治31）年10月開催の第2回高等教育会議でも紛糾する。会議には、「学識アル者又ハ教育事業ニ関歴アル者」として、伊澤修二・長谷川泰・湯本武比古・島田三郎ら学制研究会所属の議員が出席していた（米田1992:63）。前述の全国尋常中学校長会議では、中学校のカリキュラムの基本方針にかかわるそのほかの項目とともに案がまとめられ、「中学校令」改正に関する文部省案（諮問案第3「中学校令」）として高等教育会議に提出された（同:58-63）。さらに、諮問案第7として「学校系統案」も提出された。学校系統案は、小学校、中学校、大学等の学校の修業年限や入学程度等を規定しており、中学校については、「中學校ハ高等普通教育ヲ施スヲ以テ本旨トス」（第二回会議決議録:67）と、「中学校令」案の規定内容を示し、その説明の件で、大学に入るための準備は中学校を卒業した後に大学予備校で行うもの（同決議録:70-71）としている。

　しかし、この学校系統案には参考付録が添えられた。参考付録は、学制研究会会長の長岡護美が研究会長の名で文部大臣尾崎行雄宛に提出した建議文である。そこでは、中学校を（甲）高等普通学校と（乙）高等予備学校の2種に分けることが提案された。理由は、「中等人士タルノ教育ヲ完成スルト高等教育ノ豫備ニ資スル教育トハ両立ス可ラサルニヨル」（第二回会議決議録:84）とし、例えば、甲の学校では広く学科の初歩を教え、乙の学校では学科の数

12　第4章で考察した全国尋常中学校長会議である。

は少なくし、最初は外国語・和漢文・数学などにより多くの時間を割くことを提案した。また、中学という名称が1種の教育を完成する場合には不適当であるとして、高等という言葉が入った名称を提案している。**図5-1**が、学制研究会の提案した諸学校系統図である。

　学制研究会の案は中学校制度の複線化を意図していたが、現行の単線型の学校制度体系を存続させる意見とで議論は紛糾した。会議決議録には「本案ハ會期切迫シ議了ニ至ラス」(第二回会議決議録：66)と記載され、赤線で強調されている。高等教育会議では、伊澤や湯本は複線型を支持したが、隈本は外国における2種論の実施が未だ試験中であることを指摘し、それを日本で実施するのは軽率であるとして単線型を支持した(米田1992：67)。

　また、『日本』1898(明治31)年10月20日「高等教育會議餘録(第十二日)」が、伊澤と菊池が意見を衝突させ、伊澤は2種論を強く支持したことを報告して

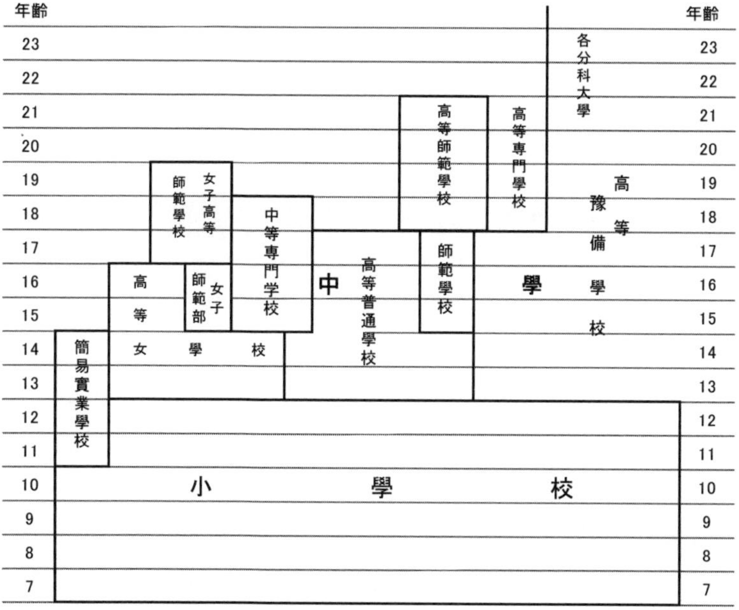

年齢 23 22 21 20 19 18 17 16 15 14 13 12 11 10 9 8 7

各分科大學　高等師範學校　高等專門學校　高等豫備學校　師範學校　女子高等師範學校　中等專門學校　中　高等普通學校　師範學校　學　高等　女學校　師範部　女子師範部　簡易實業學校　小學校

図5-1. 学制研究会提案の学校系統図：第2回高等教育会議(1898年)提出

出典：高等教育会議編第二回会議決議録(出版年不明：94)

いる。「伊澤氏最も<ruby>諤<rt>がく</rt></ruby><ruby>々<rt>がく</rt></ruby><ruby>頻<rt>しき</rt></ruby>りに現今の中學教育の不振を云々し、外國語の力無きを罵り、高等教育豫備として到底別種の中學校を特に設立せざる可らざるを極言す」とある。しかし、最終的には、高等普通教育と高等教育予備の2つに分けるという中学2種論者の案は却下された。

　一方、「中学校令」の改正案は可決され、それを受け、1899（明治32）年に「中学校令」が改正され、中学校の目的は「男子ニ須要ナル高等普通教育ヲ為ス」と規定された。「従来の中学校の二重目的の問題性や中学校二種化論を一応検討した」うえで規定され、上級の学校への準備としての機能よりもまずは「高等なる普通教育」を重視した菊池文部大臣の意向が現れたものとなった（教科書研究センター編1984：15）。また、この改正で尋常中学校は中学校と改称された。米田（1992：66）は、文部省が学校系統調査会を設置し、学制改革論議に自ら火をつけたものの、予定通りに「中学校令」等を施行するためには、現行の学校制度体系を当分存続することについて承認を得る必要があったと指摘している。

　中学校の在り方に意見を異とする湯本と隈本であったが、中学校1種論（単線型）、2種論（複線型）について議論を戦わせた2人にすれば、加藤の提案した「尋常中學校ニ二種ヲ設ケ」という点を深く懸念したのは当然と言えよう。複線型を支持していた湯本から、本問題に関して具体的な案を示すべきだと発言があったのはもっともなものであった。

　なお、第2回高等教育会議で学校系統に関して議決に至らなかったものの、1900（明治33）年以降は学制研究会における議論も焦点が高等教育に移り、中学校については単線型の制度が前提とされるようになった（米田1992：80）。

　その後の高等教育会議でも、中学校に関する事項は継続的に審議された。「中学校ニ關スル事項」は、第5回、第7回、第11回で諮問されており、「中學校學科課程表ニ関スル件」が第6回、また、高等女学校に関する件など、そのほかの中等教育の法整備に向けた案件が各会議で審議された。そのようななかで、「中學校ニ於ケル外國語ハ英語ニ限ルヘキカ」関連の案が、湯本が提案したような具体的な案として高等教育会議に出されることはなかった。

中学校2種論に関する議論が紛糾しながらも、文部省の意図する範疇に結論が収まったという過程を背景に、提供する外国語を軸とした学校系統案によって再び中学校複数種類論を会議において議論することは困難であると原案の提案者側が判断したこともあろう。また、高等教育への門戸をより多くの国民に広げるべきであるという考えの在野の教育家湯本と帝国大学出身官僚の加藤の間には、教育制度に関する意見の違いが多く、彼らが中学校複数種類論者という点では意見が一致していたとしても、その具体的な施策について建設的な提案をともにまとめる方向へは進みようがなかった。

　さらには、加藤弘之は1896（明治29）年1月13日に貴族院議長あてに提出された「外国語学校設立に関する建議案」（発議者：近衛篤麿・加藤弘之・山脇玄）に関わっているが、第9回帝国議会衆議院（1896年1月16日）では柏田盛文が発議者となって同様の建議案を提出しており（六角1989：167-169および帝国議会会議録）、外国語教育の充実（第2章2.3.4）が外国語学校において図られる見通しになったことも、高等教育会議における提案内容に影響を与えたと考えられる。

　結果として、「中學校ニ於ケル外國語ハ英語ニ限ルヘキカ」について関連する案は具体的な内容のものは提出されず、1901（明治34）年の第6回会議に提出された建議案「道廳府縣中學校ニ於ケル獨逸語ニ關スル件」につながるに留まった。

5.7　第5回高等教育会議の議論

　第3回会議提出の建議案が第6回会議提出の建議案に至った背景に、1900（明治33）年12月に開催の第5回会議における議論を無視することはできない。『教育時論』（565号：31-34）で報告の「第五回高等教育會議」によると、第5回高等教育会議は、加藤弘之を議長とし、40余名の議員が出席した。本報告では、諮問案の大要のなかに「中學校令案」が挙げられている（同：32）。同会議の決議録によると、諮問案に含まれているのは「中學校令案」ではなく「中

學校ニ關スル事項」であるが、内容は同一である。つまり、1899（明治32）年
に改正された「中学校令」及び「中学校令施行規則」のさらなる修正が議論さ
れたのだが、『教育時論』の報告によると、施行規則中学科目に関する論点
は以下の通りであった。

　　外國語を英語と改め（是は名實を合したるものにて從來獨佛に憚り外國語とし
　　たりしも此際斷然英米の語のみを重んずることを明にせしなり）随意科目と
　　し、又は之を欠くことを得しめ、英語に代ふるに獨佛語を以てするを得
　　しめ、物理學博物學を單に理科とし、漢文及び習字を國語科の中にて敎
　　授し、（以上二個の改正は師範學校の學科亦然りとす）、簿記を削り唱歌を加
　　へ（但し當分之を欠き又は随意科目とするを得）法制經濟科目を加へ（但同上）、
　　英語を欠きたるときには實業要項を加へしめんとす（「第五回高等教育会
　　議」『教育時論』565号：32）

　　外国語に関しては実情に合わせて科目名を「英語」とすること、それに代
わってドイツ語・フランス語を可とすること、英語に代わって実業を追加す
ることが提案された。議論の結果は、第5回会議の決議録「中學校ニ關スル
事項」の「学科目ニ關スルコト」に示されている。以下の通りであるが、取り
消し線（決議録では赤と黒の二重線）は会議の議論を受けて修正加筆された部分
（決議録では加筆修正内容を赤点線で強調[13]）である（第五回決議録：189-190）。

　　物理、化學博物ヲ理科ト改ム
　　漢文及習字ハ國語ノ中ニテ之ヲ敎授ス
　　簿記ヲ削ル
　　唱歌ヲ加フ○但シ之ヲ欠キ又ハ随意科目トナスコトヲ得ルコトトス○當

13　ここでは、修正加筆内容を取り消し線部分の後に示し点線を引いた。原本では取り消し
　　部分の右に記されている。

　分之ヲ欠クコトヲ得

　法制經濟ノ○一科目ヲ加フ但シ之ヲ隨意科目トナシ又ハ當分之ヲ欠クコ
　トヲ得ル○大意ヲ倫理、歷史及地理ノ中ニテ敎授スルコトトス

　土地ノ情況ニ依リ隨意科目トシテ實業要項ヲ加フルヲ得ルコトトス

　決議録に見るように、英米語を重視することを示すために「外国語」を「英
語」と変更するという点は議決に至らなかった。また、実業要項を加えるこ
とが認められるが、「英語」に代わって設置されるという条件や「外国語」を
随意科目にすることは含まれなかった。

　なお、1901 (明治34) 年に文部省が制定した「中学校令施行規則」の第1条
は以下のとおりである。高等教育会議では法制経済を科目として加えること
は決議されなかったが、文部省は会議のその決議を規則改正に反映せず、科
目として設定している。外国語に関しては、高等教育会議決議の通り、科目
名を「外国語」から「英語」に変更せずに、また、3言語を第一・第二外国語
の区別なく指定した。

　　中学校ノ学科目ハ修身、国語及漢文、外国語、歴史、地理、数学、博物、
　　物理及化学、法制及経済、図画、唱歌、体操トス
　　外国語ハ英語、独語又ハ仏語トス

（文部省 1972b：136）

　1886 (明治19) 年の「尋常中学校ノ学科及其程度」では、第一外国語は通常
英語とし、第二外国語は通常ドイツ語またはフランス語と指定され、第二外
国語は農業と合わせてどちらかを設置しないことが許された。その後、1894
(明治27) 年の「尋常中学校ノ学科及其程度」改正では第二外国語が課程から
削除された。第5回高等教育会議では、名実ともに外国語を英語に一本化す
るという動きすらあったなかで、結果的に1901 (明治34) 年の学科目には「外
国語」として、しかも第一外国語、第二外国語の指定なしで英語・ドイツ語・

フランス語の3言語が示された。

この決定に貢献したのは、第3回の高等教育会議諮問案「中学校ニ於ケル外国語ハ英語ニ限ルヘキカノ件」においてドイツ語教育の推進を支持した議員であろう。第3回会議では諮問案から削除されるに至ったものの、議員が資料を目にし、英語以外の外国語の必要性の根拠が具体的に示されたことの意義は大きく、また、それを支持する議員の存在が、第5回会議において外国語から英語へ科目名を変更するという案を却下する原動力となったと考えられる。一方で、英語がドイツ語・フランス語とは異なる位置づけにあることへの認識は、科目名を現実に合わせて「外国語」から「英語」に変更するという提案があった事実にも見られ、この認識に関する議論が、第6回会議の建議文「道廳府縣中學校ニ於ケル獨逸語ニ關スル件」において「獨逸語學ヲ設備シ」ではなく「英語ト獨逸語トヲ併置シ」とされた背景にあったと言える。第3回会議では、英語に加えてドイツ語あるいはフランス語という場合以外にも英語ではなくドイツ語を教える学校やフランス語を教える学校を設置する意義を検討する意図があったが、第6回建議文の内容は、学校で英語の授業が提供されることは前提として、そこにドイツ語を加えるという提案内容になった。

5.8 本章のまとめ

第3回会議に提出された「中學校ニ於ケル外國語ハ英語ニ限ルヘキカ」の諮問案は、その会議では湯本武比古が具体案を示すよう提案し、結果として撤回され、その後、第6回会議の建議「道廳府縣中學校ニ於ケル獨逸語ニ關スル件」につながった。しかし、建議は第3回会議で出された資料の1つを基にしたものに過ぎず、第3回諮問案の参照資料のなかで提案された内容を具体的に実施するための方法が示されたわけではなかった。外国語教育を基盤においた中学校学科課程の編成立案(例えばドイツ語を教える中学校、フランス語を教える中学校などの編成案)が提出されるには至らず、道庁府県の中学校

の各1校に英語とドイツ語を併設するよう意見した建議につながったのみで
あった。この展開の背景には、外国語を学ぶ目的と、学校系統問題のなかで
議論された中学校の目的との齟齬があった。言い換えると、高等教育会議で
議論された中学校の目的論に鑑みると、第6回会議の建議以上の提案には無
理があった。

　外国語を学ぶことは高等教育に継続するために必須であったが、そのため
に、中学校から継続して外国語を学ぶ必要があるという主張は、中学校が高
等教育の前段階であることを前提とした議論であり、中学校に高等教育の予
備教育を求めるものであった。しかし、高等教育会議や中学校校長会議にお
ける学校系統問題は、中学校に高等教育の予備教育を求めるべきかどうかと
いう点こそを議論の的としており、最終的には、高等教育予備教育は目的に
含まれず、高等普通教育こそを目的とすることに議論は集約されたのである。
普通教育の完成を目指す限りは、高等教育予備教育の一環としての外国語教
育を一般の教育課程に要求することには矛盾が生じることになった。

　一方で、中学校段階でのドイツ語教育を推進するべきだという高等教育側
からの要望は、1901 (明治34) 年の「中学校令施行規則」における外国語科目
の設定に反映された。つまり、「英語」ではなく「外国語」という名称が残る
ことで、辛うじて中学校におけるドイツ語教育の機会を保障することに至っ
た。法規上示されたのは僅かな反映であり、中学校における英語偏重の外国
語教育に歯止めをかけ、その方向性を変更するには至らなかったものの、高
等教育会議における議論が本規則における外国語の位置づけに強く影響を与
えたことは確かであろう。

　1880年代から1890年代にかけて、高等中学校の入試科目のなかでドイツ
語・フランス語が廃止され英語だけで実施される動きがあり (第3章)、尋常
中学校における第二外国語は廃止され第一外国語の英語の授業時間が増加さ
れるなど、外国語教育の英語化が進んで行った (第2章)。一方では、文部省
の諮問機関である高等教育会議にてドイツ語教育の必要性が主張されたこと
が功を奏し、1901 (明治34) 年の「中学校令施行規則」の学科内容に結びつき、

科目名は「外国語」とされ、第一外国語と第二外国語の区別なく英語・ドイツ語・フランス語が列挙されるに至った。高等教育会議で、外国語は英語と示し、それ以外は例外的であるという名実一致を求める意見がありながらも、1901 (明治34) 年の「中学校令施行規則」において科目名を「英語」とせず「外国語」とし、あくまで英語・ドイツ語・フランス語と列挙するに至った背景には、議員からの建議や加藤やレンホルムの文部大臣への意見書といった尽力があり、「外国語＝英語」という状況への抵抗があった。

　最後に、第6回高等教育会議で建議「道廳府縣中學校ニ於ケル獨逸語ニ關スル件」が決議された後に東京府立第一中学校でドイツ語が加設されたが、文部省が建議を受けて全国的なレベルで具体的な策を講じたことを示す資料は確認できない。本建議が具体的な政策に反映されることはなかったと見られる。

　次章では、高等教育会議の廃止後に設置された教育調査会 (1913 (大正2) 年～1917 (大正6) 年) における、英語偏重への抵抗の動きを考察する。

第 6 章
教育調査会における学制改革案と外国語教育の方針

6.1 本章の目的

　本章では教育調査会（1913 ～ 1917）に提案された学校制度改革案について、英語以外の外国語教育を推進しようとした江木千之（1853 年 5 月 21 日生～ 1932 年 8 月 23 日没[1]）を中心とする提案がなぜ採用されなかったのか、そして、結果的には改革案における外国語教育がどのような方針を採ることになったのかを明らかにする。

　教育調査会は、文部大臣最初の諮問機関である高等教育会議（1896 ～ 1913）の廃止に伴い設置され、内閣総理大臣の諮問機関としてより強力な機能と権威を持つ臨時教育会議（1917 ～ 1919）に取って代わられるまでの間、専門教育・高等教育の拡充や普通教育のあり方を含む学制改革問題を議論した（文部省 1979a：12-16）。その目的は「教育に関する重要事項につき文部大臣の諮問に応じて意見を開申し、および文部大臣に建議すること」（文部省 1972b：240）である。教育調査会に関する資料には、水野直関係文書（国立国会図書館憲政資料室 2013）や『學制問題ニ關スル議事經過』（教育調査会 1917）がある。しかし、速記録（文部省 1979a, 1979b など）が残り、各諮問事項の審議を速記録や関係する日記等を用いて考察した海後編（1960）が存在する臨時教育会議に比べると、

1　江木千之の生年月日は江木千之翁経歴談刊行会（1987a：3）および国立国会図書館（2009）を参照。

教育調査会に関する研究は数少ない。

　渡部 (1978) はその限られた研究の 1 つで、教育調査会における高等学校の改革論に関する議論の展開を分析している。また、谷口 (1975) はそれまでの研究では副次的にしか扱われていなかった中学校改革の問題を考察した。しかし、外国語教育が重要な議論の焦点の 1 つであったにも拘わらず、その視点からの分析は付随的で、谷口 (同：94) が、江木千之がその中学改革案において「履修外国語 (独語または英語) を一つの着眼点とした」と述べるに過ぎない。一方、渡部 (1978) は、三土忠造 (1871 年生～ 1948 年没)[2] の提案において「一外国語主義」(同：60；教育調査会 (1917：145) が使用) が採用されたこと、そして、教育調査会の大学校令等に関する特別委員会 (以下特別委員会) が議決した高等学校の学科課程案で第二外国語の選択制が導入され、外国語の教授時間が増加したことに言及している。

　しかし、いずれの場合も、外国語教育の方針を考察の主な対象とはしていない。後の臨時教育会議では外国語の学力問題が重要な論点となっており、その議論の考察は橋口 (1960) に詳しい。しかし、その前段階には、教育調査会における議論があった。その内容は、外国語教育の変遷をたどる過程で無視することができない。本章では、教育調査会において提案された中学校・高等学校の改革案において、英語以外の外国語教育を重視する動きが学制改革案に与えた影響とその結果を解明する。

6.2　教育調査会の概要

　1913 (大正 2) 年 6 月 13 日、高等教育会議が、高等教育と大学制度の改革について積極的な成果を挙げなかったために廃止され、文部大臣の新たな諮問機関として教育調査会が発足した (文部省 1972b：240；山本 2014：245)。その背景には、「高等中学校令」の無期延長があった。「高等中学校令」は、1910 (明

　2　生没年は海後編 (1960：1019-1036) を参照。

治43)年に小松原英太郎文相(在任期間：1908(明治41)年7月14日〜1911(明治44)年8月30日)が高等教育会議に中学校・高等学校改革案を諮問し[3]、種々の議論を経て1911(明治44)年にようやく公布にこぎつけたものだが、「高等中学校令」に反対の意見を持っていた奥田義人文相(在任期間：1913(大正2)年2月20日〜1914(大正3)年3月6日)が無期延期に付した(谷口1975：91-92；文部省1972a：293-294；橋口1960：419-420)。このような、高等学校教育の目的に関する議論と、高等学校を廃止し修業年数の短縮を目指すといった改革論議は教育調査会でも続く。

　教育調査会発足時の官制は「教育調査會ハ總裁一人副總裁一人及會員二十五人以内ヲ以テ組織ス」と規定したが(「官報」第261号：35)、翌年の6月30日に本条項が改正され会員数は30名に改められた(「官報」第575号：1)。1916(大正5)年の『文部省職員録』(文部大臣官房秘書課1916：17-21)には、教育調査会の欄に総裁を蜂須賀茂韶、副総裁を高田早苗とし、会員に菊池大麓・江木千之・小松原英太郎ら30名の名が連なっている。なお、調査会発足時の総裁は樺山資紀、副総裁が文相の奥田義人、その後内閣交代という政情不安定により会議が開催されない約3か月の空白期間を経て、一木喜徳郎文相(在任期間：1914(大正3)年4月16日〜1915(大正4)年8月10日；1867年生〜1944年没[4])のもと、1914(大正3)年5月6日に加藤弘之を総裁、一木を副総裁として調査会は再開した。一木文相在任中に、調査会における議論は最も活発に行われた(渡部1978：53-55)。

　教育調査会では、1914(大正3)年4月16日から1915(大正4)年8月10日に文相を務めた一木喜徳郎に加え、調査会員の江木千之や菊池大麓、高木兼寛と辻新次が学制改革に関する案を提出した。1914(大正3)年10月以降は特別

3　第11回高等教育会議の諮問案第3号が「高等中學校ニ關スル事項」である(高等教育会議編　第十一回会議決議録：216-225)。そこに「第二外國語ハ随意科トス其ノ之ヲ修メサル者ノ爲ニハ國語及漢文、第一外國語、法制及經濟、實科ノ一科目若クハ數科目ヲ置キ之ヲ選修セシム」(同：218-219)とある。
4　生没年は海後編(1960：1019-1036)を参照。

委員会が設置され、そこで特に江木と菊池の提案が審議され、さらに三土忠造が折衷案を提出し、三土案を土台として特別委員会の案がまとまった。そして、最終的に特別委員会で議決された案が総会へ報告されたのだが、総会では、菊池らがその案に反対して提出した案と対立し、議論は収束せず、新政府体制により文部大臣が交代した末に、教育調査会は廃止された。

　ここで、教育調査会における学制改革論議の展開について、渡部（1978）、谷口（1975）、そして教育調査会（1917）をもとにさらに説明する。議論の一連の流れは、**表6-1**（本章176-177頁に掲載）にもまとめており、そちらも参照されたい。

　渡部（1978）は、特に高等学校に関連して詳細に論じている。教育調査会では、1914（大正3）年6月に一木の「大學校令及學位ニ關スル規程」が諮問され、それと前後して江木案、そして菊池案が提出され審議された。さらに、高木兼寛・辻新次からも提案が出される（教育調査会 1917：1-3）。渡部（1978：56）は、高等学校については、一木の現状維持論、江木の中学校への吸収論、菊池の学芸大学校化論、そして高木・辻の大学予科論の4案が調査会の特別委員会で審議されたと説明する。また、谷口（1975：92）によると、1914（大正3）年6月に提出された菊池案と江木案は、修業年数の短縮と高等学校の廃止という点では共通していたが、新大学、そして中学校の理念や性格については鋭く対立していた。結果的には、菊池案は排除され、江木案も採用はされなかったが、1914（大正3）年10月に三土忠造が特別委員会に提出した折衷案の趣旨が取り込まれる形で審議が進み、小笠原英太郎・岡田良平が以前に出していた高等中学校構想に沿いながら江木案が部分的に吸収される形で解決を図り、特別委員会案としてまとめられた（谷口 1975：94, 96；渡部 1978：58）。

　三土案を原型とする特別委員会案は、1914（大正3）年11月17日の第10回特別委員会において「特別委員會ニ於ケル學制改正意見」として仮議決される。この仮議決に基づき、教育調査会調査部が学科課程案を調製した。その学科課程案の審査は、小松原、岡田、江木の3委員による小委員会に依頼された。小委員会は1915（大正4）年3月から4月にかけて、「高等學校高等科

及専修科⁵學科課程ノ説明」とともに「中學科及附属科ノ學科課程」及び「高等
學校高等科及専修科ノ學科課程」を審議した（教育調査会 1917：10-14）。その審
議結果は、5 月 14 日の第 29 回特別委員会で報告され、その後特別委員会仮
議決と合わせて審議され、中学校については 5 月 19 日の第 30 回特別委員会
で、高等学校については 5 月 28 日の第 31 回特別委員会で本議決になり、最
終的には「大學校令等ニ關スル特別委員會議決」として、理由書とともに総
裁の加藤に提出された（渡部 1978：58-59；教育調査会 1917：14-15, 107-151）。

　特別委員会案は、菊池が渋沢栄一らとともに調査会総会に提出した「大學
制度等ニ關スル建議案」（教育調査会 1917：152-155）と対立し、内閣改造により
菊池案を支持する高田早苗が文相に就任したものの意見の対立で行き詰まり、
教育調査会は廃止される（渡部 1978：61-63）。とはいえ、特別委員会で仮議決
された学制改正意見は「結果論的には臨時教育会議答申の先取りであった」
（同：59）⁶ というように、そこでの議論は後の教育政策関係会議の結論につな
がっていく。

　臨時教育会議の諮問第 2 号「高等普通教育ニ関スル件」に対する答申（1918
（大正 7）年 1 月 17 日）では、「高等学校及七年制高等学校高等科ニ於テハ第二
外国語ハ之ヲ随意科目トス」（文部省 1972b：244）と示された。この答申に基づ
き、1918（大正 7）年 12 月に新たな「高等学校令」が制定、1919（大正 8）年 3 月
には「高等学校規程」が定められ、高等学校高等科で、第二外国語は随意科
目となり、2 つの外国語は必修ではなくなった。高等学校における外国語教
育では、1900（明治 33）年の「高等学校大学予科学科規程改正」に見られるよ
うに「二外国語主義」、つまり、2 つの外国語が必須とされていたが⁷、1919（大

5　特別委員会で仮議決された案では、高等学校の 3 年制の高等科のうえに更に 1 年間の専修
　科を置くことが認められていた（教育調査会 1917：65）。

6　渡部（1978）は、市川（1978）と佐藤（1978）を参考文献に挙げている。

7　1900（明治 33）年に改正された「高等学校大学予科学科規程」では、第一部の外国語は英語、
　ドイツ語及びフランス語のなかから 2 種を選ぶ、第二部は英語のほかに、ドイツ語またはフ
　ランス語を選ぶ、ただし、工科大学等を志望するいくつかの分科においては英語とドイツ語
　を選ぶ、そして第三部はドイツ語と英語またはフランス語のどちらかを選ぶこととなってい

表 6-1. 教育調査会における議論の経過

年月	事項
1913（大正 2）年 6 月 13 日〜翌年	• 教育調査会が発足する。 • 帝国大学高等学校及び官立専門学校学年開始期変更に関する件や帝国法科大学修業年限短縮に関する件などが審議された。
1914（大正 3）年 6 〜 7 月	• 一木喜德郎（文相）の「大學校令及學位ニ關スル規程」（現状維持論）、江木千之の中学校改革案（中学校への吸収論）、菊池大麓の大学令改革案（学芸大学校化論）、高木兼寛・辻新次の提案（大学予科論）が審議される※。
1914（大正 3）年 10 〜 11 月	• 総会により大学校令等に関する審議を付託された「大學校令等ニ關スル特別委員會」にて諸制度が審議される。 • 特別委員会では菊池と江木の案が審議の中心となったが、三土忠造が折衷案を提示した。 • 三土が提出した案が土台となった「特別委員會ニ於ケル學制改正意見」が特別委員会にて仮議決される。
1915（大正 4）年 2 月	• 特別委員会にて「大學校令修正案」が仮議決される。
1915（大正 4）年 3 月	• 特別委員会にて「學位ニ關スル要項」が仮決定される。 • 調査部が特別委員会に「學制改正仮決案ニ對スル學科課程案」を報告する。その審査は小松原、岡田、江木（小委員会）に依頼される。 • 小委員会の開催（〜 4 月）
1915（大正 4）年 5 月	• 小委員会が「學制改正仮決案ニ對スル學科課程案」の審査結果を特別委員会に報告する。 • 特別委員会にて上記の「中學校ノ部」及び「高等學校ノ部」が本議決される。
1915（大正 4）年 6 月	• 特別委員会にて「大學校令修正案」が本議決され、「學位ニ關スル要項」については本議決を見合わせることで合意する。 • 特別委員会の議決を一括して「大學校令等ニ關スル特別委員會報告」として総会に報告することに決定。 • 菊池大麓らが「大學制度等ニ關スル建議案」を総裁加藤弘之に提出（6 月 22 日付）。 • 特別委員会委員長蜂須賀茂韶より総裁加藤弘之に「大學校令等ニ關スル特別委員會報告」提出（6 月 30 日付）。報告には「中學ノ部」「高等學校ノ部」「大學校令修正案ノ部」に加え、中学科及び附属科と高等学校高等科及び専修科の学科課程とその説明、そして各部についての理由書が附された。
1915（大正 4）年 7 月	•「大學校令等ニ關スル特別委員會報告」と菊池らの「大學制度等ニ關スル建議案」が総会で対立する。 • 総会での審議の結果、「特別委員会報告は葬り去られ……菊池〔らの〕案を以て一応の「決着」を見る」（渡部 1978：61）が、案の大部分が文部大臣に一任され、実質上は文部省側の一木の案、特別委員会の案、そして菊池らの案が残る。
1915（大正 4）年 9 〜 11 月	• 新しく文部大臣に就任した高田早苗が「大學要項」を提出する。審議は、菊池を委員長とする「大學令制定ノ件ニ關スル特別委員會」に託された。この特別委員会に江木の名はない。
1916（大正 5）年 6 月	• 総会で大学令制定の件の審議延期について申し合わせがなされる。 •「帝國大學改正案等調査特別委員會」が発足し、委員長に菊池が選出される。江木も 1 委員。この特別委員会の調査事項検討のために小委員会が設置され、帝国大学教授等より意見を聴取した。江木はこの小委員会の委員を受嘱。
1916（大正 5）年 10 月	• 新政府体制となり高田案反対派の岡田良平が文部大臣に就任する。高田案成立の見込みがなくなり、議論が行き詰まる。
1917（大正 6）年 9 月	• 教育調査会が廃止される。

注）表の作成にあたり、渡部 (1978)、教育調査会 (1917)、『教育時論』第 1604 号 (1914) を参照した。※本欄中の（　）

内閣総理大臣	文部大臣
山本権兵衛 （1913 年 2 月 20 日 ～ 1914 年 4 月 16 日）	奥田義人（1913 年 2 月 20 日 ～ 1914 年 3 月 6 日） 大岡育造（1914 年 3 月 6 日 ～ 1914 年 4 月 16 日）
大隈重信 （1914 年 4 月 16 日 ～ 1916 年 10 月 9 日）	一木喜德郎 （1914 年 4 月 16 日 ～ 1915 年 8 月 10 日）
	高田早苗 （1915 年 8 月 10 日 ～ 1916 年 10 月 9 日）
	岡田良平 （1916 年 10 月 9 日 ～ 1918 年 9 月 29 日）
寺内正毅 （1916 年 10 月 9 日 ～ 1918 年 9 月 29 日）	

内は渡部（1978）による高等学校の提案上の位置づけ。

正8)年の規定で「一外国語主義」に変更となった。この「一外国語主義」が高等学校レベルの教育で最初に採用されたのが、1911(明治44)年公布の「高等中学校令」である(橋口1960：385および416-420；文部省教育調査部編1940：54-62)[8]。「高等中学校令」は施行されなかったが、「高等学校令およびその原案と審議過程は大正七年に新しく制定された「高等学校令」との関連において、その端緒をなすものとして重要な意義」(文部省1972a：294)があった。

　「一外国語主義」は高等教育会議以降の教育調査会・臨時教育会議の議論のなかで繰り返し検討・確認された事項の1つである。教育調査会では、外国語教育と深く関連した提案に江木千之を中心とした案があるが、「一外国語主義」が採られた「高等中学校令」と「高等中学校令規程」の外国語に関する方針を確認したうえで、江木の提案を考察する。

6.3　「高等中学校令」および「高等中学校規程」

　1911(明治44)年7月31日、「高等中学校令」とともに「高等中学校規程」が制定された。ここでいう高等中学校は高等学校に替わる教育機関[9]で、「中學

　る(文部省教育調査部編1940：54-55)。この改正で、外国語の習熟が専門教育で最も必要であることから重要視され、授業時間数が増加された(文部省教育調査部編1940：60-61)。

8　橋口(1960)は、1900(明治33)年の「高等学校大学予科学科規程」によると、予科は英独仏中、「二外国語主義」(同：385)を原則としており、毎週平均30時間の授業時間のうち、第一部・第三部では16～18時間、第二部でも8～16時間が外国語の授業に費やされていたと指摘した。1900(明治33)年の「高等学校大学予科学科規程」の改正では、外国語の授業時間数の増加を次のように説明している(文部省教育調査部編1940：61-62)：外國語ニ習熟セシムルハ各専門學科教授ノ豫備トシテ最必要ナルニ拘ハラス之ヲ從來ノ經驗ニ徵スルニ高等學校ヲ卒業シ進ミテ大學ニ入ル者ノ缺點ハ外國語ノ力ノ不充分ナルニ在リ是レ改正規程ニ於テ各部ヲ通シテ著シク其ノ授業時數ヲ増加シタル所以ナリ而シテ此ノ増加シタル時間ニ於テハ適宜科學ニ關スル外國ノ参考書等ニ習熟セシムヘシ然レトモ語學ノ教授ハ單ニ授業時數ノ増加ノミニ依リテ必スシモ其ノ進歩改善ヲ望ミ得ヘキニアラス教授法ノ改善亦隨テ之ニ伴ハサルヘカラス故ニ當該教官ハ宜シク常ニ適切ナル教授方法ヲ攷究シ改正ノ旨趣ヲ空シカラシメサラムコトヲ要ス。

9　「高等中学校令」の第10条に「高等學校令ハ之ヲ廢止ス」、第11条に「高等學校ハ高等中學校ト改稱ス」とある(文部省教育調査部編1940：88-89)。

校ヲ修了セル者ニ對シ更ニ精深ナル程度ニ於テ高等普通教育ヲ爲ス」ことを目的とした（「高等中学校令」第1条；文部省教育調査部編 1940：88）。規程のうち、外国語に関連する条項は次の通りである（文部省教育調査部編 1940：89-96）。

第一條　文科ノ學科目ハ修身、國語及漢文、<u>第一外國語</u>、<u>第二外國語</u>、歴史、地理、心理及論理、數學、物理及化學、法制及經濟、體操トス

理科ノ學科目ハ修身、國語及漢文、<u>第一外國語</u>、<u>第二外國語</u>、數學、博物、物理及化學、圖畫、法制及經濟、體操トス

<u>外國語ハ英語、獨語又ハ佛語トス</u>

<u>第二外國語及文科ノ數學、物理及化學竝理科ノ法制及經濟ハ隨意科目トス</u>

第四條　　外國語ハ英語、獨語又ハ佛語ヲ了解シ且之ヲ運用スルノ能ヲ得シメ兼テ知德ノ增進ニ資スルヲ以テ要旨トス

外國語ハ發音、綴字、讀方、譯解、話方、作文、書取及文法大要ヲ授クヘシ

さらに、第14条で各学年における各学科目の週当たりの授業時間を示しているが、外国語は**表6-2**が示す通りだ。

表6-2. 1911（明治44）年の「高等中学校規程」で示された外国語の授業時間

	文科		理科	
	第1学年	第2学年	第1学年	第2学年
第一外国語	9	9	7	6
第二外国語	9	9	7	5

注) 文部省教育調査部編（1940：91）をもとに作成。

そして、外国語については次のように説明した（同：92）。

　　　第二外國語ヲ修メサル者ニ對シテハ其ノ敎授時數ヲ便宜他ノ學科目ニ
　　　配當スルコトヲ得
　　　第一外國語ハ中學校ニ於テ生徒ノ履修シタル外國語トス但シ生徒ノ志
　　　望ニ依リ第一外國語ノ種類ヲ轉換スルコトヲ得シム此ノ場合ニ於テハ
　　　各學年ニ於ケル第一外國語及第二外國語ノ每週敎授時數ハ左表〔ここ
　　　では**表6-3**〕ニ依ルヘシ

**表6-3. 1911（明治44）年の「高等中学校規程」で示された第一外国語の種類を
中学校から転換した場合の各学年の外国語授業時数**

	文科		理科	
	第1学年	第2学年	第1学年	第2学年
第一外国語	14	14	12	12
第二外国語	4	4	2	2

出典：文部省教育調査部編（1940：93）

　このように、「高等中学校令」、「高等中学校規程」では、第二外国語が随
意科目となり、「一外国語主義」が採用された。高等中学校での第一外国語
は中学校で履修した言語とすることを原則としつつ、生徒の志望によっては
言語を転換することを許可するという方針が示された。そしてこれらの方針
は、教育調査会に出された提案のなかで復活した。英語以外の外国語の重要
性を意識したうえで、江木は、より早い時期から外国語を固定し教育する制
度を提案したのである。次に、教育調査会に提出された案のなかで特に外国
語教育と深く関連した江木千之の案を検討する。

6.4　江木千之の中学改良案

江木千之は1874（明治7）年から1891（明治24）年まで文部省に奉職、その後

県治局長、茨城県・栃木県・愛知県・広島
県・熊本県の知事を務め、貴族院議員となっ
た。1924（大正 13）年に文部大臣となるが、教
育調査会・臨時教育会議の委員となったのは、
貴族院議員の時期である（江木千之翁経歴談刊
行会 1987a, 1987b）。

江木は文部省奉職中、ドイツ人教育学者エ
ミール・ハウスクネヒトと関わりがあった。
ハウスクネヒトは、明治 10 年代以降の日本
のドイツ学振興政策の一環としてドイツ教育
学者を雇用する方針のもとに採用され、ドイ
ツ文学、ドイツ語学、および教育学の教師
として帝国大学に着任した（寺﨑ほか 1991：37,
178）。滞日期間は 1887（明治 20）年 1 月 9 日〜
1890（明治 23）年 7 月 4 日である。ハウスクネ

**江木千之　貴族院時代
1908（明治 41）年**
出典：江木千之翁経歴談刊行会（1933）

ヒトは、中学校教員の資格と国家試験に関する勅令案を作成しており、ハウ
スクネヒトの滞在期間に中等学校の教員検定委員を務めていた江木は、そ
の作成に協力していた（竹内 2000：344-346）。江木は資格が不十分な者が中学
校の教官に任用される状況の改善を望んでおり、国家富強のためには中等
教育の振興を図る必要があると主張していた（竹内 2000：77-78；江木千之翁経
歴談刊行会 1987a：134-135）。また、ハウスクネヒトの契約年限の延長について
帝国大学と文部省が協議した際に、文部省参事官の職にあった江木が、日本
政府が延長を望んでいる旨をハウスクネヒトに通知している（寺﨑ほか 1991：
127）[10]。

10　ハウスクネヒトの雇用契約年限は当初 3 年間（1887（明治 20）年 1 月 10 日から 1890（明治
23）年 1 月 9 日）であったが、3 年半に延長された。その後文部省が、さらに 9 か月延長し 1891（明
治 24）年 3 月までとする旨を打診していた。しかし、雇用を継続するなら少なくとも 1892（明
治 25）年の年末までと望んでいることなどから、ハウスクネヒトは契約期間の再延長に応じ

　ハウスクネヒトは当時の尋常中学校と高等中学校[11]のカリキュラムに連続性が欠けることを問題視し、山口高等中学校およびその予科に対して、10歳から18歳までの9年に亘る一貫した中等教育の学科課程案を提案している。その学科課程案では、英語を高等学校[12]1年級（10歳）から、ドイツ語を5年級（14歳）から配置し、両外国語に総時間数の5分の1から3分の1の時間を割くことになっており、ハウスクネヒトが英語とドイツ語の教育を重要視していたことが分かる（寺﨑ほか1991：105-110）。ハウスクネヒトと中等教育について意見を交わす機会のあった江木は、彼の中等教育論に賛同するところも多かったのではないか[13]。

　江木は、大学教育よりもむしろ中学校教育の改革に力を注ぐべきであると考えており、教育調査会で中学改良案を提案した。それは複数の種類の中学校を許す中学校制度であり、谷口（1975：98）は江木自身が会員であった学制研究会の案をもとにしたものであろうと指摘する[14]。また、江木は修業年数を短縮するためには中等教育を早期に開始する以外にないと考えていた（同：93）。

　ここでは、江木の外国語教育に関する考えに着目する。江木は、学制改革問題に関して「我國の中學教育は、兒童の齢満十二年より始まるやうになつて居るが、此が抑々我が中學制度の病源であると思ふ」（江木千之翁経歴談刊行会1987a：377）とし、満10歳で中学に入った場合の利点を論じた。中等教育の年数を短縮してその質を低下させるのではなく、開始時期を早めること

　　なかった（詳細は寺﨑ほか1991：125-131）。

11　1886（明治19）年の「中学校令」で尋常中学校と高等中学校の2段階が設置された。ここでの山口高等中学校は、1886（明治19）年の「中学校令」によるものである。1894（明治27）年の「高等学校令」で高等中学校は高等学校と改称された。

12　ハウスクネヒトは『山口高等学校教則説明書』のなかで、10歳から18歳の教育を高等学校と呼んでいる（寺﨑ほか1991：105-110）。

13　明治期に中学校でのドイツ語教育の必要性を主張した東京府立第一中学校長勝浦鞆雄もハウスクネヒトの教育論を支持していた（日比谷高校百周年史編集委員会編1979：57；第4章も参照のこと）。

14　江木が教育調査会に提出した学制改正案には1909（明治42）年成案の学制研究会改革案が並列して示されている（教育調査会1917：34ノ次）。

で全体の修学期間を短縮させることが得策だと考えたのである。そして、満
12歳から始めた教育を満18歳で終了することができないのは特に外国語習
得についてあてはまることだと指摘した。ドイツの高級中学でラテン語を修
めるのは満9歳から満18歳までの9年間、フランス語を修めるのは満10歳
から満18年までの8年間であり、「全く言語の根元を異にする我國人が、高
級中學に在つて、彼の國語を修むるに、満十二年より満十八年迄、僅かに六ヶ
年間に、之を能くせんとするは、其の成否の如何、智者を俟つて後に知らざ
る次第である」(同：379-380) と述べた。わずかに6年間で外国語を習得でき
るのは特別に知恵のある者のみであり、満10歳から満18歳まで学習したと
しても習得は容易ではないと指摘し、外国語学習との関連で学制改革の必要
性を説いた(同：380)。これは貴族院議員時代の1909(明治42)年の意見である。

　中学校制度の改革及び外国語教育の早期導入の必要性を感じていた江木
は、1914(大正3)年6月11日に「中等教育制度改正ニ關スル意見」を調査会
総裁加藤弘之宛に提出した(教育調査会 1917：1, 19-20)[15]。賛成者として鎌田栄
吉、三土忠造、高木兼寛、早川千吉郎の名が挙げられている。「教育調査會
ハ中等教育制度ニ一大改革ヲ加フルノ程度及範圍ヲ確定センカ爲ニ先ツ左
〔ここでは下記〕ノ件々ヲ審議決定セラレンコトヲ望ム」として、以下のよう
に「改メント」あるいは「爲サントスルノ意見アリ其當否如何」と提案した。

1. 現在の高等学校は全て廃止し、当分の間その上級(1学年)は大学に移動
   して予科とする。その下級(2学年)は中学校の上級とする。今後、国運
   の進歩に伴って、上記大学の予科を中学に移し、中学の最上学年とする
   制度に改める。(高等学校の下級を移動すべき中学校は、公私立中学校のうち
   設備が十分で維持する基礎が強固であるところに限る。)
2. 中学校は満10歳以上とし、尋常小学校4年の課程を修了した者が入学

15　「中學改善案議」(1914年7月15日：34)が、6月29日に文相官邸でこの案件を討議した
　　ことを報告している。

できるという組織を土地の情況によって採用することができる制度にする。

3. 中学校・高等小学校等は中学予科を設け、児童が学齢の初めから入学できる組織を土地の情況によって採用することができる制度にする。

4. 中学校を文科中学校・実科中学校の2種に分け、文科中学校では国語漢学の修習に一層重きを置き、実科中学校では数学科学の修習に一層重きを置くという制度とする。

5. 第二外国語を課する例を廃止し、文科中学校においては最初からドイツ語を課し、実科中学校においては最初から英語を課するという制度にする。

6. 文科中学校卒業者は法科・文科・医科の大学に進学することができ、実科中学校の卒業者は理科・工科・農科の大学に進学することができるという制度にする。

江木の中学改良案は1914（大正3）年7月3日付読売新聞3頁の記事「寧ろ中学改良　江木千之談」や1914（大正3）年7月15日発刊の『教育時論』1053号の「大學校令と江木氏[16]」が説明している[17]。これらの記事によると、江木は、大学教育よりも中学の改革に注力すべきだと意見し、1種類の中学校ではなく、複数の種類の中学校を許す中学制度を持つフランス・ドイツの例に倣い、中学校を2種類に分けることを提案した。つまり、ドイツ語を学ぶ中学と英語を学ぶ中学の2つとし、前者は哲学科・医科・法科の一部を志望する者、後者は法科の一部と理工科を志望する者と定める。さらに、8年制と7年制の中学を設け、前者には10歳で小学校から接続し、この小学校では英

16　記事内では「同上と江木氏」という見出しだが、この「同上」は前掲の「大學校令」を指している。

17　『教育時論』1053号の「時事彙報」（1914年7月15日：29-39）内の「同上〔ここでは大學校令を指す〕と江木氏」のほか、「江木案と菊池案」および「中學改善案議」が参考になる。

語を教え[18]、中学予備校とする。中学卒業は 18 歳となる。後者はこれまで通り 6 年制の小学校の卒業生、つまり 12 歳の生徒を受け入れ、卒業が 19 歳となる。いずれにせよ、高等学校における大学予備教育的要素を中学に取り入れ、さらには外国語を早期に始めることで便宜を図るという主張である。さらに、中学を 2 種類にすると小学も 2 種類となり、地方の特性に合わせて選ぶことができると述べた。「例えば神奈川の如きは、横濱に中學を創るには小學四年、中學八年の制を取るを便とすべく、小田原に中學を造るには、國府津大磯あたりより十歳の児童を通學せしむるに不便故、これは小學六年中學七年の制を取るを可とすべし」(『教育時論』同号：31) と説明した。ドイツ語を学ぶ中学と英語を学ぶ中学について、江木が説明した上記の内容は、「中等教育制度改正ニ關スル意見」での説明と、法科志望者の場合などの点で若干の違いがある。江木の説明では法科志望者のうち一部はドイツ語を学ぶ中学校へ、一部は英語を学ぶ中学校へと述べたが、「中等教育制度改正に關する意見」では、法科に進学できるのはドイツ語を履修する文科中学卒業者となっている (提案項目の 5・6)。後者では、複数の提案賛成者の考えの基本的な方向性を示したのであろう。

　また、江木が提案した中学について、読売新聞記事 (1914 (大正 3) 年 7 月 3 日：3) は中学校の「上級二ヶ年」について今の高等学校から移したもの、と説明したが、同年 7 月 15 日発刊の『教育時論』(1053 号：31) は「上級一ヶ年」を移したものと解説した。この違いはおそらく、1914 (大正 3) 年 7 月 2 日に江木が提出した上記第 1 項に関する訂正によるものだろう。6 月 11 日付の「中等教育制度改正ニ關スル意見」の第 1 項で、「現在ノ高等學校ハ之ヲ全廢シ當分ノ間其上級 (一ヶ級) ハ大學ニ移シテ豫科ト爲シ其下級 (二ヶ級) ハ中學校ノ上級トナシ」と、高等学校の最初の 2 年を中学校の上級に吸収すると提案していたところを、7 月 2 日付の訂正資料では、「現在ノ高等學校ハ之ヲ全廢シ

18　この件に小学校でドイツ語を教えるという選択肢は含まれていない。当時の現状に即して、「英語」と記載したものと考えられる。

……中等教育ノ機關ハ……第一種第二種ニ分ツコトトシ第一種制ニ於テハ現制ニ比シ修業年限ヲ（終リノ方ニ於テ）一箇年延長セントス」と、中学校を1年間延長すると提案した（教育調査会1917：31）。

　7月2日に江木は、教育年限短縮問題の参考用に資料も提出している（教育調査会1917：1-2）。そこには1909（明治42）年の学制研究会改革案、プロシャの制度とともに改正案が2通り示された（同：34ノ次）。**図6-1**（本章188-189頁に掲載）が、江木が提出した2通りの案である。江木は委員のなかで最も多くの資料により議論を展開し、その案は流動的で決定案がどれかが判断しにくいものであった（渡部1978：57, 67）というが、江木自身様々な要因を考慮しながら最良の案に仕上げたいという思惑があったのであろう。江木の案の1つにドイツ語をより早期に学習し始める選択肢があるように（図6-1）、江木は高等教育につながるドイツ語を重視しており、英語・ドイツ語の学習開始時期を早めることの利点を認めていた。教育調査会において江木の提案がそのまま受け入れられることはなかったが、生徒の進学希望の専門によって教える外国語が異なり、それをベースとした2種類の中学校を設置することは、非常に複雑な学校制度の構築を意味するものであった。

6.5　「一外国語主義」と議論の展開

　1914（大正3）年10月には特別委員会が設置され、そこで、江木の提案は菊池からの提案とともに審議され、高等学校の改革を含む学制改革論議が続いた。そのなかで、外国語教育における重要な観点が「一外国語主義」であった。無期延期となった1911（明治44）年公布の「高等中学校令」で採用された方針だが、1914（大正3）年10月26日付で三土忠造が提出した案で採用され（教育調査会1917：6, 55-56）、翌日27日の第5回特別委員会で審議されている。

　しかし、それよりも以前の10月20日の第3回委員会で、岡田良平が外国語教育において「外國語ヲ一ケ國ニスルコト」に言及した。渡部（1978：57-58）によると、岡田は外国語教育を大学予科の核心とみなしており、この点を高

等普通教育完成論において特に強調したかった。岡田は、外国語を1言語にすることに委員の意見は一致していると説明したが、この説明について江木は、「滿足ノ意ヲ表シ」(教育調査会 1917：5) つつも、外国語の履修を中心とした学校制度について資料を提示し新たな提案をしている。英語またはドイツ語を外国語とした高等理科学校・高等文科学校案であり、「折衷圖表」(教育調査会 1917：54 ノ次) を用いて説明した。**図 6-2** と **図 6-3** (本章 190 頁に掲載) が江木の提出した折衷図表である。理科・文科ともに第一種、第二種と分かれ、それぞれに英語を中心とする学校とドイツ語を中心とする学校があり、小学科においても英語またはドイツ語を教授するシステムとなっている。第二種の制度で進学すると外国語教育を早期に開始し 18 歳で高等学校を卒業できる仕組みとなっている。図 6-2、図 6-3 が示すように、その仕組みは複雑で分かりにくいものである。

　江木の提案と、それまでに提出されていた菊池の意見との相違点について、江木、菊池、三土、岡田、山川の間に質疑応答があった (教育調査会 1917：5-6)。山川とは、『文部省職員録』(文部大臣官房秘書課 1916：19) に記載の山川健次郎を指す。山川は、日本の教育年数を欧米と同じにしてしまうと、教育の質の低下につながると懸念し、その理由を「第一語學の修得に甚だ困難なること、第二漢字を採用せること、第三言文不一致なる事等」と述べた (「教育調査委員會の二」[19]『教育時論』1064 号：37)。

　その後、特別委員会は 10 月 27 日に三土の提案を審議した。三土の提案のうち、「小松原・岡田の高等中学校を高等学校に言い替えてみれば、その部分的復活」(渡部 1978：58；強調も原文通り) と言われる部分のなかで、次の 2 項が外国語教育に関するところだ (教育調査会 1917：55)。

　一、高等學校及ヒ中學校ニハ尋常小學校第五學年及ヒ第六學年ヲ附属ト

19　雑誌掲載上の題は「同上の二」であるが、「同上」とは前掲載の「教育調査委員會」を指している。

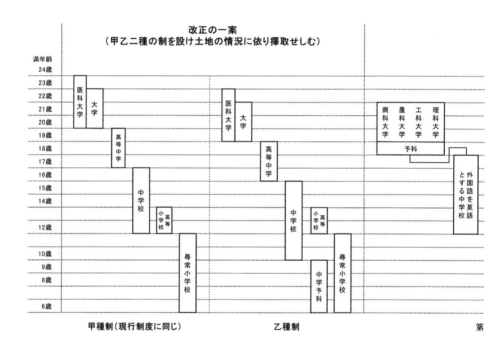

図 6-1. 江木の中学改革案（1914（大正 3）年 7 月 2 日提出）

（教育調査会 1917：34 ノ次より改変）

改正の又一案
（第一種制と第二種制とを設け土地の情況に依り擇取せしむ）

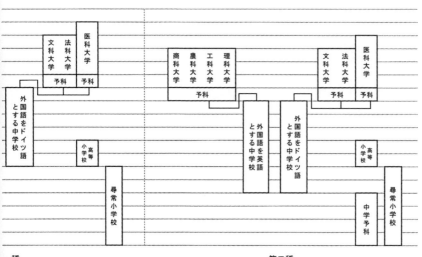

一種　　　　　　　　　　　　　　　　　　　　　　　　第二種

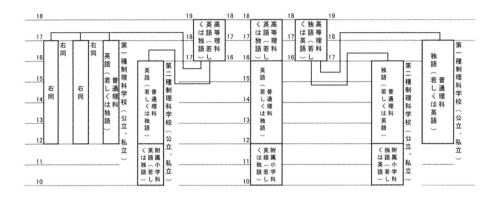

図 6-2. 1914（大正 3）年 10 月 19 日江木提出の折衷図表（1）

（教育調査会 1917：54 の次一部改変）

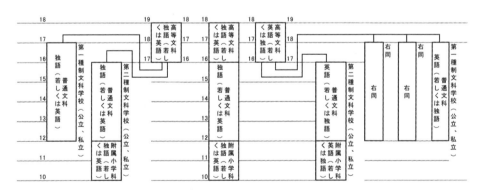

図 6-3. 1914（大正 3）年 10 月 19 日江木提出の折衷図表（2）

（教育調査会 1917：54 の次一部改変）

ナスコトヲ得セシム此場合ニ於テハ其學科目ニ外國語ヲ加ヘ一般ノ學科
目ニ多少ノ取捨ヲ許スコト

一、高等學校ノ外國語ハ、英、獨、佛ノ内一外國語トシ中學科及ヒ中學
校ヨリ一貫セシムルコトトナシ第二外國語ハ随意科トナスコト

　　三土は、江木案や菊池案が「急激的改革」であり実施が難しいと指摘し、
現行制度をそのまま維持したうえで傍系の学制を並行させる案を提示し、従
来の制度を根本的に破壊して新しい制度を導入することは困難で弊害も大き
いが、菊池案と江木案等を折衷した案であり、賛成者も少なくないと説明し
た(「三土氏提案」『教育時論』1064 号：38)。そして 11 月 4 日の特別委員会で、江
木が「審議上ノ便宜ヲ圖ランカ爲委員意見ノ一致點ヲ作成センコトヲ動議」
(教育調査会 1917：6)し、翌日付で「相談會ニ於ケル意向歸着點」を提出した。
そのうち外国語に関する項目は以下の通りである(同：57-58)。

(高等學校ノ部)

五、第二外國語ヲ必修科トスルノ制ヲ廢シ随意科トスルコト

六、外國語ハ英語、獨語若クハ佛語トスルコト

(中學校ノ部)

一、中學校ハ

　　　……

　(は)學科ヲ中學科及附属科トシ中學科ノ修業年限ヲ四箇年附属科ノ修
　　　業年限ヲ二箇年トシ中學科ハ現在ノ中學科ノ第五學年ノ課程ヲ削去
　　　シタルモノト略ホ同様ニシ附属科ハ小學校ノ第五學年、第六學年ノ
　　　課程ヲ取捨シテ之ニ外國語ヲ加ヘタルモノト同様ニ爲スモノアルヘ
　　　シ

　　　……

二、外國語ハ英語、獨語又ハ佛語トスルコト

　11月5日付の江木の「相談會ニ於ケル意向歸着點」(教育調査会 1917：57-58)
には修正が加えられ、11月6日には特別委員会により「相談會ニ於ケル意向
歸着點」(同：59)として取り定められた。11月10日には高等学校に関する審
議がなされ、「高等學校改正案委員意見ノ歸着點」(同：60-61)が作製され、こ
れらの内容についてさらに審議を重ねたうえで、11月13日に「特別委員會
ニ於ケル學制改正意見ノ歸着點」(同：62-64)が作製された。それに修正を加
えた内容が、11月17日、「特別委員會ニ於ケル學制改正意見」として仮議決
される(同：5-7, 65-67)。
　特別委員会の仮議決は「高等學校ノ部」(10項目)と「中學校ノ部」(9項目)に
分かれており、それぞれのうち、外国語に関する項目は以下の通りである(教
育調査会 1917：65-67；渡部 1978：58-59)。

「高等學校ノ部」
　　四、高等學校中學科ノ下ニ二箇年ノ附属科ヲ置クコトヲ得シメ附属科ノ
　　　　教科目ハ小學校第五學年、第六學年ノ課程ヲ取捨シテ之ニ外國語ヲ
　　　　加ヘタルモノトスルコト
　　六、高等學校ノ外國語ハ英語、獨語、佛語ノ中其ノ一ヲ課シ第二外國語
　　　　ハ随意科目トスルコト
　　　　大學ノ入學ニ關シ外國語ノ種類ニ制限ヲ置ク[20]現制ヲ廢スル方針ヲ取
　　　　リ高等學校高等科及中學科ノ語學ハ一貫セシムルヲ原則トスルコト但
　　　　シ生徒ノ希望ニ依リ外國語ノ轉換ヲ許スコト

「中學校ノ部」
　　七、外國語ハ英語、獨語又ハ佛語トスルコト

20　教育調査会 (1917：65) では、「制限ヲ置キ」となっているが、渡部 (1978：59) は「置ク」の
誤りではないかと指摘している。

　渡部 (1978) が指摘した通り、三土の案が、特別委員会で仮議決した「特別委員会ニ於ケル学制改正意見」の土台となっている。ただし、語学の転換に関する事項は、三土案にはなく、高等学校の外国語は中学科・中学校で履修した言語と同じとする―「中學科及ヒ中學校ヨリ一貫セシムルコトトナシ」（教育調査会 1917：55）―と言及するにとどまった。一方、特別委員会で仮議決された案では、高等科と中学科の外国語を同一とすることを原則とするが、生徒の希望によっては、転換することが認められた。この変更には、英語以外の外国語の教育を支持する委員の意見が影響を与えたと考えられる。

　江木は英語のみならずドイツ語の重要性を認識しており、後の臨時教育会議で関連する発言をしている（橋口 1960：389-390）。ここの発言で「一外国語主義」という用語を用いたわけではないが、「一外国語ニスルトナリマシタナラバ茲ニ亦餘程面倒ナ問題ガ起ッテ来ル」（文部省 1979b：97；発言は 1917（大正 6）年 12 月 7 日）と指摘し、1 外国語にするとなると英語が選択されてしまうので、それでは他の外国語が必要な専門分野に進む場合に不便を生じるという点を力説した。橋口 (1960：385-394) によると、江木は特に帝国大学への連絡を考慮したために「語学ノ転換法」（同：390）を主張した。つまり、帝国大学で教育を受けるためには英語だけでは不十分で、英語以外の外国語を学ぶ必要があった。さらに、鵜澤總明（1872 年生〜 1955 年没[21]）が、大学卒業後に社会の実務に従事する者にとっては 1 外国語であっても実用的な力を身につけることのほうが重要であるとの考えから、ドイツ語やフランス語の中学校を設置して、中学・高等学校・大学と一貫した一外国語主義を採用すべきだと主張[22]し、この鵜澤の見解が臨時教育会議の答申の高等普通教育に関する答申

21　生没年は海後編 (1960：1019-1036) を参照。

22　1917（大正 6）年 12 月 8 日の会議で、鵜澤は「強制的ノコトハ…私ハ一國語ニスルガ宜シイト思ヒマス、是ト同時ニ獨乙語ノ中學ヲ殖ヤス必要モアリマセウ、佛蘭西語ノ中學ヲ殖ヤス必要モアリマセウ、サウシテ大學マデ一本デ行ク、斯ウ云フ事ニ極リマスレバ、時間ノ省略モ出來ルコトデアラウト思ヒマス…」（文部省 1979b：182）と述べている。「一外国語主義」という用語を用いてはいない。

に活かされることになった(同：390)。そこで、一外国語主義を基本としつつも、江木が「語学ノ転換法、外国語ノ転換法」(同：390)と名付けたその方法を採用することで英語以外の外国語を学ぶ機会を確保することに臨時教育会議における議論の着地点があった[23]。外国語教育政策という視点で見ると、教育調査会特別委員会で起こった議論が、後の臨時教育会議で繰り返されたと考えられる。

　なお、江木は、外国語を1言語だけを学ぶということ自体に反対していたわけではないようである。提案する学制には、小学校からドイツ語のみを学ぶ選択肢が含まれている。1外国語のみを学ぶことに反対していたのではなく、むしろ、その1外国語が英語のみとなってしまうことを懸念していた。早期にドイツ語の学習を始めることが保障される学校制度であれば、一外国語主義に反対はしなかったであろう。それが保障されていない状態で主張できるのは、言語の転換を許すという選択肢であった。

　特別委員会が仮議決した案は、中学校が「第一種」と「第二種」の2種類を設置することを許可していた。第一種は「修業年限及學科目トモ現行ノ制ニ依ルモノ」、第二種は「本科四箇年附属科二箇年ノモノ」と示された(教育調査会 1917：66)。また、10歳からの外国科目提供が可能とされた。三土の案が「高等學校[24]及ヒ中學校ニハ尋常小學校第五學年及ヒ第六學年ヲ附属トナス

23　橋口(1960)は「語学ノ転換法」を採用したことが、7年制の高等学校を4年と3年に区切るという決定に至った理由にあると指摘した。中学校で学んだ言語とは別の言語を高等学校で学ぶ場合に、新しい言語を3年以下の期間で学ぶことは困難であるという考えが背景にあった(同：390)。3年であってもその習得は困難であるのに、高等学校を2年としたのでは新しい言語の習得は到底見込めないという議論である。臨時教育会議の答申を受けて1918(大正7)年には新高等学校令が制定され、5年制の中学校はそのまま維持されたが、「中學第四学年ヲ修了シタル者」(第11条)が入学を認められることとなった(文部省 1972b：157)。なお、1918(大正7)年には臨時教育会議の高等普通教育に関する主査委員会議決に対して、中学校の修学年限を短縮することに反対する意見書が全国中学校長会有志から出されている(文部省 1979a：357-359)。
24　三土案では、7年制の高等学校が中学科4年と高等科3年に分かれており、高等学校に附属科を設置するというのは、中学科の下に設けるという意味である(教育調査会 1917：55-56)。

コトヲ得セシム此場合ニ於テハ其學科目中ニ外國語ヲ加ヘ一般ノ學科目ニ多
少ノ取捨ヲ許スコト」(同：55) と示したところが、仮議決案で「高等學校中學
科ノ下ニ二箇年ノ附属科ヲ置クコトヲ得シメ附属科ノ教科目ハ小學校第五學
年、第六學年ノ課程ヲ取捨シテ之ニ外國語ヲ加ヘタルモノトスルコト」(同：
65) と、その意味する内容はほぼ同じである。

　明治期を通して、高等小学校では外国語あるいは英語の加設が認められる
時期が続いていたが[25]、1911 (明治 44) 年の「小学校令」の改正に伴い、英語は
廃止されて「商業」に組み込まれ、英語を含む「商業」は、「手工」、「農業」と
の 3 科目のうちいずれか 1 科目を必ず履修する科目として指定された (澁谷
編 1911：35-36；第 2 章 2.1 も参照のこと)。また、1907 (明治 40) 年の「小学校令」
改正で尋常小学校の年限そして義務教育が 4 年から 6 年に延長され、高等小
学校の開始年齢が 12 歳となっていた[26]。それを改め、10 歳・11 歳の学年にあ
たる小学校高学年で外国語を加えられるようにすべきだという論点だ。

　この仮議決に基づいて特別委員会が学科課程案の調製を教育調査会調査
部に委嘱し、江木は小松原、岡田とともにその審査にあたった (教育調査会
1917：8-14；渡部 1978：59)。3 委員の審議結果は 1915 (大正 4) 年 5 月 14 日、特
別委員会にて報告された。そこで報告された「中學科及附属科ノ學科課程」
では、中学校の外国語は「英語、獨語又ハ佛語トス」(教育調査会 1917：80)、「高
等學校高等科及専修科ノ學科課程」では「第一外國語ハ中學科ニ於テ生徒ノ
履修シタル外國語トス但シ生徒ノ志望ニ依リ第一外國語ノ種類ヲ轉換スル
ヲ許スコトアルヘシ」(同：86, 88) とし、第一外国語の種類を転換した場合の

25　1881 (明治 14) 年に「小学校教則綱領」が制定された際に、小学校での科目は外国語を含ま
なかったが、1884 (明治 17) 年 11 月 29 日の第 14 号達により土地の情況によっては英語を教
えることが認められた (文部省 1966：2)。

26　1907 (明治 40) 年の「小学校令」改正で、尋常小学校の修業年限そして義務教育年限が 4 年
から 6 年に延長され、高等小学校はその後の 2 年 (3 年まで延長可：12 歳～ 14 歳) となる (文
部省 1972b：110-111；山住 1987：年表 30)。それまでと同様に高等小学校の科目については、
英語を加えることが認められた。(第 2 章 2.1 も参照のこと)

授業時間数も併記された（**表6-4**）[27]。「語學ノ負擔（ふたん）ヲ輕減センカ爲ニ」（同：91）、必修の言語は1外国語に限り第二外国語を随意科目とし、第一外国語の授業時間数を増加し、第二外国語の時間数を減少させた。そして、「文科ニ於テ第二外國語ヲ修メサル者ニ對スル他學科目時數配當一例」、「理科ニ於テ第二外國語ヲ修メサル者ニ對スル他學科目時數配當一例」として、第二外国語を履修しない場合の他の科目の授業時間数の例が挙げられ（同：96-98）、第一外国語の種類を転換しない場合とする場合の対応がそれぞれに示された。

表6-4.「高等學校高等科及專修科ノ學科課程」で示された外国語の授業時間数

	第一外国語の種類		第一学年	第二学年	第三学年	計
文科	中学科と同じ言語の場合	第一外国語	9	9	8	26
		第二外国語	7	7	7	21
	中学科の言語から転換した場合	第一外国語	12	12	12	36
		第二外国語	4	4	3	11
理科	中学科と同じ言語の場合	第一外国語	9	7	7	23
		第二外国語	5	4	3	12
	中学科の言語から転換した場合	第一外国語	13	10	10	33
		第二外国語	3	3	2	8

注) 教育調査会 (1917：85-88) を基に作成。

　特別委員会で仮議決された案は、学科課程案とともに特別委員会で審議され、中学校の部、高等学校の部、大学校令修正案の部と本議決され、「大學校令等ニ關スル特別委員會議決」として調査会総裁の加藤弘之に報告された（教育調査会 1917：107-151；渡部 1978：59）。その報告には、「中學ノ部」「高等學校ノ部」「大學校令修正案ノ部」に加え、中学科及び附属科と高等学校高等科及び専修科の学科課程とその説明、そして各部についての理由書が附されており（教育調査会 1917：105-151）、高等学校部の理由書内で、「一外国語主義」

27　「高等學校高等科及專修科ノ學科課程」にて、専修科については、「學科目及其程度ハ文部大臣ノ許可ヲ受ケテ之ヲ定メシム」（教育調査会 1917：88）としている。

「二外国語主義」の用語を用いて、以下の説明がなされている（同：145）。なお、この内容は、後の臨時教育会議の答申（1918（大正 7）年 1 月 17 日）が説明した第二外国語を随意科目とした理由につながっている[28]。

　　高等學校ノ外國語ハ從來英獨佛語中ニ於テ二外國語主義ヲ採リシモ此等ノ外國語ハ我國語ト全ク語系ヲ異ニスルヲ以テ其學習ニ非常ノ困難ヲ感シ多數ノ歳月ヲ費スモ尚學生ノ學力不充分ナルヲ免レサル現状ナリ然ルニ外國語ノ價_か値（かち）ヲ考フルニ學者トシテハ二外國語ノミナラス三外國學語ヲモ必要トスヘキモ修學上ニ於テモ社會ニ立チテ實務ヲ執ル上ニ於テモ一外國語ニ習熟スレハ甚シキ不都合ヲ感セス否不充分ナル二外國語ヨリハ充分ナル一外國語ノ方寧ロ實用ニ適スヘシ故ニ委員會ニ於テハ一外國語主義ヲ採用シ第二外國語ハ學生ノ希望ニ任セ隨意科目トシテ之ヲ學ハシムルコトトセリ

　また、「高等學校高等科及專修科學科課程ノ説明」では、中学科から高等学校での外国語の転換について、現制度では中学校の外国語の種類によって高等学校や大学入学の範囲が限定されてしまうが、中学科で履修した外国語を高等学校で「第一外国語」として継続履修したうえで、自分の志望する大学に入学することができるようにする予定であり、「但シ當分ハ一齊（いっせい）ニ之ヲ實行シ難ク高等學校ニ於テ第一外國語ノ種類轉換ヲ必要トスル特別ノ事情アルヘキヲ慮（おもんぱか）リ以テ本案ノ課程ヲ編成セリ」（教育調査会 1917：125-126）と説明された。この点は、高等学校部の理由書内でも言及されている。今後は、大学入学において、どの学科であっても、英独仏の 3 言語のいずれかで入学で

28　臨時教育会議の答申では、「(1) 複数の外国語を習熟することは容易ではない。(2) 帝国大学の関係で考えると、学者になる場合には近世外国語を 2・3 言語、さらには古代語を身につけておく必要がないわけではないが、しかし、その習得は大学予備教育の期間で達成できるものでは到底ない。(3) 大学を卒業して実務に従事する者にとっては、外国語を 2 言語以上身につけておくことは望ましいことではあるが、絶対の必須条件というわけではない。」（下 2021：8-9）という理由が挙げられている（第 7 章 7.3 も参照）。

きるようにし、中学科・高等科と1外国語に十分精通できるようにしたいが、「獨語佛語ノ如キハ之ヲ主トスル中學校少キヲ以テ語學ノ轉換ヲ許ササレハ必要ノ學生ヲ得ルノ途ナク」(同：146)、そして、学生が中学入学時に大学入学を念頭に学科を決めることが困難であることや入学試験などの関係から途中で志望学科を変える場合があることなどから、外国語の転換を許す措置をとることになったという。

　先述の通り、その後、この特別委員会議決案は、1915 (大正4) 年6月22日付で菊池らが総会に提出した建議案「大學制度等ニ關スル建議案」(同：152-155) と対立し、議論は収束しないまま教育調査会は廃止となる。この建議案には「菊池大麓・澁澤榮一・嘉納治五郎・鵜澤總明・成瀬仁藏・高田早苗」が提出者として名を連ねた。江木は、帝国大学に続く教育を考え、改革案のなかで外国語教育を常に意識していたが、菊池はそうではなかった。江木は帝国大学への進学を意識し、英語だけではなくほかの外国語の教育も重視したが、その多様性のために提案した高等普通教育の内容は複雑化した。中学校では複数の種類の中学校を許す制度を採用することを提案した。

　一方、菊池は複数の種類の中学校を許す中学制度に反対していた。特別委員会案の中学校2種制に対する中学校からの激しい反対も、この案が採用されなかった背景にはあったという (渡部1987：61)[29]。1898 (明治31) 年9月に開催の全国中学校長会議では、高等普通教育を目的とする中学校と高等の学校に進学するための準備を行うことを目的とする中学校の2種を設置するかどうかが諮問されたが、中学校は1種類とする単線論を支持したのは110名中81名という大多数であった (米田1992：58-60)。菊池自身、そして校長会議出席者の大多数が、「高等普通教育を進学予備教育と明確に区別した中学校観」(同：59) を持っており、その流れから、1899 (明治32) 年の「中学校令」改正で

29　渡部 (1978) は『教育時論』1075号 (大正4年2月25日) を参照。また、谷口 (1975：96-97) は、澤柳政太郎が中学校を2種に分けることで労資の階級的対立が激化することを懸念し、また、『教育時論』1089号 (大正4年7月15日) に長野県野沢中学校長の与良熊太郎も同様の批判を述べていると指摘している。

はその目的を「男子ニ須要ナル高等普通教育ヲ為ス」(文部省 1972b：131) と定
めた経緯がある。進学予備教育は高等普通教育終了後にあるものと位置づけ
たうえで、高等普通教育の充実を図るべきだと考えた菊池からすると、初等
教育である小学校までも複数の種類の学校を許すような特別委員会議決案を
受け入れることはできなかったのであろう。

　菊池らの建議案は特別委員会議決案を批判し、中学校を卒業した者あるい
はそれと同等の学力があるものを収容し、4 年以上の教育を施すところを大
学とすること、大学は官立だけでなく地方自治団体や私立団体の設立を許可
すること、高等学校を廃止して大学に改造することなどを提案するものだっ
た (教育調査会 1917：152-155)。この案は、高等学校から帝国大学に続くこと
を前提とする特別委員会案に対抗するものであり、中学から大学に続く制度
への改革により修学年数の短縮が実現されるという主張を前面に出した (渡
部 1978：61)。

　修学年数の短縮は、1910 (明治 43) 年に「高等中学校令」諮問案が高等教育
会議に提出された際の争点であり (文部省 1972a：371)、それこそが学制改革
論の中心となるところであった。菊池は文相時代 (在任期間：1901 (明治 34) 年
6 月 2 日〜 1903 (明治 36) 年 7 月 17 日) に、第 7 回高等教育会議 (1902 (明治 35) 年
11 月 24 日〜 12 月 2 日開催) にて高等学校を廃止し大学予備門とする案を提出
しており[30] (教科書研究センター 1984：16)、本建議案でも、高等学校を廃止し、
中学校から大学に続く制度の実現を提案した。

　教育調査会は議論がまとまらないまま廃止され、課題は臨時教育会議へと
引き継がれた。臨時教育会議の成果を受けて高等学校における一外国語主義
が実際の政策に反映されたのが 1919 (大正 8) 年の「高等学校規程」である。小
松原文相が 1910 (明治 43) 年に高等教育会議に中学校・高等学校改革案を諮
問して以来、9 年の年月が経っていた。

---

[30]　大学予備門案は否決されたが、それと結びついた中学補習科充実案は修正のうえ可決さ
れた。しかし、その後必ずしもその趣旨は実現されなかったという (教科書研究センター編
1984：16)。

6.6　江木案不採用の理由と結末

　教育調査会において提案された学校制度改革案に江木を中心とする提案が
採用されなかった理由に関連して、次の 2 点が指摘できよう。1 つ目に、英
語以外の外国語教育を推進していくことが複雑な教育制度の提案につながり、
そしてそれゆえに会議における賛同が得られなかったこと、そして 2 つ目に、
提案された学校制度の裏側には、外国語教育が普通教育あるいは国民教育に
必要なのかという問題が潜んでいた点である。

　まず、江木は教育調査会の審議の過程で多くの資料と共に改革案を示した
が、その提案は、帝国大学への進学のために外国語が重要であること、必要
とされる外国語は英語以外にもあること、そして、外国語教育を早期に始め
ることで修学期間を短縮できるという考え方に基づいていた。しかしそれは、
中学校が 2 種、それに合わせて小学校も 2 種類になりうる複雑な制度を生む
ものであった。臨時教育会議答申の先取りであった (渡部 1978：59) という特
別委員会の仮議決案に江木の考えは一部反映されたが、全面的には受け入れ
られなかったのは、そのような複雑な制度設計が 1 つの要因である。「従來
の制度を根本に破壊して新制度を建設する事極めて困難の事たるのみならず、
却て弊害を生ずる基なれば」(『教育時論』1064 号 1914 (大正 3) 年 11 月 5 日発行：
38) という三土の意見に見られるように、江木の提案は容易な実施が見込ま
れなかった。

　そして、外国語教育と普通教育あるいは国民教育との関係が重要な要因で
ある。大学教育で必要とされたドイツ語やフランス語を普通教育のなかに明
確に位置づける提案、特に江木が 1914 (大正 3) 年 7 月に提案した中学改革案
が賛同を得られなかった背景としては、大正期にかけて中学校英語教育存廃
論が起こっていたことを指摘しておきたい。普通教育を目的とする中学校で
英語を必修科目としておく必要はないという意見が出される社会において、
ドイツ語やフランス語の教育を中学校、ましてや小学校の科目として位置づ

けていく提案は受容されにくかったであろう。

　澤柳政太郎 (1865 生〜 1927 没[31]) が教育調査会特別委員会案について「少数の利便のみ見た貴族的の案である、断じて國民的の案ではない」と批判し、国民学校には下層社会の子女が通い、中等上流社会の子女は別な教育機関に通うドイツのような教育ではなく、「貧富貴賤を問はず、六ケ年間は平等に教育する」日本の小学校のほうが遥かによいと述べたが (「我が小學教育の特長」『教育時論』1089 号：2-5；谷口 (1975) も 96-97 で引用)、その澤柳は貴族院議員在職時に、中学校で外国語 (英語) が必修とされていることに疑問を呈している (「中學校に於ける外國語問題」『教育時論』1142 号；川澄編 1978：181-184 に掲載)[32]。

　外国語教育が国民教育に必要ないという議論が生じるなか、大学教育の予備教育の一環であるドイツ語やフランス語の教育を普通教育のなかに位置づけるための方策は、ある程度自由度が高いものである必要があった。英語・ドイツ語・フランス語のいずれかを提供する、そして、中学から高等学校での言語の転換を許可するという方法が、小学校や中学校を 2 種にすることなく、さらに大学予備教育をその名を使わずに高等普通教育に盛り込んだ妥協策だったと言えよう。

　1913 (大正 2) 年 4 月 21 日読売新聞 1 頁は「獨語中學と英語中學」と題した社説で、ドイツ語を教える中学を推進するかしないかの問題を取り上げた。社説は、この問題には前提として議論すべき根本問題が多く存在しているが、

31　生没年は海後編 (1960：1019-1036) を参照。

32　成城中学校講師の大熊權平が、大熊 (1918) で、中等教育の刷新を求め「中学校令」及び「中学校令施行規則」の改正案を提示したが、澤柳政太郎はこの序を書いている。大熊は、英語の重要性を強調しつつ、日本国家としての発展のためには、中学校では「實際生活に關係深き」(同：111) 中国 (支那) 語・ロシア語・英語・フランス語・ドイツ語のうち 1 言語を選択して学習させること、高等普通教育においては「科學的語學主義」ではなく「教化的實用主義」、「實用的外國語主義」(同：112) を採るべきことを提案し、また、専門教育ではなく普通教育を目的とした中学校の外国語は「當然随意教科中に入るべき地位のものとす」と述べた (同：109-110)。なお、大熊は外国語の種類について、111 頁では「支・露・英・佛語の中、何れか其一」と記載したが、108-109 頁でドイツ語の重要性にも言及し、また、413 頁の「中學校令施行規則 (改正私案)」では、「外國語は、支那語、露語、英語、佛語、獨語とす」(強調も原文通り) としている。

特に高等普通教育が意味する内容によって議論の方向性が変化していくと指摘している。「例えば中學校の目的たる高等普通教育とは何ぞやの解釋次第にて専門教育に必要なる獨逸語も或いは過重視さるゝ事もあるべきが如し」と、高等普通教育が意味する内容によっては、ドイツ語を教える中学もその意義を増していく可能性があると説いた。この社説が示唆したように、教育調査会特別委員会議決案は、大学教育に必要とされた教育の基礎を高等普通教育である中学教育に含めた提案である。

6.7 外国語教育の方針

　結果的に学制改革案の提案に盛り込まれた外国語教育の方針として、次の4点が挙げられる。(1) 一外国語主義を採用すること、(2) 英語以外の外国語を含む外国語学習を10歳から開始する選択肢を含めること、(3) 中学校・高等学校の外国語を英語・ドイツ語・フランス語のいずれかとすること、そして、(4) 中学校(中学科)から高等学校(高等科)に進学した際に言語の転換を許可することである。これらの点は後の臨時教育会議の答申に吸収された。

　一外国語主義に関しては、特別委員会の委員の意見は一致していると岡田が述べたように、特別委員会において大きな反対はなかった。日本語とは構造が全く異なるヨーロッパの2言語を学ぶことは大変な負担であり、学ぶのであれば1言語で十分であるという点は、1894 (明治27) 年の「尋常中学校ノ学科及其程度」の改正で第二外国語が廃止されたときの説明にあるように(内閣官報局 1912:53)、それまでにも教育関係者が主張しており[33]、2言語以上を必修化することを主張する委員はいなかった。一方で、10歳の学年で外国語教育を導入し、英語にしてもドイツ語にしても学習開始時期を早めることでその効果を高めようという期待が調査会の特別委員会で仮議決された案に反映され、中学の附属科(10歳、11歳児の学年)で外国語を加えることが許可

---

[33] 第2章 2.2 を参照のこと。

された。1言語をより高度なレベルで習得できるようにとの期待から、より
早期の外国語教育開始という提案につながったのである。

　英語・ドイツ語・フランス語のいずれかを学ぶという指定は、明治期の教
育政策からの流れからすれば、当然であった[34]。江木は大学教育におけるド
イツ語の重要性に鑑み、提案する学制改革案では英語とドイツ語を常に重視
し、提案図に現れるのはその2言語で、彼自身の提案にフランス語を教授す
る学校が図に入ることはなかった。しかし、数学・物理・生物・法学・文学
などフランス語が重要な分野も少なからずあった。小松原、岡田、江木の3
委員が組織し、学科課程を審議した教育調査会小委員会では、私立暁星小学
校・中学校[35]の課程表が参考資料に入っており（教育調査会 1917：11-14）、この
ようにフランス語を教授する学校を制度上排除するわけにはいかなかった。
そして、そのために議論は複雑化した。

　さらには、言語の転換を許可することが提案されるが、そこには国民が学
ぶ外国語が英語のみにならないようにとの配慮があった。そしてこの提案に
より、議論は輪をかけて複雑になった。高等学校の学科課程の審議において
は、外国語を中学校の言語から転換する場合、しない場合、そしてそれが第
一外国語になる場合、第二外国語になる場合と、4通りのパタンを想定しな
ければならず、そこに単純に外国語の3種類を掛けるならば12のパタンを
許す制度となり、容易な議論には収まりようがなかった。

　ただし、教育調査会調査部が作成した「高等學校高等科專修科學科課程」
では、中学から同じ言語を学ぶ場合と異なる言語を学ぶ場合の2パタンが
文科と理科のそれぞれの課程表内で提示されており、一見単純に見える（**表**

34　第5章で論じた通り、ドイツ学を振興する明治政府のもと、高等教育会議（1896～1913）
　　でドイツ語教育を推進する動きがあったことを受けて、1901（明治34）年制定の「中学校令施
　　行規則」では、第一外国語が英語で第二外国語がドイツ語またはフランス語などと区別する
　　ことなく、英語・ドイツ語・フランス語が併記されるに至った動きなどがあった。

35　私立暁星小学校・中学校はカトリックの修道会マリア会が開設した学校が源流で小学校
　　は1890（明治23）年、中学校は1899（明治32）年に設立の許可を受けている（暁星学園 1989：
　　9-49, 475-477）。開設以来フランス語の授業を開講している。

6-4；本章196頁に掲載）。習熟度別への対応を考えると実際の運用は複雑であり、それゆえに教員数など十分な教授環境が整わない限り効果的な教育がなされるとは考えられない提案内容であるものの、より簡潔な提示が一助となり、この言語の転換法が最終的には後の臨時教育会議の答申にも盛り込まれることになったと言えよう。

6.8　本章のまとめ

　本章では、教育調査会に提出された中学校・高等学校の改革案に、英語以外の外国語教育を推進しようとした江木を中心とする提案が採用されなかった理由とその結果を明らかにした。教育調査会は議論が収束せずに廃止されたものの、特別委員会案で採用された教育方針は、後の臨時教育会議の答申に反映される。

　教育調査会では、特に江木の提案に、中学校教育でドイツ語を推進していく動きが見られたが、そのために提案される教育制度は複雑化し、委員会での賛同を得られなかった。また、異なる普通教育観を有する勢力と対抗した。江木の提案によれば小学校や中学校が2種となるが、進学予備教育を高等普通教育終了後に位置づけ、複線型の国民教育に反対していた菊池はそれに賛同できなかった。ドイツ語・フランス語教育を推進する関係者と国民が平等な普通教育を受けることを重視した関係者が議論した末の着地点が、特別委員会の仮議決に盛り込まれた外国語教育の4つの方針—(1)一外国語主義を採用すること、(2)英語以外の外国語を含めた外国語の学習を10歳から開始する選択肢を含めること[36]、(3)中学校・高等学校の外国語を英語・ドイツ

36　小学校については、その後、1919（大正8）年に「小学校令」が改正され、高等小学校において、それまで「商業」の一部となっていた「英語」が分離され、「外国語」という独立した加設科目となった（江利川2006：210；「官報」第1953号：89）。「外国語」という名称になり、英語以外の外国語が加設可能となったが、その背景には臨時教育会議、そしてその前の教育調査会での議論があったのであろう。高等小学校は12歳からであり、10歳からの外国語学習開始に関しては、1919（大正8）年2月の「中学校令」中改正により、中学校に予科を設け、そこで

語・フランス語のいずれかとすること、そして、(4) 中学校 (中学科) から高
等学校 (高等科) に進学した際に言語の転換を許可すること―であった。

　言語の転換を許すという点については、英語以外の外国語を推進する委員
が妥協した結果の方策である。高度なレベルのドイツ語能力・フランス語能
力の育成が理想的ではあるが、それが完全に保障される学校制度の実現が見
込めないなか、中学と高等学校で異なる言語を学ぶことを許すことが、ドイ
ツ語とフランス語の推進を図る者にとって、政策決定会議で認められる最善
の対応策となったと言えよう。

　後の臨時教育会議で、江木は、一外国語主義を懸念し、「一外國語トシタ
ナラバ多ク英語ト云フコトニナルデアラウ」(橋口 1960：389-390；文部省 1979b：
97) と述べた。英語中心となった外国語教育を端的に示す発言である。教育
調査会における議論を通しても、英語以外の外国語教育の推進において多大
な障壁があったことが明らかである。

「簡易ナル英語、独語又ハ仏語」の教授が認められたが、その後、文部省が官公立中学校に
は予科の設置を認めない方針を採用しため、初等教育に大きな変化は見られなかった (橋口
1960：406；教育史編纂会編 1939：247)。なお、第 2 章の 2.1 で指摘したように、1919 (大正 8)
年 3 月 29 日改正の「小学校令施行規則」では「外國語ハ日常簡易ノ英語を習得セシムルヲ以
テ要旨トス」(第 16 条) (「官報」第 1994 号：525) となっており、結局「英語」に縛られていた。

第 7 章
研究課題の考察と結論

　本書では、明治・大正期の中学校における外国語教育を中心に、教育政策決定関連機関において、英語偏重の外国語教育に対抗する議論にどのようなものがあったのか、そして、その議論は外国語教育政策にどのような影響を与えたのか、という 2 つの課題を追求した。

　第 1 の課題については、文部省が初めて開催した中学校の校長会議である、1898（明治 31）年の尋常中学校長会議（第 4 章）、文部省の最初の諮問機関として発足した高等教育会議（1896 ～ 1913）における審議（第 5 章）、そして、その高等教育会議廃止後に発足した文部省諮問機関である教育調査会（1913 ～ 1917）における審議（第 6 章）に、英語偏重の外国語教育に対抗する議論が見られた。それぞれの章で、各会議においてどのような議論が展開したかを明らかにしてきた。本章ではその内容をまとめ、その議論が外国語教育政策にどのような影響を与えたのかを検証する。

7.1　英語偏重に対抗する議論

　まず、1898（明治 31）年の中学校長会議の議論では、中学校で英語以外の外国語を教えるべきだと主張した出席者はほんの一握りであったことが明らかになった。会議出席者の大多数が、中学校で教える外国語は英語で十分であると判断し、本会議で可決された第一高等学校第三部の入学試業に関する建議は、外国語教育の英語偏重化をさらに促し、ドイツ語教育の推進を退ける内容のものとなった。英語以外の外国語を教えるべきだとの主張は、ドイツ

語推進派から出されたものであり、それに関連して第二高等学校以下の高等学校における入学試業にドイツ語を加えることを可能にする建議が合わせて可決されたものの、実際の外国語教育政策に強く反映されることはなかった。

　同じ頃、1899 (明治 32) 年に開催された第 3 回高等教育会議では、「中學校ニ於ケル外國語ハ英語ニ限ルヘキカ」という諮問案が議論された。この諮問案は、尋常中学校の外国語にドイツ語を採用するべきだと提案する内容の参照資料とともに提出された。この会議では、諮問案は撤回されたが、参照資料の 1 つが 1901 (明治 34) 年に開催の第 6 回会議での建議「道廳府縣中學校ニ於ケル獨逸語ニ關スル件」につながる。しかし、中学校で開設される外国語がほぼ英語のみに限られた状況が打開されるには至らなかった。中学校でドイツ語教育を推進できなかった背景には、外国語を学ぶ目的と学校系統問題のなかで議論された中学校の目的が一致しなかったことが挙げられる。一方、「外国語＝英語」という枠組みへの抵抗は 1900 (明治 33) 年開催第 5 回会議においても見られた。高等教育会議におけるこれらの議論が、1901 (明治 34) 年制定の「中学校令施行規則」において「英語」という教科名ではなく「外国語」とし、第一外国語、第二外国語という区別をせずに、英語・ドイツ語・フランス語の 3 言語を並立させるという結果に結びついたと考えられる。

　続いて、教育調査会 (1913 〜 1917) における議論の考察では、英語以外の外国語教育を推進することが複雑な教育制度の提案につながり、それゆえに会議における賛同が得られなかったこと、そして、議論の裏側には、外国語教育が普通教育あるいは国民教育に必要なのかという問題が潜んでいたことが明らかになった。外国語教育と深く関連した会員の提案は、大学で専門教育を受けるためには外国語が重要であること、専門教育では英語以外の外国語も必要とされていること、そして、外国語教育の早期開始が修学年限の短縮につながるという考えに基づいていた。しかし、その内容は、複数の種類の中学校設置を許す中学校制度に加え、小学校まで複数種類設置することを認める複雑な学校制度改革の提案であった。このような複雑な教育制度の改革案は、会議の賛同を得られることはなかった。

　また、大正期にかけて中学校英語教育存廃論が議論されたが、大学教育で必要とされたドイツ語やフランス語を普通教育あるいは国民教育のなかに明確に位置づける学校制度案が、会の同意を得ることは難しかった。そのなかで、英語以外の外国語を高等学校入学以前から十分に習得させたいと考える関係者は、早期に学習を始めることで高度なレベルのドイツ語あるいはフランス語の能力を育成することを理想としたが、それが保障される教育制度の実現は難しく、高等学校に進学した際に学ぶ言語を中学校時のものから転換することを認めさせること─「語学の転換法」─が最大の妥協案となった。

　教育調査会の議論は収束せずに会が廃止され、臨時教育会議(1917〜1919)に審議が引き継がれたが、結果的には、教育調査会で議論された一外国語主義と「語学の転換法」という方針は、臨時教育会議の答申(1918(大正7)年12月)に含められることになった。これらは、施行はされなかった「高等中学校規程」(1911(明治44)年制定)に含まれた方針である。一方、教育調査会のなかでも提案された、外国語学習の開始を10歳の学年から可能とするという点も、臨時教育会議の答申が出された翌年の「中学校令」改正(1919(大正8)年)に反映され、中学校に予科を置き「簡易ナル英語、独語又ハ仏語」を教えることが認められた。しかし、文部省は官公立中学校に予科を認めない方針を採用したため、予科制度が初等教育に与えた影響は大きいものではなかったという(橋口 1960：401-406[1])。

　なお、臨時教育会議の答申では、「中学校ノ外国語トシテ英語ノ外ニ独語又ハ仏語ノ採用ヲ奨励スルノ必要アリト認ム」(文部省 1972b：244)とされたが、これについて、1918(大正7)年11月12日付読売新聞朝刊2頁の記事「中學と佛獨語」は、次のように報じている。

　……中學卒業者が高等學校に入學せる場合語學轉換の要を生じ獨佛語速成習得の爲め幾多の不便を感じつゝあるに鑑み臨時教育會議は曩<ruby>曩<rt>さき</rt></ruby>に中學

1　橋口は教育史編纂会編(1939：247)を参照している。

教育改善に關する決議中特に英獨佛三語學を中學敎科程に加ふるの一項
を添加せるが右〔ここでは上〕に關し文部當局曰く今後英獨佛三科を課
するに當りては單に随意科目として外國語を認むる能はざる以上若し三
語科を設置するに於ては各級を異にせざる可らず斯くては經費の關係上
實現は至難にして 加 之 若し是れを強制的に必修科目とせんか獨佛語
科敎員の拂底せる今日到底需給の調和を圖り難し要するに當分の間は可
成英語の外獨佛科級の設置を獎勵するに止まるの外なからん

英語・ドイツ語・フランス語の3つのクラスを設置するとなると多額な経費
がかかるためにその実現は難しく、さらには、教員が不足しているために、
ドイツ語・フランス語を必須科目として強制的に設置することはできず、単
にこれらのクラスを奨励するに止まるしかないという文部省の見解である。
奨励するが、今後、教員養成をしていくことを予定したわけではない。
　これらの教育政策決定関連機関において、英語以外の外国語教育推進に関
係する議論は、なぜ外国語を学ぶのか、そしていくつの外国語を学ぶべきか、
という問題と深く関連したことが分かる。

7.2　なぜ外国語を学ぶのか

　明治期、外国語を学ぶ目的は近代国家確立のための西洋文明・文化移入で
あった。そして、明治初期は、外国語は教授言語でもあった。つまり、各科
目の内容を学ぶために外国語を使用していたという状況である。1872（明治5）
年に頒布された「学制」の実施においては、優良な教師や適切な教科書の不
足から、中学の教科は日本語による教授が困難であり、「外国教師ニテ教授
スル中学教則」（1872（明治5）年制定 1878（明治11）年廃止）で、英語・フランス語・
ドイツ語のいずれを以て教授することも可能であると定められた（櫻井1936：
86-89；櫻井1942：35-40；文部省1972b：138）。また、江利川（2011：14）によると、
1873（明治6）年に開校した開成学校では、日本歴史以外の専門学科がすべて

英語で行われ、また、1877（明治 10）年に発足した東京大学では、法・理・文
の 3 学部の教授は日本人が 4 名に対し、アメリカ 8 名・イギリス 4 名・フラ
ンス 4 名・ドイツ 1 名、医学部では日本人 5 名に対し外国人が 11 名でその
大半がドイツ人と、外国人教師のほうが多かった。高等専門教育は授業も試
験も卒業論文も外国語であった時代である。

　また、明治期、大正期、そして本書では対象としなかった昭和前期におい
ても、中学校に相当する学校（戦後の教育体制における高等学校に相当）は、実
際には超エリートが進学した学校であったことは考察から外すことのでき
ない重要な要因である。学制頒布前には、中学に相当する学校は全国に 4 校
のみで[2]（櫻井 1936：86）、その後、1879（明治 12）年には 784 校まで増加した（文
部省 1972b：489）。1886（明治 19）年に公布の「中学校令」第 1 条で「実業ニ就カ
ント欲シ又ハ高等ノ学校ニ入ラント欲スルモノニ須要ナル教育ヲ為ス所ト
ス」（文部省 1972b：128）と定められ、中学校の整備が行われるなか、その数は
一旦減るものの、再び増加し、1899（明治 32）年の「中学校令」改正では、第 1
条で「中学校ハ男子ニ須要ナル高等普通教育ヲ為スヲ以テ目的トス」と謳わ
れた。しかし、形式的には全国民に開かれた中学校であるが、1911（明治 44）
年でも、全国に中学校は 306 校、生徒数は約 12.5 万人で[3]、男子約 382.5 万人、
女子約 351.2 万人の合計 730 万人以上の学齢児童数がいるなか、中学校に進
学した学齢児童はほんのわずかで[4]、大衆教育とは言い難いものだった（同：
489）。中学校教育は、普通教育を目的としていたとはいえ、実際にはエリー

2　櫻井（1936：86）は 1970（明治 3）年に東京府と京都府に設置された中学校と、当時の中学程
　　度の官立学校として大阪開成所と長崎廣運館の 4 校を挙げている。

3　1911（明治 44）年の中学校の生徒数は本科 124,926 名、その他 378 名の合計 125,304 名であっ
　　た（文部省 1972b：489）。

4　文部省（1972b：497）によると、1911（明治 44）年の学齢児童総数は、男子 3,825,063 名、女
　　子 3,511,804 名の合計 7,336,867 名である。それに対し、就学児童数は 7,204,897 名で（同：
　　497）、尋常小学校の就学率は 98.2% である。尋常小学校は 6 年制であったので、男子学齢児
　　童数を 6 で割り、一学年当たりの人数を単純に平均すると、小学 6 年生にあたる男子学齢児
　　童が約 63.8 万人いた。中学校は 5 年制であったので、中学校生徒数を 5 で割り、一学年の人
　　数を単純に計算すると、約 2.5 万人である。つまり、63.8 万人のうち 2.5 万人が進学したこ
　　とになり、中学校の進学率は男子の 3.9% と計算される。

ト教育であった。そして、そのエリート教育において重要だったのが英語、ドイツ語、フランス語の学習だった。

　なお、これら 3 言語以外の外国語である朝鮮語・中国語・ロシア語などは、外交上・軍事上・商業上の理由で必要性が主張されたが、これらの言語は外国語学校や高等商業学校に取り入れられることになった（第 2 章 2.3.4 や 2.4）。中国語については、安藤（1954：149）が、戦前に中国語を学ぶものの学習動機はドイツ語やフランス語の場合と異なり、「軍事的または商業的（商業的といっても軍事と無縁でない）関心からまなぶか、古い漢文のなかでご新味を求めてシナ語をまなぶか」の 2 つあったと述べ、それは教える側も同様であったと説明した。また、明治期の熊本における中国語教育を考察した野口（1999, 2002, 2004）も、日清戦争後から 1945（昭和 20）年の敗戦まで、中国語が実用（商業）語学としての位置づけを確立していったことに言及し、野口（2004：54）は、中国語と英語やドイツ語を次のように説明した。

　　　中国語教育は会話などが中心であり、英語やドイツ語と違い、文学・文化を学ぶ外国語、社会科学・自然科学を学ぶ外国語としての位置づけはほとんどなされなかった。それ故一般の中学・高校・大学で正規の位置を占めることはなかった。中国語は道具・手段にすぎなかった。

裏を返せば、英語、ドイツ語、そしてフランス語が「文学・文化を学ぶ外国語、社会科学・自然科学を学ぶ外国語」として位置づけられ、一般の中学校・高等学校・大学での「正規の位置」を占めていった。明治以来、この 3 言語が、西欧近代文化の摂取・受容のために不可欠な文化的役割を担い（六角 1989：10）、そのほかの外国語とは異なる位置づけをされたのである。

　一方で、明治政府の採った教育政策において、ドイツ語やフランス語ではなく、英語が中心となったのは、ごく初期のことだ。文部省が開成学校に対して、英仏独の 3 言語から英語に一本化する方針を示したのは 1873（明治 6）年である（第 2 章 2.3.3）。1870 年代にはすでに大学予備教育や専門教育に

おいて英語が重視されていたが、中等教育における外国語教育の英語化を
名実ともに決定づけたのが、1881 (明治 14) 年の「中学校教則大綱」であった (第
2 章 2.2)。

　同時に、大学での専門教育におけるドイツ語やフランス語の重要性は継続
し、また、明治期にはドイツ学術の振興とともに、ドイツ語教育の強化がな
された時期もあった (第 2 章 2.3.2 参照)。大学予備教育を施していた高等学校
の入学試業にもこれらの言語が科目として追加され、高等教育におけるこれ
らの言語の重要性を維持することに役立った (第 3 章)。一時期にはドイツ語
強化のあおりを受けて必修から選択科目に変更されるなどの対応を受けたフ
ランス語についても、大正期に入るとその教育の推進を求める動きが見られ
た (大阪外国語学校 1924[5]；杉山 1934[6]；1918 (大正 7) 年の臨時教育会議答申)。

　このようななかで、中学校や高等学校の外国語教育の英語偏重化に抵抗し
たのは、ドイツ語とフランス語の教育推進派たちであった。高等教育を受け
るためには、ドイツ語やフランス語が必要だということがその論拠であった。
そして、大学教育に至るまでの修学年数の短縮化も、特にドイツ語教育推進
派が挙げる論点でもあった。修学年数の短縮化は学制改革の議論においても
重要な論点であり、大学に入学するまでの修学年数が長すぎる点が学制改革
議論のなかでは常に問題となっていた。勝浦鞆雄がドイツ語教育を中学校で
始めるべきだと主張したのも、江木千之が 10 歳からドイツ語を学べる環境
を整備すべきだと主張したのも、修学年数を短縮するという意図があっての
ことだった。外国語が重要である大学教育に至るまでの年限を短縮するため
には、外国語を早期に学習し始めるべきだという考え方である。言い換えれ
ば、外国語を学ぶ目的は、やはり高等教育、大学での専門教育を受けること
にあった。

---

5 大阪外国語学校 (1924) は、中学校におけるドイツ語とフランス語のクラス増設について、
　1923 (大正 12) 年度校長会議でも論考されたとしている。
6 杉山 (1934：39-40) は、1920 (大正 9) 年と 1922 (大正 11) 年にフランス語教育を推進する意
　見を発表したと述べている。

　しかし、中学校が普通教育を目的とし（1899（明治32）年「中学校令」の改正）、高等学校も大学予備教育の性格を除いて普通教育を目的としようという流れのなかで（教育調査会、そしてその後の臨時教育会議での結論）、普通教育において外国語教育を実施することにジレンマが生じることになった。中学校でのドイツ語教育推進派であった勝浦が、普通教育の目的を、個人そして国民として必要な能力知識を身につけさせることと説明し（勝浦1902）、「中等社會ノ人士」の教育（勝浦1896：60）の重要性を主張したように（第4章4.3）、国力を上げるために国民中間層の教育を充実させることが必要であったが、普通教育であるがゆえに、国民全体へその門戸を広げ大衆教育化していくことになると、専門教育に必要な外国語を教えることには矛盾が生じる。教育調査会における江木千之の提案や特別委員会の案が、大学予備教育を中学校から排除することに賛成していた菊池大麓や澤柳政太郎の批判を浴びた理由はそこである。

　また、その後の政策決定関連会議では、外国語教育が国民教育に悪影響をもたらすという考えも指摘された。臨時教育会議では、委員の北条時敬が、外国語を国民教育に取り入れるのは思想上面白くないと指摘し（橋口1960：404）、国民教育に外国語を取り入れると外国語の精神、外国語の思想が入ってくることになり、それは「国民教育ハ国民精神ト云フモノノ統一ヲ阻碍スル處ガアル」（同：405）と反対している。普通教育において国民教育をどのように位置づけるか、国民教育において外国語教育は必要なのか、そして、エリート教育につながる外国語教育が普通教育にどのように組み込まれるべきかという問題はより複雑な問題へと化した。

7.3　いくつの外国語を学ぶべきか

　もう1つの問題点として、いくつの外国語を学ぶべきかという問題がある。学ぶべき外国語は1言語でよいのではないかという考えから、一外国語主義は、明治期から繰り返し議論されてきた。中学校においては、1894（明治27）

年の「尋常中学校ノ学科及其程度」の改正で、一外国語主義が採用され、「第一外国語」「第二外国語」の指定はなく、「外国語」という科目名になった（第2章2.2）。普通教育において2つの外国語を学ぶ必要はなく、また、西洋言語を日本人が学ぶことは難しく、1言語であっても習得が困難であるという点が、その理由に挙げられ、第二外国語が除かれ、1つの外国語の授業時間が増加された（内閣官報局 1912：53；文部省 1894/1967：5；第2章2.2）。

　そして、1つの外国語を学ぶのであれば、どの言語を学ぶのかという問題が浮上する。ドイツ語やフランス語を推進する立場の者からすれば、これらの言語が早期から学習できる環境の確保が重要になってくる。高等教育会議では、「英語に限るべきか」という内容の諮問案に対し、湯本武比古が撤回を求め、それに同意した隈本有尚が、学校系統問題と同様の問題であり、中学校を複数の種類に分けるべきだという内容であれば、その具体的な制度の内容を提案すべきだと意見した（第5章 5.4.1.3）。学校系統問題に関連した新たな提案が高等教育会議に提出されることは結局なかったが（第5章 5.6）、教育調査会で江木千之が提案した中学校案や高等学校案が、まさに、学ぶ外国語に着眼した学校系統の提案であった（第6章 6.4, 6.5）。学ぶ外国語は1言語のみでよいが、そのなかで、英語だけでなくドイツ語やフランス語の教育を確立させるためには、複雑な学校制度の提案に至ることになり、政策決定関連機関での賛同が得られないというジレンマに陥った。

　高等学校については、最終的に一外国語主義が採用され施行まで至ったのは、1918（大正7）年12月の臨時教育会議の答申による。翌年1919（大正8）年に定められた「高等学校規程」において、外国語は英語、ドイツ語、またはフランス語とされ、第一外国語は必修科目だが、第二外国語は随意科目と示された（文部省 1972b：158；第6章 6.2）。外国語の習得に相当の時間を取られる一方で、大学を卒業後には実際には必要とされないことも多いという議論が背景にある。上記答申で、第二外国語を随意科目とした理由は次の通りだ（文部省 1979a：100）。

……我國ノ高等普通教育ニ在リテハ英佛独語ノ一ニ習熟セシムルヲ必要
トス然ルニ二箇以上ノ外國語ニ就キ其ノ素養ヲ十分ナラシムルハ決シテ
容易ノ業ニアラス更ニ又帝國大學ノ關係ヨリ考フレハ學術技藝ノ蘊奥^{うんのう}ヲ
攻究スル學者タラントスル者ニ在リテハ獨リ二三ノ近世外國語ノミナラ
ス他ノ近世語及古代語ニモ習熟スルヲ要スルコトナシトセス而カモ此等
ハ到底大學ノ豫備教育機關ニ於テ一般生徒ヲシテ之ヲ全ウセシムルヲ得
ヘキニアラス又大學ヲ卒リテ直ニ社會ノ實務ニ從事セムトスル者ニ對シ
テハ二箇以上ノ外國語ニ習熟スルコト固ヨリ望マシキコトナルモ必スシ
モ欠クヘカラサルモノナリト云フヲ得ス……

　つまり、場合によっては2言語以上の外国語を学ぶことが望ましいが、一般
の生徒にそれを強要する必要はないという主旨である。
　そして、一外国語主義は、中学校あるいは小学校までを2種に分けるよう
な複雑な学校制度ではなく、中学校の種類が1つに絞られた学校制度におい
て、外国語を1言語学ぶとしたらどの言語を選ぶのか、という問題に波及し
た。中学校の外国語教育はすでに英語が中心となっていたため、英語以外の
外国語を推進する立場の者にとっては、難しい判断を迫られるところであっ
た。結果として、高等学校で学ぶ外国語を、中学校のものから転換すること
を認める方針を採ることに着地点を見出した。また、実施には至らなかった
ものの、10歳という年齢から英語、ドイツ語、またはフランス語が学べる
という環境を設定したことも、一外国語主義を採用するにあたり、ドイツ語
やフランス語を推進する関係者が重視した点である。

7.4　結　論

　明治から大正にかけて、大学での専門教育において、英語に加えて、ドイ
ツ語やフランス語が重要な位置づけを維持した。教育政策決定機関において、
中学校の外国語教育の英語偏重化に抵抗する議論は、ドイツ語やフランス語

の重要性を主張する主旨で生じるものだった。ドイツ語やフランス語の重要性を維持するためにも、高等学校の入学試験にこれらが採用されるという展開に至ったが（第3章）、大衆に開かれるはずの中学校にも拘わらず、高等学校の連結を重視すればするほど、中学校においても英語・ドイツ語・フランス語の教育が必要であるという主張は否定できないことになった。

　一方、中学校や高等学校の目的が議論されるなか、大学予備教育としての外国語教育の位置づけが微妙なものとなった。大衆に開かれた国民教育を普通教育の理想と掲げるならば、外国語教育が普通教育において必要なのかという疑問が生じることになったのである。大学教育までつなげる普通教育という考えと、大衆に開かれた国民教育を施す普通教育という異なる理念が存在し、そのジレンマのなかで、英語中心の外国語教育は、いったん定められた状態から抜け出すことなく、過去の選択が継続されることになった。

　文部省開催としては初の全国中学校長会議、そして文部省諮問機関である高等教育会議と教育調査会と、明治・大正期を通して、大学教育への連絡と修学年数の短縮化を根拠に、中学校におけるドイツ語・フランス語教育を推進する同様の議論が繰り返された。結局は英語中心の外国語教育を大きく変えることには至らなかったが、しかしながら、そのような議論があったからこそ、英語完全一本化の外国語教育にはならなかったのである。教育関連法規上、学科名・教科目名を「英語」ではなく「外国語」としたことや、英語・ドイツ語・フランス語と併記された背景には、ドイツ語・フランス語の教育を推進する関係者の度重なる主張と尽力があったことが明らかになった。

　中学校における外国語教育を過去150年にわたり概観すると、英語中心の外国語教育という状況に大きな変化があったわけではない。それに対する批判も同様のものが繰り返し存在した。例えば、1918（大正7）年の臨時教育会議答申に含められた英語以外の外国語教育を推進する意見は、1988（昭和63）年の臨時教育審議会において出された外国語教育の多様性を推進する意見（臨時教育審議会 1988：134；岡戸（2002：154）でも引用）と重なる。その背景と根拠は大きく異なるが、推進に向けた動きと実際に採用された、あるいは採用

されなかった政策にどの程度の違いがあるのか。英語中心の外国語教育から脱却することが難しい状況は現在も過去も変わらないことが示唆される。同時に、英語完全一本化を免れている背景では、英語以外の外国語教育の重要性を主張する動きが繰り返し起こってきたのである。本書では、外国語教育の目的、推進に向けた動き、そして実際に採用された政策の関係を示し、英語以外の外国語を推進する動きがどのような展開に至ったのかを明らかにすることができた。

　第二次世界大戦後、外国語を学ぶ目的はさらに変化した[7]。学習指導要領では、国際理解やコミュニケーションという文言が外国語科の目標として掲げられるようになった[8]。また、ヨーロッパでは、1995（平成7）年に欧州連合の政策執行機関である欧州委員会が、外国語能力は「もはやエリート（や移動する人々）のためのものではない」[9](European Commission 1995：47)と宣言し、ヨーロッパ人のアイデンティティとして、ひとりひとりが母語に加えて2つの異言語を身につけることを目指すとし、2014（平成26）年にも、欧州連合理事会が、やはり多言語主義を促進するべく、主要な教育言語以外に2言語の教育を早期の段階で始めることをその対策のひとつに提示した (Council of the European Union 2014：3)。欧州評議会も複言語主義・複文化主義、そして異文化間主義を掲げて言語多様性の促進を重要視してきた (Council of Europe 2001：

7　本書では対象としなかったが、昭和期に入ると、外国語教育の目的に変化が見られた。1931（昭和6）年の「中学校令施行規則」の改正により、「外国語ハ英語、独語、仏語又支那語トス」（第2章第2条）として、中学校で教える外国語に中国語が加えられた（文部省 1972b：140）。1943（昭和18）年の「中学校規程」の第1章第8条では、外国語について「外国語ノ理会力及発表力ヲ養ヒ外国語ノ事情ニ関スル正シキ認識ヲ得シメ国民的自覺ニ資スルヲ以テ要旨トス」と、日本国民のアイデンティティを育成するという目的が外国語教育に加えられ、さらに「外国語科ハ英語、独語、仏語、支那語、マライ語又ハ其ノ他ノ外国語ヲ課スベシ」（「官報」第4838号：51）と、中国語に続きマライ語が追加された。なお、文部省（1972b：145）では「自覺」が「自賞」と表記されているが、「官報」（第4838号：51）では「自覺」となっている。

8　学習指導要領における「外国語」、特に「英語」の目標の変遷については、桂（1991）、外山（1971）などが参考になる。

9　原文は、"It is no longer possible to reserve proficiency in foreign languages for an elite"に"or for those who acquire it on account of their geographical mobility."と続く。

4-5, 133-134；2020：30-31；2021）。日本の外国語教育においても、外国語を学ぶ
目的をさらに議論し、それに合わせた教育方針を検討しなければならない。

　多言語の教育に揺れた近代の外国語教育。3つの言語は必ずしも「多い」と
は言えない。複雑な社会で生きるのに必要な人間性の涵養に貢献するために
は、現代の外国語教育は、多くの言語の教育に、もっと揺さぶられる必要が
あるだろう。

参考文献

（日本語）

安藤彦太郎（1954）「中国語教室の問題について」『中国語学研究会会報』31, 149-151.

安藤彦太郎（1988）『中国語と近代日本』岩波書店

石附 実（1998）「幕末期の幕府による留学生派遣」『歴史と地理』517, 21-30.

市川美佐子（1978）「小松原文相期における学制改革構想と高等中学校令（旧制高等学校に関する問題史的研究）」『国立教育研究所紀要』95, 29-48.

井上久雄（1969）『近代日本教育法の成立』風間書房

伊村元道（2003）『日本の英語教育200年』大修館書店

「イロハ便　牧野新文相の『英仏独三国語に通じておきたい』に賛同」（1906年4月9日）『読売新聞朝刊』, p. 2.

「英語ヲ小學科中ニ加ヘントセバ高等科ヨリスベシ」（1885年8月15日）『教育時論』（復刻版）雄松堂書店, 第12号, 1-6.

「江木案と菊池案」（1914年7月15日）『教育時論』（復刻版）雄松堂書店, 第1053号, 33-34.

江木千之翁経歴談刊行会（1987a）『江木千之翁経歴談　上（伝記叢書1）』大空社

江木千之翁経歴談刊行会（1987b）『江木千之翁経歴談　下（伝記叢書2）』大空社

江利川春雄（1993）「小学校における英語科教育の歴史（4）―明治後半期におけるその諸相―」『日本英語教育史研究』8, 75-121.

江利川春雄（2006）『近代日本の英語科教育史―職業系諸学校による英語教育の大衆化過程』東信堂

江利川春雄（2011）『受験英語と日本人―入試問題と参考書からみる英語学習史』研究社

江利川春雄（2016）『英語と日本軍　知られざる外国語教育史』NHK出版

江利川春雄（2018）『日本の外国語教育政策史』ひつじ書房

大泉篤範（出版年不明）『勝浦鞆雄畧傳』（町立高鍋図書館「大泉文庫」所蔵）

大熊權平（1918）『中等教育の革新と日本の使命』冨山房

大阪外国語学校（1924）『中學校に於ける外國語に就いて』大阪外国語学校

大谷泰照（2007）『日本人にとって英語とは何か―異文化理解のあり方を問う』大修館書店

大谷泰照（2010）「欧州連合（EU）の言語教育政策―戦争再発防止のための「壮大な実

験」―」, 大谷泰照編集代表『EU の言語教育政策―日本の外国語教育への示唆』くろしお出版, 9-24.

大谷泰照 (2020)『日本の異言語教育の論点―「ハッピー・スレイヴ症候群」からの覚醒』東信堂

岡田孝一 (2004)『東京府立中学』同成社

岡戸浩子 (2002)『「グローカル化」時代の言語教育政策―「多様化」の試みとこれからの日本―』くろしお出版

海後宗臣編 (1960)『臨時教育会議の研究』東京大学出版会

「外国語教育の偏重偏軽　英、独、仏及び露語」(1903 年 9 月 7 日)『読売新聞朝刊』, p. 2.

影山 昇 (2000)「澤柳清太郎と女子高等教育―東北帝国大学への門戸開放―」『成城文藝』第 170 号, 1-69.

梶山雅史 (1983)「明治期の教科書自由採択論と国定論―第二回高等教育会議の教科書自由採択論をめぐって―」『教育学研究』50(3), 254-263.

勝浦鞆雄 (1892)『中等教育私議』<http://dl.ndl.go.jp/info:ndljp/pid/808990> 2018 年 2 月 14 日アクセス

勝浦鞆雄 (1896)『高等普通教育ニ對スル希望』<http://dl.ndl.go.jp/info:ndljp/pid/809244> 2018 年 2 月 14 日アクセス

勝浦鞆雄 (1902)『高等普通教育ニ關スル所見』<http://dl.ndl.go.jp/info:ndljp/pid/808683> 2018 年 2 月 14 日アクセス

桂 敦子 (1991)「学校教育における外国語教育の意義―学習指導要領の目標の変遷を中心に―」*Kobe English Language Teaching : KELT*, 7, 130-138.

加藤弘之 (1891 ～ 1899)「英語と獨乙語とハ其撰フ所の精神自ら異ならさるを得す」加藤照麿編 (1891 ～ 1899：明治 24 ～ 32 年)『加藤弘之講論集第一冊』金港堂, 217-222. <http://dl.ndl.go.jp/info:ndljp/pid/752761> 2017 年 3 月 13 日アクセス

加藤弘之 (1900)「所謂學制改革論の謬妄」『太陽』(日本近代文学館、八木書店による復刻版), 6 (1), 2-3.

金井和正 (1978)『反教育シリーズ XX　英語教育解体』現代書館

加太邦憲 (1924)「大學の起原」大日本文明協会編『明治文化発祥記念誌』大日本文明協会,　80-85. <https://dl.ndl.go.jp/info:ndljp/pid/1078981/123> 2020 年 7 月 11 日アクセス

上村直己 (1988a)「東京・本郷台町の独逸学校について」『熊本大学教養部紀要　外国語・外国文学編』23, 153-166.

上村直己 (1988b)「陸軍大学校ドイツ参謀将校の通訳者たち」『熊本大学教養部紀要　外国語・外国文学編』23, 167-184.

上村直己 (2005)「一高及び四高教師エミール・ユンケル」『日独文化交流史研究』2005 年号, 15-41.

上村直己 (2006)「熊本におけるドイツ語教育の開始―第五高等中学校を中心に―」
　　『ラフカディオ・ハーンとその時代』, 65-99.

川澄哲夫編 (1978)『資料日本英学史　英語教育論争史』大修館書店

川澄哲夫編 (1998)『資料　日本英学史 1 下　文明開化と英学』大修館書店

川野健作 (1926)『鑾齋勝浦先生小傳』出版社不明

川又一英 (2003)『麻布中学と江原素六』新潮社

川又正之 (2000)「中学校・高等学校における英語以外の外国語教育の現状について」
　　『CARITAS (カリタス女子短期大学紀要)』34, 76-86.

川又正之 (2014)「日本の異言語教育政策を考える (2) ―中等教育における英語以外
　　の異言語教育について」『敬和学園大学研究紀要』23, 55-72.

河村倫哉・宮島 喬・山下 仁・高谷 幸・志水宏吉 (2018)「座談会：排外主義をどう
　　とらえるのか」『未来共生学』5, 14-53.

神辺靖光 (2015)『続　明治の教育史を散策する』梓出版社

「官報」号外 (1896 年 1 月 17 日)「第九囘帝國議會衆議院議事速記録第九號 (明治 29
　　年 1 月 16 日)」帝国議会会議録データベース検索システム <http://teikokugikai-i.
　　ndl.go.jp/>

「官報」号外 (1897 年 12 月 30 日) <http://dl.ndl.go.jp/info:ndljp/pid/2947637>

「官報」第 899 号 (1886 年 7 月 1 日) <http://dl.ndl.go.jp/info:ndljp/pid/2944118>

「官報」第 1092 号 (1887 年 2 月 23 日) <http://dl.ndl.go.jp/info:ndljp/pid/2944326 >

「官報」第 1093 号 (1887 年 2 月 24 日) <http://dl.ndl.go.jp/info:ndljp/pid/2944327>

「官報」第 1108 号 (1887 年 3 月 14 日) <http://dl.ndl.go.jp/info:ndljp/pid/2944342>

「官報」第 1502 号 (1888 年 7 月 3 日) <http://dl.ndl.go.jp/info:ndljp/pid/2944740>

「官報」第 1505 号 (1888 年 7 月 6 日) <http://dl.ndl.go.jp/info:ndljp/pid/2944743>

「官報」第 3471 号 (1895 年 1 月 26 日) <http://dl.ndl.go.jp/info:ndljp/pid/2946741>

「官報」第 3596 号 (1895 年 6 月 26 日) <http://dl.ndl.go.jp/info:ndljp/pid/2946871>

「官報」第 4043 号 (1896 年 12 月 18 日) <http://dl.ndl.go.jp/info:ndljp/pid/2947325>

「官報」第 4489 号 (1898 年 6 月 18 日) <http://dl.ndl.go.jp/info:ndljp/pid/2947778>

「官報」第 4495 号 (1898 年 6 月 25 日) <http://dl.ndl.go.jp/info:ndljp/pid/2947784>

「官報」第 4685 号 (1899 年 2 月 16 日) <http://dl.ndl.go.jp/info:ndljp/pid/2947976>

「官報」第 5470 号 (1901 年 9 月 25 日) <http://dl.ndl.go.jp/info:ndljp/pid/2948769>

「官報」第 5937 号 (1903 年 4 月 21 日) <http://dl.ndl.go.jp/info:ndljp/pid/2949244>

「官報」第 6406 号 (1904 年 11 月 5 日) <http://dl.ndl.go.jp/info:ndljp/pid/2949729>

「官報」第 6505 号 (1905 年 3 月 10 日) <http://dl.ndl.go.jp/info:ndljp/pid/2949835>

「官報」第 6953 号 (1906 年 8 月 31 日) <http://dl.ndl.go.jp/info:ndljp/pid/2950294>

「官報」第 7410 号 (1908 年 3 月 12 日) <http://dl.ndl.go.jp/info:ndljp/pid/2950757>

「官報」第 7743 号 (1909 年 4 月 21 日) <https://dl.ndl.go.jp/info:ndljp/pid/2951093>

224

「官報」第 7876 号 (1909 年 9 月 23 日)<http://dl.ndl.go.jp/info:ndljp/pid/2951226>

「官報」第 8063 号 (1910 年 5 月 11 日)<https://dl.ndl.go.jp/info:ndljp/pid/2951414>

「官報」第 261 号号外 (1913 年 6 月 13 日)<http://dl.ndl.go.jp/info:ndljp/pid/2952359 >

「官報」第 575 号 (1914 年 7 月 1 日)<http://dl.ndl.go.jp/info:ndljp/pid/2952678>

「官報」第 1953 号 (1919 年 2 月 7 日)<http://dl.ndl.go.jp/info:ndljp/pid/2954067>

「官報」第 1994 号 (1919 年 3 月 29 日)<http://dl.ndl.go.jp/info:ndljp/pid/2954108>

「官報」第 1231 号 (1931 年 2 月 7 日)<http://dl.ndl.go.jp/info:ndljp/pid/2957699>

「官報」第 4838 号 (1943 年 3 月 2 日)<https://dl.ndl.go.jp/info:ndljp/pid/2961343>

「昨日の中學校長會議」(1898 年 9 月 26 日)『朝日新聞朝刊』, p. 1.

旧制高等学校資料保存会編 (1985)『旧制高等学校全書　第三巻　教育編』(訂正発行版) 旧制高等学校資料保存会

『教育公報』(『帝国教育会議機関誌「教育公報」』を参照)

教育史編纂会編 (1938)『明治以降教育制度発達史　第 4 巻』教育資料調査会

教育史編纂会編 (1939)『明治以降教育制度発達史　第 5 巻』教育資料調査会

『教育時論』(復刻版) 雄松堂書店

「教育調査委員會の二」(1914 年 11 月 5 日)『教育時論』(復刻版) 雄松堂書店, 第 1064 号, 37.

教育調査会 (1917)『學制問題ニ關スル議事経過』教育調査会

教科書研究センター (1984)『旧制中等学校教科内容の変遷』ぎょうせい

暁星学園／記念誌等編纂委員会編纂 (1989)『暁星百年史』暁星学園

久保田 哲 (2021)『明治十四年の政変』集英社

久保田竜子 (2015)「グローバル化が日本の言語教育に及ぼすインパクト」, 久保田竜子著・奥田朋世監訳『グローバル化社会と言語教育　クリティカルな視点から』くろしお出版, 3-22.

倉沢 剛 (1965)『小学校の歴史 II ―小学校政策の模索過程と確立過程―』ジャパン・ライブラリ・ビューロー

「(広告) 私立独逸語学校　生徒募集広告」(1888 年 10 月 30 日)『朝日新聞朝刊』, p. 4.

「(広告) 私立独逸語学校　入学志望者募集」(1889 年 2 月 28 日)『朝日新聞朝刊』, p. 4.

「(広告) 第一高等中学校入学試業に合格した本校生徒／本郷区　私立独逸語学校」(1892 年 8 月 27 日)『読売新聞朝刊』, p. 4.

「(広告) 夜学科に初等級を増設／本郷元町　私立独逸語学校」(1892 年 6 月 30 日)『朝日新聞朝刊』, p. 6.

高知県教育史編纂委員会編 (1964)『近代高知県教育史』高知県教育研究所

高等教育会議編 (出版年不明)『第一回〜第十一回高等教育會議決議録』高等教育会議

「高等教育会議餘録 (第十二日)」(1898 年 10 月 20 日)『日本』(復刻版) ゆまに書房, 第

30 巻, 311.

高野山高等学校 (1956)『学園回顧録』高野山高等学校

高野山高等学校百年史編纂委員会 (1986)『高野山高校百年史』高野山高等学校

国立国会図書館 (2009)「リサーチ・ナビ　江木千之・関係文書 (MF：個人所蔵)」
　　<https://rnavi.ndl.go.jp/kensei/entry/egikazuyuki.php> 2019 年 9 月 6 日アクセス

国立国会図書館 (2013)「近代日本人の肖像」<https://www.ndl.go.jp/portrait/datas/204.
　　html> 2019 年 9 月 6 日アクセス

国立国会図書館憲政資料室 (2013)「水野直関係文書目録」<https://rnavi.ndl.go.jp/
　　kensei/tmp/index_mizunonaoshi.pdf> 2018 年 9 月 10 日アクセス

近藤忠義 (2004)『サムライたちが学んだ英語　「英学本位制」(1873 年) 成立前後を中
　　心とした英語教育および学習についての研究』碧天舎

櫻井 役 (1936/1970)『日本英語教育史稿』(敞文館 1936 (昭和 11) 年刊の複製) 文化評
　　論出版

櫻井 役 (1942/1975)『中学教育史稿』(受験研究者増進堂 1942 (昭和 17) 年刊の複製)
　　臨川書店

佐藤秀夫 (1978)「1918 (大正 7) 年高等学校令の成立過程 (旧制高等学校に関する問題
　　史的研究)」『国立教育研究所紀要』95, 71-107.

佐藤秀夫 (1999)「D・マレー「学監考察 日本教育法」と「学制」改正－明治初期教育
　　政策の形成と御雇外国人」『日本大学文理学部人文科学研究所研究紀要』57, 169-
　　187.

四方一淰 (2004)『「中学校教則大綱」の基礎的研究』梓出版社

「時事彙報」(1914 年 7 月 15 日)『教育時論』(復刻版) 雄松堂書店, 第 1053 号, 29-39.

澁谷徳三郎編 (1911)『明治四十四年改正小學校法規要義』寶文館 <http://dl.ndl.go.jp/
　　info:ndljp/pid/1083321> 2017 年 1 月 5 日アクセス

下 絵津子 (2018)「なぜ外国語を学ぶのか―高等教育会議と明治期中学における外国
　　語教育―」『言語政策』14, 29-54.

下 絵津子 (2019)「1898 年全国中学校長会議―英語かドイツ語か―」『言語政策』15,
　　31-56.

下 絵津子 (2019)「明治期から大正期日本の高等学校入学試業と中学校の外国語教
　　育：第一高等学校における変遷を中心に」『JALT Journal』41 (1), 27-48.

下 絵津子 (2019)「教育調査会における学制改革案と外国語教育の方針」『外国語教育
　　研究』22, 199-214.

下 絵津子 (2021)「日本の外国語教育史における「一外国語主義」の採用と結果」『英
　　語教育の歴史に学び・現在を問い・未来を拓く―江利川春雄教授退職記念論集
　　―』3-26.

邵 艶 (2005)「近代日本における中国語教育制度の成立」『神戸大学発達科学部研究紀

要』12 (2) , 141-169.

「小学校で英語 "先取り" 導入は各校の判断で」 (1999 年 10 月 19 日)『読売新聞東京朝
　刊』, p. 25.

「小學校の英語課に就て」 (1902 年 12 月 25 日)『教育時論』(復刻版) 雄松堂書店 , 第
　637 号, 31.

如蘭会 (1958)『尋中・一中・日比谷高校　八十年の回想』如蘭会

鄭 修娟 (2015)「日本における「英語以外の外国語教育」に関する一考察」日本におけ
　る「英語以外の外国語教育」に関する一考察」『教育経営学研究紀要』, 17, 39-49.

「尋常中學校一覽表」 (1890 年 9 月 25 日)『教育時論』(復刻版) 雄松堂書店 , 第 196 号,
　27-28.

「尋常中學校長會議」 (1898 年 9 月 16 日)『日本』(復刻版) ゆまに書房, 第 30 巻, 96.

「尋常中學校長會議の延期」 (1898 年 9 月 23 日)『日本』(復刻版) ゆまに書房, 第 30 巻,
　140.

新村 出編 (2018)『広辞苑　第七版』岩波書店

杉山直治郎 (1934)「我国外国語教育の根本問題」『日仏文化』新第五 輯, 1-42.

鈴木孝夫 (1999)『日本人はなぜ英語ができないか』岩波書店

施 光恒 (2015)『英語化は愚民化　日本の国力が地に落ちる』集英社

「全国尋常中学校長會議」 (1898 年 10 月 15 日)『帝国教育会議機関誌「教育公報」』中
　野光監修 (復刻版) 大空社, 第 206 号, 43-45.

「全國尋常中學校長會議の概況 (其一)」 (1898 年 9 月 25 日)『教育時論』(復刻版) 雄
　松堂書店, 第 484 号, 16-17.

「全國尋常中學校長會議の概況 (其二)」 (1898 年 10 月 1 日)『教育時論』(復刻版) 雄
　松堂書店, 第 485 号, 21-25.

「全國中學校長會議要項」 (1902) <http://dl.ndl.go.jp/info:ndljp/pid/808949> 2018 年 2
　月 23 アクセス

第一高等学校 (1939)『第一高等學校六十年史』第一高等学校

「第一高等中学校が英語を第一外国語に定める／文部省報告」 (1886 年 12 月 28 日)『読
　売新聞朝刊』, p. 1.

大学英語教育学会 (2014)『英語教育政策：世界の言語教育政策論をめぐって』大修
　館書店

「大學校令と江木氏」 (1914 年 7 月 15 日)『教育時論』(復刻版) 雄松堂書店, 第 1053 号,
　30-31.

「第五回高等教育會議」 (1900 年 12 月 25 日)『教育時論』(復刻版) 雄松堂書店, 第 565 号,
　31-34.

高梨健吉 (1979)「英学のあゆみ―幕末から明治末まで」高梨健吉・堀口俊一・福井 保・
　川澄哲夫・森 常治・大村喜吉・小川芳男・清水 護編著『現代の英語教育―第 1

巻 英語教育問題の変遷』研究社, 1-32.

高鍋町史編纂委員会編 (1987)『高鍋町史』<https://takanabe.miyazaki-archives.jp/> 2019
　　年 7 月 19 日アクセス

武井 一 (2005)『皇室特派留学生―大韓帝国からの 50 人―』白帝社

武石典史 (2004)「明治後期東京における私立中学校の機能―入学動向・入学者の経
　　歴の視点から―」『教育社会学研究』75, 25-42.

竹内暉雄 (2000)「ハウスクネヒトが残した中学校教員資格勅令案」『教育学研究』67
　　(3) , 344-352.

田中貞夫 (2005)『旧制高等学校フランス語教育史』旧制高等学校記念館

田中慎也 (1988)「明治期初等教育と英語 (外国語) 教育政策―文部省年報を中心とし
　　て―」『東京女学館短期大学紀要』11, 73-90.

田中慎也 (1994)『どこへ行く？大学の外国語教育』三修社

谷川 稔・北原 敦・鈴木健夫・村岡健次 (2009)『世界の歴史 22―近代ヨーロッパの
　　情熱と苦悩』中央公論新社

谷口琢男 (1975)「教育調査会と中等教育改革問題」『茨城大学教育学部紀要』24, 91-
　　100.

玉木俊明 (2018)『ヨーロッパ繁栄の 19 世紀史―消費社会・植民地・グローバリゼー
　　ション』筑摩書房

樽本英樹編著 (2018)『排外主義の国際比較―先進諸国における外国人移民の実態―』
　　ミネルヴァ書房

「中學改善案議」(1914 年 7 月 15 日)『教育時論』(復刻版) 雄松堂書店, 第 1053 号, 34-
　　35.

「中學校長會」(1898 年 9 月 26 日)『日本』(復刻版) ゆまに書房, 第 30 巻, 157.

「中學校長會 (廿五日)」(1898 年 9 月 27 日)『日本』(復刻版) ゆまに書房, 第 30 巻,
　　169.

「中學校長會 (廿六日最終)」(1898 年 9 月 27 日)『日本』(復刻版) ゆまに書房, 第 30 巻 ,
　　169.

「中學校長會議期日」(1898 年 9 月 21 日)『日本』(復刻版) ゆまに書房, 第 30 巻, 131.

「中學校長茶話會」(1898 年 9 月 23 日)『日本』(復刻版) ゆまに書房, 第 30 巻, 141.

「中學校長茶話會」(1898 年 10 月 1 日)『教育時論』(復刻版) 雄松堂書店, 第 485 号,
　　25.

「中學校長の建議案」(1898 年 9 月 23 日)『日本』(復刻版) ゆまに書房, 第 30 巻, 140.

「中学と仏独語」(1918 年 11 月 12 日)『読売新聞朝刊』, p. 2.

「中學校長會議諮問案及建議案」(1898 年 10 月 5 日)『教育時論』(復刻版) 雄松堂書店,
　　第 485 号, 23-25.

中等教科書協会 (1904)『諸學校職員録』(明治 37 年版) <http://dl.ndl.go.jp/info:ndljp/

pid/779896> 2018 年 8 月 24 日アクセス

中等教科書協会 (1908)『明治四十一年十月現在　中等教育諸學校職員録』<http://dl.ndl.go.jp/info:ndljp/pid/779898> 2018 年 8 月 24 日アクセス

中等教科書協会 (1921)『大正十年五月現在　中等教育諸學校職員録』<http://dl.ndl.go.jp/info:ndljp/pid/937374> 2018 年 8 月 24 日アクセス

中等教科書協会 (1922)『大正十一年五月現在　中等教育諸學校職員録』<http://dl.ndl.go.jp/info:ndljp/pid/937375> 2018 年 8 月 24 日アクセス

中等教科書協会 (1926)『大正十五年五月現在　中等教育諸學校職員録』<http://dl.ndl.go.jp/info:ndljp/pid/937376> 2018 年 8 月 24 日アクセス

土屋澄男編著 (2011)『新編英語科教育法入門』研究社

土屋忠雄 (1962)『明治前期教育政策史の研究』文教図書

『帝国教育会議機関誌「教育公報」』中野光監修 (復刻版) 大空社, 第 206 号.

「帝國教育會に於ける尋常中學校長招待茶話會」(1898 年 10 月 15 日)『帝国教育会議機関誌「教育公報」』中野光監修 (復刻版) 大空社, 第 206 号, 45.

寺尾捨次郎編 (1894)『学校管理法　附録教育法令』大日本図書 <http://dl.ndl.go.jp/info:ndljp/pid/809678> 2018 年 9 月 7 日アクセス

寺﨑昌男・竹内暉雄・榑松かほる (1991)『御雇教師ハウスクネヒトの研究』東京大学出版会

寺沢拓敬 (2014)『「なんで英語やるの？」の戦後史―≪国民教育≫としての英語、その伝統の成立過程』研究社

筧田知義 (1974)『旧制高等学校教育の成立』ミネルヴァ書房

独逸学協会学校同窓会 (1933)『独逸学協会学校五十周年史』独逸学協会学校同窓会

「独逸学生大運動」(1890 年 5 月 15 日)『朝日新聞朝刊』, 1.

東京外国語大学／東京外国語大学史編纂委員会編 (1999)『東京外国語大学史：: 独立百周年 (建学百二十六年) 記念』東京外国語大学出版 <http://www.tufs.ac.jp/common/archives/history.html> 2021 年 7 月 16 日アクセス

東京高等学校史刊行委員会 (1970)『東京高等学校史』東京高等学校同窓会

東京大学／東京大学百年史編集委員会 (1984)『東京大学百年史通史　一』東京大学

東京帝国大学 (1932a)『東京帝国大学五十年史　上冊』東京帝国大学

東京帝国大学 (1932b)『東京帝国大学五十年史　下冊』東京帝国大学

東京府立第一中学校 (1929)『東京府立第一中學校創立五十年史』東京府立第一中学校

「東京府立第一中學校の獨逸語加設」(1902 年 2 月 25 日)『教育時論』(復刻版) 雄松堂書店, 第 607 号, 38.

「同茶話會」＞「中學校長茶話會」(1898 年 10 月 1 日) を参照

「同上と江木氏」＞「大學校令と江木氏」を参照

「同上の二」＞「教育調査委員會の二」を参照

「独語中学と英語中学」(1913 年 4 月 21 日)『読売新聞朝刊』, p. 1.

外山滋比古 (1971)「英語教育目的論の移り変わり」『英語教育』12 月号, 39-41.

鳥飼玖美子 (2018)『英語教育の危機』筑摩書房

内閣官報局 (1912)『法令全書』(明治 27 年) 内閣官報局 <http://dl.ndl.go.jp/info:ndljp/pid/787993/309> 2017 年 6 月 21 日アクセス

中津燎子 (2017)『中津燎子全集 1　なんで英語やるの？』一般社団法人　中津燎子の英語未来塾

中鉢惠一 (2004)「外国語教育の衰退と英語帝国主義―大学における外国語教育の実態とその行方―」『東洋大学人間科学総合研究所紀要』2, 71-80.

中村 敬 (1996)「第 2, 第 3 の外国語―その種類、導入の時期など―」『英語教育』6 月号, 14-16.

中村 敬・峯村 勝 (2020)『迷走する英語教育をただす―中村敬の理想・思想・実践をもとに』かもがわ出版

西堀 昭 (1969)「幕末の横浜に設立された仏蘭西語学伝習所の成立と背景―わが国における仏語 (教育) 史 -1」『千葉商大論叢 A　一般教養篇』11, 43-70.

西堀 昭 (1974)「幕末・明治時代の御雇仏人について (資料紹介)」『千葉商大論叢 A　一般教養篇』11 (3) , 153-173.

西堀 昭 (1981)「明治時代のフランス語学校 -1 (資料)」『千葉商大紀要』19 (3) , 127-159.

西堀 昭 (1988)『増訂版　日仏文化交流史の研究―日本の近代化とフランス―』駿河台出版社

西堀 昭 (2008)「幕末・明治期のフランス語教育」『ふらんす』, 10 月号, 8-11.

「廿五日の概況」＞「全国尋常中学校長会議の概況 (其二)」を参照

『日本 (新聞)』(復刻版) 北根豊監修, ゆまに書房, 第 30 巻

日本学術振興会 (2010) スーパーグローバル大学創生支援事業 <http://www.jsps.go.jp/j-sgu/h26_kekka_saitaku.html> 2018 年 11 月 16 日アクセス

日本教職員組合編 (1971)『私たちの教育課程研究　外国語教育』一ツ橋書房

日本言語政策学会 (JALP)・JALP 多言語教育推進研究会 (2014)「グローバル人材育成のための外国語教育政策に関する提言―高等学校における複数外国語必修化に向けて―」<http://jalp.jp/wp/?page_id=1069> 2020 年 6 月 5 日アクセス

「日本の数学 100 年史」編集委員会編 (1983)『日本の数学 100 年史　上』岩波書店

野口宗親 (1999)「明治期熊本における中国語教育 (1)」『熊本大学教育学部紀要 人文科学』48, 133-149.

野口宗親 (2002)「明治期熊本における中国語教育 (2)」『熊本大学教育学部紀要 人文科学』51, 65-83.

野口宗親 (2004)「明治期熊本における中国語教育 (3)」『熊本大学教育学部紀要 人文

科学』53, 45-53.

橋口 菊 (1960)「諮問第二号　高等普通教育ニ関する件　その一」海後宗臣編『臨時教育会議の研究』東京大学出版会, 339-425.

長谷川由紀子 (2013)「日本の中等教育機関における英語以外の外国語教育の実情―「英語以外の外国語教育の実情調査」結果分析―」『九州産業大学国際文化学部紀要』55, 113-139.

日比谷高校／日比谷高校百年史編集委員会編 (1979)『日比谷高校百年史　上巻』日比谷高校百年史刊行委員会

平原春好 (1963)「明治期教育行政機構における諮問機関の性格―高等教育会議の成立過程の分析―」『教育学研究』30 (1), 10-20.

平原春好 (1964)「明治期における教育行政の機構と思想―諮問機関としての高等教育会議とその改革運動―」『東京大学教育学部紀要』6, 11-63.

「風俗改良論」『帝国教育会議機関誌「教育公報」』中野光監修 (復刻版) 大空社, 第 206 号, 21-29.

「婦人と外国語　英語偏重の弊外特に顕著」(1908 年 3 月 20 日)『読売新聞朝刊』, p. 1.

細川英雄・西川教行編 (2010)『複言語主義・複文化主義とは何か―ヨーロッパの理念・状況から日本における受容・文脈化へ』くろしお出版

松村幹男 (1982)「明治 35 年制定の「中学校教授要目」外国語とその成立をめぐって」『中国地区英語教育学会研究紀要』12, 99-104.

松村幹男 (1987a)「高等小学校における英語科―明治期英語教育史研究―」『中国地区英語教育学会研究紀要』17, 219-223.

松村幹男 (1987b)「中学校入試科目としての英語及び小学校英語科―明治中期英語教育史研究―」『英学史研究』19, 109-123.

松村幹男 (1988)「もうひとつの英語科存廃論―明治中・後期英語教育史研究―」『中国地区英語教育学会研究紀要』18, 183-187.

松村幹男 (1997)『明治期英語教育研究』辞游社

松山傳五郎編 (1886)『教育法令』教育報知社 <http://dl.ndl.go.jp/info:ndljp/pid/797373> 2018 年 11 月 9 日アクセス

真辺将之 (2018)「明治十四年の政変―大隈重信はなぜ追放されたか」小林和幸編『明治史講義　【テーマ篇】』筑摩書房, 159-178.

「三土氏提案」(1914 年 11 月 5 日)『教育時論』(復刻版) 雄松堂書店, 第 1064 号, 37.

「寧ろ中学改良　江木千之談」(1914 年 7 月 3 日)『読売新聞朝刊』, p. 3.

森住 衛 (1996)「＜外国語教育＝英語教育＞でよいのか?」『英語教育』6 月号, 8-10.

森住 衛 (2016)「豊かな多言語世界のための 6 つの論点」森住衛・古石篤子・杉谷眞佐子・長谷川由起子編著『外国語教育は英語だけでいいのか：グローバル社会は多言語だ!』くろしお出版, 2-14.

森住 衛 (2020)『日本の英語教育を問い直す 8 つの異論』桜美林大学叢書

森住 衛・古石篤子・杉谷眞佐子・長谷川由紀子 (編著) (2016)『外国語教育は英語だけでいいのか』くろしお出版, 2-14.

文部省 (1875/1964)『大日本帝国文部省年報第三』(明治 8 年の複製) 宣文堂

文部省 (1882/1966)『大日本帝国文部省年報第十　二冊』(明治 15 年の複製) 宣文堂

文部省 (1884)『明治十七年文部省布達全書』文部省 <http://dl.ndl.go.jp/info:ndljp/pid/797577> 2017 年 9 月 6 日アクセス

文部省 (1884/1966)『大日本帝国文部省年報第十二』(明治 17 年の複製) 宣文堂

文部省 (1888/1967)『大日本帝国文部省年報第十六』(明治 21 年の複製) 宣文堂

文部省 (1894/1967)『大日本帝国文部省年報第二十二』(明治 27 年の複製) 宣文堂

文部省 (1899/1968)『大日本帝国文部省年報第二十七』(明治 32 年の複製) 宣文堂

文部省 (1903a)『第三回高等教育会議議事速記録』<http://dl.ndl.go.jp/info:ndljp/pid/808681> 2018 年 6 月 1 日アクセス

文部省 (1903b)『第七回高等教育会議議事速記録』<http://dl.ndl.go.jp/info:ndljp/pid/808682> 2018 年 6 月 1 日アクセス

文部省 (1972a)『学制百年史 (記述編)』帝国地方行政学会

文部省 (1972b)『学制百年史 (資料編)』帝国地方行政学会

文部省 (1979a)『資料臨時教育会議　第一集総覧 (解説および基礎史料)』文部省

文部省 (1979b)『資料臨時教育会議　第三集総会速記録第九－十五号』文部省

文部省教育調査部編 (1937)『學制に関する諸調査會の審議經過』文部省教育調査部

文部省教育調査部編 (1940)『高等學校關係法令の沿革』文部省 <https://dl.ndl.go.jp/info:ndljp/pid/1271330> 2018 年 2 月 14 日アクセス

文部省専門学務局編 (1920)『大正八年高等學校高等科入學者選抜試驗ニ關スル諸調査』文部省専門学務局 <http://dl.ndl.go.jp/info:ndljp/pid/940437> 2018 年 2 月 14 日アクセス

文部大臣官房文書課 (1894)『文部省命令全書　明治二十七年』文部大臣官房文書課 <http://dl.ndl.go.jp/info:ndljp/pid/2127060> 2018 年 9 月 7 日アクセス

文部大臣官房秘書課 (1916)『文部省職員録 大正五年十一月一日調』文部省 <http://dl.ndl.go.jp/info:ndljp/pid/924402> 2018 年 2 月 23 日アクセス

山崎吉朗 (2017)「複言語・多言語教育推進への道　日本外国語教育推進機構 JACT-FL の設立」平高史也・木村護郎クリストフ編『多言語主義社会に向けて』くろしお出版, 56-69.

山住正己 (1987)『日本教育小史―近・現代―』岩波書店

山本正身 (2014)『日本教育史―教育の「今」を歴史から考える』慶應義塾大学出版会

吉家定夫 (1998)『日本国学監デイビッド・マレー―その生涯と業績』玉川大学出版部

232

吉田研作 (2014a)「グローバル時代の外国語教育」『弘道』122 (1088) , 6-12.

吉田研作 (2014b)「これからの英語教育改革」『学校教育研究所年報』58, 20-23.

吉野剛弘 (2001a)「大正前期における旧制高等学校入試─入学試験をめぐる議論と入試制度改革─」『慶應義塾大学大学院社会学研究科紀要：社会学心理学教育学』53, 19-31.

吉野剛弘 (2001b)「明治後期における旧制高等学校入試─文部省の入試政策と各学校への影響を中心に─」『慶應義塾大学大学院社会学研究科紀要：社会学心理学教育学』52, 51-62.

米田俊彦 (1992)『近代日本中学校制度の確立─法制・教育機能・支持基盤の形成─』東京大学出版会

臨時教育審議会 (1988)『教育改革に関する答申─臨時教育審議会第一次～第四次 (最終) 答申─』大蔵省印刷局

六角恒廣 (1989)『中国語教育史論考』不二出版

「我が小學教育の特長」 (1915 年 7 月 15 日)『教育時論』(復刻版) 雄松堂書店 , 第 1089 号 , 2-5.

渡部宗助 (1978)「教育調査会と高等学校問題」『国立教育研究所紀要』95, 49-69.

（英語）

Baumgardner, R. (2009). Teaching World Englishes. In B. Kachru, Y. Kachru, C. L. Nelson. (Eds.) *The Handbook of World Englishes*. Wiley-Blackwell, 661-679.

Council of Europe (2001). Common European Framework of Reference for Languages: Learning, teaching, assessment. Cambridge Unviersity Press.

Council of Europe (2020). Common European Framework of Reference for Languages: Learning, teaching, assessment [Companion volumne]. <https://rm.coe.int/common-european-framework-of-reference-for-languages-learning-teaching/16809ea0d4> 2021 年 7 月 20 日アクセス

Council of Europe (2021). Language education policy. <https://www.coe.int/en/web/language-policy/language-policies> 2021 年 7 月 20 日アクセス

Council of the European Union (2014). Conclusions on multilingualism and the development of language competences.<https://www.consilium.europa.eu/uedocs/cms_data/docs/pressdata/en/educ/142692.pdf> 2021 年 7 月 19 日アクセス

European Commission (1995). White paper on education and training — teaching and learning — towards the learning society. <https://europa.eu/documents/comm/white_papers/pdf/com95_590_en.pdf> 2018 年 10 月 9 日アクセス

Honna, N. & Takeshita, Y. (2013). English as an International Language and three challenging issues in English language teaching in Japan. In R. Marlina and R. A. Giri (Eds.) *The

Pedagogy of English as an International Language: Perspectives from Scholars, Teachers, and Students. Springer, 65-77.

Kubota, R. (2002). Impact of globalization on language teaching in Japan. In D. Block and D. Cameron (Eds), *Globalization and language teaching.* Routledge, 13-28.

Sasaki, M. (2008). The 150-year history of English language assessment in Japanese education. *Language Testing 25*(1), 63-83.

Yoshida, K. (November, 2013). Plurilingualism as a goal in Japan's English education [Plenary talk]. Japan Association for Language Teaching, Learner Development Special Interest Group 20th Anniversary Conference, Tokyo, Japan.

あとがき

　本書は、2020（令和 2）年 2 月に京都大学大学院人間・環境学研究科（共生人間学専攻）に提出した学位論文「近代日本における外国語教育政策：英語偏重型をめぐる議論の考察」に加筆修正したものである。大学で外国語学部に入学した私の周りには、英語以外の外国語を学んでいる友人が多くいたので、英語以外の外国語の学習には常に関心があった。ただ、大学を卒業後、高校の英語教師になると、授業の最初に英語以外の外国語を紹介する大ベテランの先生がいらっしゃったが、その時には、その意味はあまり分かっていなかったように思う。

　その後、大学院修士課程で、英語教育（Teaching English to Speakers of Other Languages: TESOL）を専攻し、英語教育の分野では、学習者自律性（オートノミー）、協働学習、ポートフォリオ評価、そして、ヨーロッパ言語共通参照枠（CEFR）などをキーワードに研究を進めてきた。CEFR の理念として社会のひとりひとりが複数の言語を身につけることに関係する「複言語主義」に出会うと、「英語と英語以外の言語を含めた外国語教育」について、さらに知りたいという気持ちが強まった。同時に、大学の英語学習プログラムのカリキュラム開発に携わるなかで、その枠組みに影響を与える要因として言語政策やイデオロギーへと関心の対象が広がった。

　幸い、外国語教育政策の専門家として自律性や複言語主義を取りあげてこられた京都大学の西山教行先生のもとで、研究を進めることができた。西山先生には、博士論文のもととなった論文それぞれについて、草稿の段階から、研究課題の設定・課題探求の方法・論の展開・結論の導き方といった根幹にかかわる部分へのご指摘をいただいた。また、イデオロギーに支配された社会において何が問題となっているのか、語られてこなかった課題や（場合によっては意図的に）見過ごされた問題を見つけていくことの重要性を学んだ。

236

学生の立場で指導・助言を受ける機会は、大学で教えてきた私にとって、教育能力を高めるための実践方法を学ぶことにほかならず、非常に貴重なファカルティ・ディベロップメントの一環となった。

　博士論文の審査は、主査の西山教行先生に加えて、京都大学の倉石一郎先生、細見和之先生、そして、和歌山大学の江利川春雄先生が引き受けてくださった。公聴会で議論になったテーマの１つに普通教育と外国語教育の関係がある。改めてその関係を見直すきっかけとなり、エリート教育と大衆教育、そして、一外国語主義と複数異言語主義という観点から外国語教育を考察することが重要であると気づかされた。近代から現在まで続く、「大衆教育＝普通教育＝一外国語主義＝英語教育強化」という構図を議論する機会につながり、江利川先生ご退職記念の論集に拙稿を掲載していただいた（下 2021）。江利川先生には、博士論文への丁寧なご指摘に加え、本書の出版原稿についても、貴重な助言をいただき、さらに新たな文献も紹介いただいた。

　また、言語政策史をキーワードに研究を進めたいと思ったきっかけの１つは、寺沢拓敬氏の『「なんで英語やるの？」の戦後史―≪国民教育≫としての英語、その伝統の成立過程』（寺沢 2014）であった。「なんで英語やるの？」という謎解きの面白さに感銘を受け、「なんで英語だけやるの？」という謎解きに挑んでみたいと思ったのだ。原稿を書き終えたこの機会に、『なんで英語やるの？』を改めて読んだ。強く心に残ったのが、岩手県の「山の中」（中津 2017：277）の高校で英語を教える竹森君が次のように説明するシーンだ。エルヴィス・プレスリーで授業をする竹森君が中津さんに話したのが次の言葉である。

　「生徒を前にしてね、俺は、お前たちに魚やオランウータンが持っている伝達のことばと同じようなものとして英語を教える。どんな動物だって生きて行くのに、何かしら連絡方法をもっている。ありも、むかでも、蜂もそうだ。魚も、牛、馬、猫、犬、そして人間もそれに含まれる。その連絡方法として、音と文字でアングロサクソンが作りあげたのが英語

で、大和民族が作りあげたのが日本語だ。そう思って、アングロサクソンと大和の人間たちがどのようにしてことばを作って行ったか研究する気で来い。それは世界のどこにいても、人間である以上知っておかねばならぬことばの勉強だ。俺もわからん事が多いから一緒にやる、とそう申しわたしたのですよ」(同：290)

さて、「なんで英語やるの？」から50年、「英語ニ限ルヘキカ」から150年と時は経ち、社会はどのように変わり、どのように変わっていないのか。国家・社会や共同体・個人の間の関係が複雑に変容し、多様な価値が交錯する社会においては、異なる価値観の受容が大切である。外国語教育を多様化し、より充実させることは、様々な価値観を知り、世の中の多様性を学ぶことにつながる。本書は、明治期・大正期の学校教育を対象としたため、扱った外国語は英語・ドイツ語・フランス語であった。しかし、多様化する日本社会に必要なのは、これらの言語だけでなく、隣国の言語や国内で使用されている異言語の教育を充実させることではないだろうか。理想的な考えに過ぎないと批判されるかもしれないが、それにより、国内社会情勢の安定につながり、諸外国との友好な関係が促進されるのではないだろうか。

本書の最初に紹介した社説では、「中學校で外國語を課して居る國でハ、大概皆その隣國の語を教えて居る」との指摘があった。その指摘はヨーロッパ諸国の状況を指していると考えられる。120年程前のことであるが、当時、ヨーロッパ諸国の学校では、ヨーロッパの言語を教えていた。2つの世界大戦を経験した現在のヨーロッパでは、言語・文化の多様性を維持することの重要性が強調されるようになったが、そこで重視されているのは隣国や国内で使われているヨーロッパの言語の教育である (European Commission 1995：47-49)。

日本の社会においても、多様性は高まっている。複数あるその要因のうちの1つが、外国人の旅行者・移住者である。この「あとがき」の原稿に着手したコロナ禍の2020年夏、外国人の入国は厳しく規制され、その後2021年

4月で訪日外客数が1万人程度と[1]、非常に限られる。しかし、プレ・コロナ社会であった2019年には、外国人旅行者受け入れ数は3188万人[2]、在留外国人の数は同年末に293万3,137人（前年末より7.4%増加）と過去最高を記録した[3]。外国にルーツを持つ児童生徒の数が増加しており、日本語教育の支援が必要な児童生徒数は2018年に5万人を超えている[4]。そして、ここで言う「外国」とは、中国・韓国・ベトナム・フィリピン・ブラジル・ネパール・インドネシア、そのほか、様々な国々である[5]。

このような日本社会で、例えば、中国語や韓国語、ロシア語などの近隣諸国の言語による表記をする外食産業・生活関連サービス業・娯楽業関連の小売業や企業に対して、助成金を給付する制度が導入されると、世の中はどのように変化するだろうか。中国語・韓国語・ロシア語の表示が増え、国内の言語景観は随分と変わるであろう。日常生活で目にする言語については、学習価値が高まり、人々の学習意欲が向上すると考えられる。近隣諸国の言語を学び、それにより、文化を学ぶ機会が広がり、互いに友好な関係を築いていくことにつながるのであれば、国益にもなる。日本政府にとって魅力的な政策ではないだろうか。

ここで、教科名の「外国語」についても言及しておきたい。「外国語」という名称には、「様々な外国語」「多様な外国語」という、英語以外の外国語教

1　日本政府観光局ホームページ <https://www.jnto.go.jp/jpn/statistics/visitor_trends/>（2021年5月20日アクセス）。

2　国土交通省観光庁ホームページ <https://www.mlit.go.jp/kankocho/siryou/toukei/ranking.html>（2020年8月18日アクセス）。

3　法務省 <http://www.moj.go.jp/nyuukokukanri/kouhou/nyuukokukanri04_00003.html>（2020年8月18日アクセス）。

4　文部科学省（2019）「日本語指導が必要な児童生徒の受入状況等に関する調査（平成30年度）」の結果について <https://www.mext.go.jp/content/1421569_001.pdf>（2020年8月18日アクセス）。

5　法務省（2018）「平成30年末現在における在留外国人について」<http://www.moj.go.jp/nyuukokukanri/kouhou/nyuukokukanri04_00081.html>；日本政府観光局（2017）「月別・年別統計データ（訪日外国人・出国日本人）」<https://www.jnto.go.jp/jpn/statistics/visitor_trends/>（ともに2020年8月18日アクセス）。

育を推進する強いメッセージが込められる。2017（平成29）年の学習指導要領の改訂により、2020（令和2）年から小学校5年生から教科としての「外国語」が導入された。2016（平成28）年の春、京都大学で開かれた国際集会「異文化間教育の文脈化をめぐって」の際に、一般財団法人日本外国語教育推進機構（JACTFL）の設立者である山崎吉朗氏とお話しする機会があった。多様な外国語教育の推進を先導される山崎氏は、小学校の外国語教育を議論する政府関係の会議資料のなかに出てくるのは「英語」ばかりで、ほかの外国語が考慮されていないことを危惧し、学習指導要領では「英語」ではなく「外国語」という教科名であることを強く指摘されていた。高等教育会議の議論―中学校の学科目を「外国語」ではなく「英語」と変更するかどうかの議論を経て「外国語」という名称に収まったという展開―を考察した際には、山崎氏の言葉を思い出さずにはいられなかった。

　確かに、学習指導要領で示された教科名は「外国語」であり、ほかの外国語が入ってくる余地が生まれている。しかし、一方で、この表示は「外国語＝英語」というメッセージを子どもたちの意識下で強化している。ある時、小学生の長女が、「最近気になっていること」をテーマにスピーチすることになっており、スピーチ用のメモを私に見せた。「メモだからきたないよ」と言ったものの、記録せずにはいられなかったので、娘の許可を得て、こちらに掲載する。

　「いろいろな国のことばが学べたらいいね」と言った私に、娘は「先生がいないね」と一言…。教育充実のために教員養成が必要だということは、高等教育会議の「英語ニ限ルヘキカ」の参考資料で指摘されていた点である。

　博士論文を書き進めるにあたっては、本当にたくさんの方々から助言や激励、ご協力をいただいた。日本英語教育史

スピーチ用のメモ

学会や外国語教育学会 (東京外国語大学)、全国語学教育学会では、学会発表または原稿執筆の機会に、様々な貴重なコメントをいただいた。博士論文を審査してくださった諸先生方には、前述の通り、議論を整理するための観点や今後の研究課題等を的確に指摘していただいた。博士論文の原稿等にいただいたご指摘・ご助言については、本書の原稿作成の際にできる限り反映するように努め、不正確な記述については修正をした。不十分な点や残存する誤りは私の力不足に尽きる。先生方に改めて感謝申し上げたい。このような機会を与えてくれた京都大学に感謝している。

また、勤務先である近畿大学の研究に対する継続的な支援に対し、心より感謝の気持ちを表したい。図書館の職員の方には、研究に必要な資料の入手にあたり、多大なる協力をいただいた。文芸学部・日本語学者の深澤愛さんには、判読できない文字や解釈に悩む表現があるたびに助言をいただいた。本書は、近畿大学の令和3年度学内研究助成金 (KJ03) の助成を受けて出版にされたもので、近畿大学の関係の皆さまに、深謝申し上げる。

そして、出版にあたっては、東信堂の下田勝司社長と担当の下田奈々枝さんに大変お世話になった。本書のメッセージをいかにして読者に届けることができるのか、ご助言いただき、また、原稿の書き直し作業に非常に辛抱強くお付き合いいただいた。ここに改めて厚くお礼を申し上げる。

最後に、笑いとひらめきと心のオアシスとなってくれる夫と娘2人にありがとう。次女に「○○って何でできてるの?」という質問がブームとなったことがあった。「子どもって何でできてるの?」の質問には、「子どもは夢と希望でできてるよ!」と即答したが、そんな子どもたちの未来は、過去、そして現在からつながっている。

天国のキクエおばあちゃん、ノリ子おばあちゃん、そして、義母リンダに本書を捧げたい。

2022年1月

初出一覧

　本書の以下の章の論考は、2018 年から 2019 年に発表した論文および研究ノート（いずれも単著）が初出である。それぞれに加筆、場合によっては修正のうえ、編集して各章とした。

第 3 章
「明治期から大正期日本の高等学校入学試業と中学校の外国語教育：第一高等学校における変遷を中心に」『JALT Journal』第 41 巻 1 号 , 27-48. 2019 年.

第 4 章
「1898 年全国中学校長会議―英語かドイツ語か―」『言語政策』第 15 号 , 31-56. 2019 年.

第 5 章
「なぜ外国語を学ぶのか―高等教育会議と明治期中学における外国語教育―」『言語政策』第 14 号 , 29-54. 2018 年.

第 6 章
「教育調査会における学制改革案と外国語教育の方針」『外国語教育研究』第 22 号 , 199-214. 2019 年.

索　引

著者紹介

下　絵津子（しも　えつこ）

近畿大学総合社会学部教養・基礎教育部門教授。京都大学大学院人間・環境学研究科博士課程修了。博士（人間・環境学）。ニューヨーク州立大学バッファロー校教育学研究科教育学修士（TESOL 専攻）。東京外国語大学外国語学部英米語学科卒業。鹿児島県立鶴丸高等学校英語教諭、宮崎公立大学人文学部国際文化学科講師、近畿大学語学教育部講師などを経て、2020年 4 月より現職。専門は英語教育学・言語教育政策。主要論文等に、学習者オートノミー、協働学習、教師ビリーフ、外国語教育政策に関する研究論文のほか、『*Critical, Constructive Assessment of CEFR-informed Language Teaching in Japan and Beyond*』（ケンブリッジ大学出版 2017）に Can Do フレームワークに基づいたカリキュラムに関する共著の章、『CEFR の理念と現実　理念編　言語政策からの考察』（くろしお出版 2021）に共訳の章などがある。

多言語教育に揺れる近代日本　「一外国語主義」浸透の歴史

Ambivalence Towards Multilingual Education: Modern Japan and the Gradual Implementation of its 'One Foreign Language Principle'

2022年 2 月25日　　初　版第 1 刷発行　　　　　　　　　〔検印省略〕

定価はカバーに表示してあります。

著者ⓒ下　絵津子／発行者 下田勝司　　　　　　　印刷・製本／中央精版印刷

東京都文京区向丘 1-20-6　　郵便振替 00110-6-37828　　　　　　　　　発 行 所

〒113-0023　TEL（03）3818-5521　FAX（03）3818-5514　　　株式会社 東 信 堂

Published by TOSHINDO PUBLISHING CO., LTD.

1-20-6, Mukougaoka, Bunkyo-ku, Tokyo, 113-0023, Japan

E-mail : tk203444@fsinet.or.jp　http://www.toshindo-pub.com

ISBN978-4-7989-1740-5　C3037　ⓒ SHIMO, Etsuko

東信堂

多言語教育に揺れる近代日本 —「一外国語主義」浸透の歴史 ……… 下 絵津子 三二〇〇円

近代日本の英語科教育史 —職業系諸学校による英語教育の大衆化過程 ……… 江利川春雄 三八〇〇円

日本の異言語教育の論点 —「ハッピー・スレイヴ症候群」からの覚醒 ……… 大谷泰照 二七〇〇円

旧制東京高等師範学校及び東京文理科大学八〇年のあゆみ —大学の未来と理想の人間像を求めた人々 ……… 山田宣夫 一四〇〇〇円

大学教育の在り方を問う ……… 山田宣夫 二三〇〇円

転換期を読み解く —潮木守一時評・書評集 ……… 潮木守一 二六〇〇円

大学再生への具体像 〔第2版〕 ……… 潮木守一 二四〇〇円

フンボルト理念の終焉? —現代大学の新次元 ……… 潮木守一 二五〇〇円

新版 昭和教育史 —天皇制と教育の史的展開 ……… 久保義三 一八〇〇〇円

高等女学校における良妻賢母教育の成立と展開 —教育理念・修身教科書・学校生活の総合的研究 ……… 姜華 五二〇〇円

成瀬仁蔵の帰一思想と女子高等教育 —比較教育文化史的研究 ……… 大森秀子 三三〇〇円

多元的宗教教育の成立過程 —アメリカ教育と成瀬仁蔵の「帰一」の教育 ……… 大森秀子 三六〇〇円

近代中国人日本留学の社会史 ……… 周一川 六〇〇〇円

文字と音声の比較教育文化史研究 —昭和前期を中心に ……… 添田晴雄 四八〇〇円

空間と時間の教育史 —アメリカの学校建築と授業時間割からみる ……… 宮本健市郎 三九〇〇円

大正新教育の実践 —交響する自由へ ……… 橋本美保 編著 四二〇〇円

大正新教育の受容史 ……… 橋本美保 編著 三七〇〇円

大正新教育の思想 —生命の躍動 ……… 田中智志 編著 四八〇〇円

人格形成概念の誕生 —近代アメリカの教育概念史 ……… 田中智志 三六〇〇円

社会性概念の構築 —アメリカ進歩主義教育の概念史 ……… 田中智志 三八〇〇円

〒113-0023　東京都文京区向丘 1-20-6　　TEL 03-3818-5521　FAX03-3818-5514　振替 00110-6-37828
Email tk203444@fsinet.or.jp　URL:http://www.toshindo-pub.com/

※定価：表示価格（本体）＋税

東信堂

書名	著者	価格
大学の自己変革とオートノミー —点検から創造へ	寺﨑昌男	二五〇〇円
大学教育の創造 —歴史・システム・カリキュラム	寺﨑昌男	二五〇〇円
大学教育の可能性 —教養教育・評価・実践	寺﨑昌男	二五〇〇円
大学は歴史の思想で変わる —FD・評価・私学	寺﨑昌男	二八〇〇円
大学改革 その先を読む	寺﨑昌男	一三〇〇円
大学自らの総合力 —理念とFDそしてSD	寺﨑昌男	二〇〇〇円
大学自らの総合力II —大学再生への構想力	寺﨑昌男	二四〇〇円
21世紀の大学：職員の希望とリテラシー	寺﨑昌男 立教学院職員研究会 編著	二五〇〇円
ミッション・スクールと戦争—立教学院のディレンマ	老川慶喜 前田一男 編	五八〇〇円
一貫連携英語教育をどう構築するか —「道具」としての英語観を超えて	鳥飼玖美子編著	一八〇〇円
英語の一貫教育へ向けて	立教学院英語教育研究会編	二八〇〇円
イギリス大学制度成立史 —国家と大学のダイナミズム	山崎智子	三二〇〇円
イギリスの大学 —対位線の転移による質的転換	秦由美子	五八〇〇円
イギリス大学経営人材の養成	高野篤子	二七〇〇円
英国の教育	日英教育学会編	三四〇〇円
チュートリアルの伝播と変容 —イギリスからオーストラリアの大学へ	竹腰千絵	二八〇〇円
イギリス・オーストラリア・ニュージーランドの教育	青木麻衣子 佐藤博志編著	二〇〇〇円
[第三版]オーストラリア・ニュージーランドの教育 —グローバル社会を生き抜く力の育成に向けて	青木麻衣子 佐藤博志編著	二〇〇〇円
戦後オーストラリアの高等教育改革研究	杉本和弘	五八〇〇円
国立大学法人の形成	大﨑仁	二六〇〇円
国立大学・法人化の行方 —自立と格差のはざまで	天野郁夫	三六〇〇円
日本の大学経営 —自律的・協働的改革をめざして	両角亜希子	三九〇〇円
私立大学の経営と拡大・再編 —一九八〇年代後半以降の動態	両角亜希子	四二〇〇円
学長リーダーシップの条件	両角亜希子編著	二六〇〇円
教職協働による大学改革の軌跡	村上雅人	二四〇〇円

〒113-0023　東京都文京区向丘1-20-6　　　　TEL 03-3818-5521　FAX03-3818-5514　　振替 00110-6-37828
Email tk203444@fsinet.or.jp　URL:http://www.toshindo-pub.com/

※定価：表示価格（本体）＋税